KB071262

나는
사도세자의
아들이다

절망을 희망으로 만든
조선의 이노베이터 정조대왕

나는
사도세자의
아들이다

이상각 지음

추수밭

【 1부 화성에서 만납시다 】

【 2부 나는 사도세자의 아들이다 】

【 3부 이것이 개혁이다 】

《 4부 정조 안의 사람들, 정조 밖의 사람들 》

네거리 길 높은 누각이 왕성을 진압하여
만곡의 큰 쇠북이 새벽과 밤으로 울린다.
우리 백성 일하고 쉬는 걸 이 소리로 표준 삼아
밤소리에 안정하고 새벽 소리에 일하네.

通衢高閣鎭王城
萬斛洪鐘曉夜鳴
動息吾民聲以準
夜聲能定曉聲行

〈종각(鐘閣)〉[1]

1부 화성에서 만납시다

제왕의 위세를 보여주리라

– 조선시대 최대의 행차, 을묘 원행 –

나에게 용순검이 있으니

번쩍이는 칼날 길이가 삼 척이로세.

황금으로 갈고리를 만들고

녹련(綠蓮)으로 칼끝을 만들었네.

문득 괴이한 빛을 내뿜더니

두우(斗牛)를 서로 다투며 쳐다보도다.

바다에서는 기다란 고래를 베고

뭍에서는 큰 이리를 잡을 수 있네.

북녘으로 풍진의 빛을 돌아보니

연산(燕山)[2]은 아득히 멀기만 한데

장사가 한 번 탄식을 하니

수놓은 칼집에 가을 서리가 어리누나.

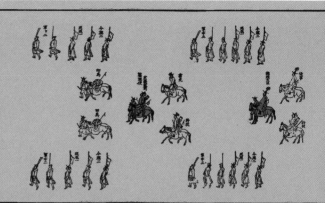

정조대왕 능행반차도

김홍도를 비롯해 당대 뛰어난 화가들이 정조의 화성 행차 행렬을 그림으로 묘사한 것으로 《원행을묘정리의궤》에 수록되어 있다.

斑次圖

경기감사 서유방과 우의정 채제공이 앞장서서 행렬을 이끈다.

정조가 세손일 때 지은 〈보검행(寶劍行)〉[3]이다. 보검을 치켜들고 원대한 이상을 실현하겠다는 제왕의 꿈이 드러나 있다. 그리고 1795년 이른 봄, 어검(御劍)을 비껴 찬 그는 화성으로 향하는 긴 행렬의 중앙에서 금빛 찬연한 갑옷 차림으로 백마 위에 위풍당당하게 앉아 있었다.

어머니 혜경궁을 모시고 아버지 사도세자가 안장된 현륭원(顯隆園)으로 가는 길, 목적지인 화성에는 이미 신도시가 조성되었고, 완벽한 성곽과 행궁이 마련되었다. 그곳에서 정조는 혜경궁의 회갑연[4]을 벌이고, 과거를 주관하며, 또 장용영의 대규모 군사훈련을 참관할 것이었다.

"나는 만천명월주인옹[5]이다."

천하를 샅샅이 보살피는 밝은 달의 주인, 그것은 정조의 원대한 꿈이었고, 이번 행차는 그 시발점이었다. 오랜 세월 번민과 고난의 험로를 헤치고 나온 그가 이제 비로소 한 나라의 군주로서 우뚝 서겠다는 당당한 선언이기도 했다.

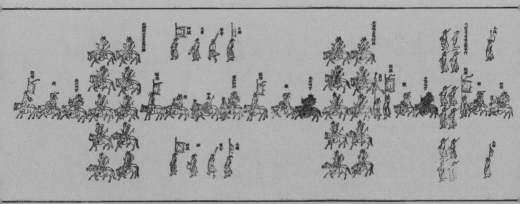

별기대 84명이 각종 깃발을 펄럭이며 행차를 알리고, 마병(馬兵)과 보군(步軍) 초관이 북을 두드리며 따른다.

임금님 행차 구경하세

세종대왕이 집현전을 세우고 훈민정음을 창제했다면, 정조대왕은 규장각을 설립하고 《홍재전서(弘齋全書)》로 대변되는 철저한 기록문화를 완성했다. 그만큼 정조는 투명한 책임정치를 펼쳤던 것이다. 그 중에서도 의궤(儀軌)라는 독특한 기록 방법은 그 시각적인 요소로 인해 후세인들로 하여금 벌어진 입을 다물지 못하게 만든다. 특히 화성 신도시 건설 과정을 담은 《화성성역의궤》와 을묘년에 행해진 8일 동안의 행차보고서 《원행을묘정리의궤(園行乙卯整理儀軌)》[6]는 의궤의 백미로 손꼽히고 있다. 여기에는 행사에 참석한 인물은 물론이고 소요된 물품의 가격, 노동자와 기술자의 이름과 주소, 복무 일수, 업무 내용, 음식의 이름과 재료, 비용 등이 상세하게 기록되어 있다. 이른바 국정실명제인 셈이다.

을묘년의 의궤 가운데 긴 두루마리 형태로 무려 1,700여 명의 행진 장면이 그려진 〈반차도(班次圖)〉는 도화서 화원이었던 김홍도의 주도 아

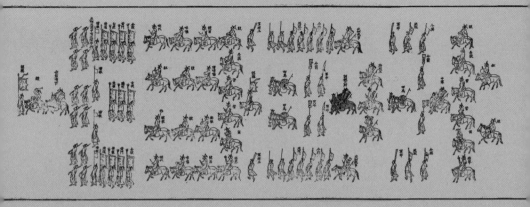

형형색색의 깃발과 각양각색의 악대가 지나고 훈련도감 훈련대장 이경무가 호위를 받으며 나아간다.

래 그려진 작품인데, 장엄한 분위기 속에서도 낙천적
이고 익살스런 표정들이 가득하다. 최근 복원된 청계
천의 담벼락에도 〈반차도〉의 일부가 그려져 있다. 지
금부터 〈반차도〉의 화폭을 따라 장엄한 정조대왕의 화
성 행차를 구경하기로 하자.

《원행을묘정리의궤》 1795년 정
조가 어머니 혜경궁의 회갑을 맞
아 화성에 다녀온 8일간의 행차
보고서. 국립중앙박물관 소장.

　1795년 윤 2월 9일, 한양에서 수원으로 이르는 길에
난리가 났다. 백성들이 임금님 행차를 구경하기 위해
연도에 새까맣게 몰려든 것이다.

　"임금님이 한양에서 수원까지 행차하신다네."

　"그게 뭐 특별한 일인가. 전에도 자주 가셨잖아."

　"이번에는 혜경궁 마마를 모시고 가는데, 장용영의 군대가 총동원되
고 한강에 배다리도 놓았다네. 예전과는 전혀 다른 행차란 거지."

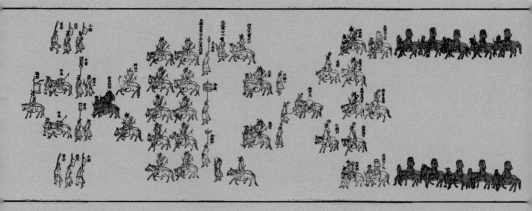

금군별장이 금군 25명의 기병대를 선도하고 나인 18명이 얼굴을 가린 채 말을 타고 열을 맞추어 뒤따른다.

"그래? 갑자기 왜 그런다는데?"

"전하께서 현륭원 참배를 하고 나서 화성행궁에서 혜경궁 마마의 회갑잔치를 열어드리기로 했다네. 그래서 중신들도 죄다 참가하는 모양이야."

"별일은 별일이로군. 아무튼 오늘 우리 눈이 호사하겠네그려."

사람들은 눈빛을 반짝이며 멀리 도성 쪽을 바라보았다. 잠시 후면 평생에 한 번 보기 힘든 장관이 펼쳐질 것이었다. 문득 멀리서 울긋불긋한 깃발이 어른거리고 요란한 풍악소리가 울려 퍼졌다. 드디어 조선시대 최대의 원행잔치로 알려진 정조의 을묘년 원행이 시작된 것이다.

"물럿거라, 임금님 행차시다!"

행차의 선두에는 경기 감사이자 정리사(整理使)인 서유방이 길을 인도하고 있다. 목적지가 경기도 화성이기 때

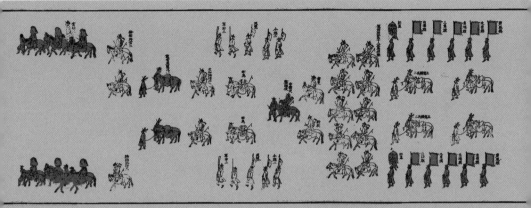

혜경궁 옷을 실은 말이 나타나고, 수어사 심이지가 50명의 기병을 선도하는 가운데 화려한 깃발이 가장자리를 수놓는다.

문이다. 그 뒤를 이어 화성 건설의 총책임자로 활약했던 우의정 채제공 (蔡濟恭)이 총리대신(總理大臣)으로서 백마를 타고 서리와 장교, 녹사의 호위를 받으며 가고 있다.

"행차가 지체되지 않도록 길을 터라!"

"우리가 너무 빨리 가면 안 된다. 대열을 유지하라!"

조심스럽게 행차를 지휘하고 있는 채제공은 일흔의 노구라 믿기지 않을 정도로 당당한 모습이었다. 은빛으로 물든 수염이 그의 고매한 품격을 보여주고 있었다. 신기(神旗)와 영기(令旗), 인기(認旗) 등의 깃발이 휘날리는 가운데 별기대(別騎隊) 84명이 북을 치고 대각(大角)을 분다. 척후인 마병 초관과 보군 초관이 그 뒤를 따르고, 양쪽에 조총을 멘 좌부 좌사 전초가 세 줄로 나란히 걷고 있다. 행렬은 곧장 숭례문을 빠져나와 한강에 설치된 배다리를 건너기 시작했다.

"와, 어떻게 배를 띄워서 강에 다리를 놓을 수 있죠?"

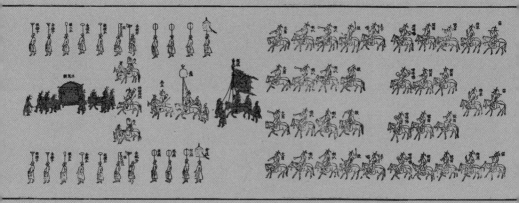

드디어 어가(御駕)와 용기(龍旗)가 등장하고, 장용영 취주악대의 요란한 행진이 뒤따른다.

"저건 조선 제일의 천재라는 정약용 영감이 설계한 거란다. 그 양반
이 머리를 쓰면 불가능한 게 없다더라."

"나도 저 다리 한번 건너고 싶어요."

"이 녀석아, 꿈도 꾸지 마라. 민간인은 출입금지야. 아무나 들락거리
게 했다가 무너지기라도 하면 큰일이잖아."

인산인해의 소란 통에도 이런 부자간의 대화가 정겹다. 이윽고 배다
리에 올라선 행렬을 바라보며 흰 도포 차림의 선비가 혀를 찼다.

"쯧쯧, 저 배 임자들은 며칠 동안 고기도 못 잡고 짐도 못 나르면 손
해가 이만저만이 아닐 텐데……."

그러자 곁에 있던 동료가 핀잔을 주었다.

"자네, 걱정도 팔자로고. 벌써 나라에서 배 빌린 삯을 다 주었다네.
우리 임금님이 어디 보통 분이신가. 절대로 백성들 손해 보게 안 하는
분일세."

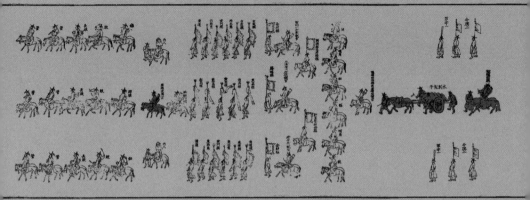

계라선전관 유성규가 현란한 깃발을 든 장졸들을 선도하고, 혜경궁의 음식을 실은 수라 마차가 뒤를 잇는다.

"하긴 그렇지. 그나저나 이번 원행 길에도 격쟁 때문에 시끄럽겠군."

"그게 어디 하루 이틀 일인가. 사람들 좀 작작 하면 좋으련만."

미묘하게 흔들리는 배다리 위로 울긋불긋한 행렬이 계속 이어졌다. 이윽고 신명나게 북을 두드리는 별기대를 필두로 보군 초관이 몸을 뒤로 젖힌 채 거만한 표정으로 나타났다. 주작(朱雀), 현무(玄武), 백호(白虎), 청룡(靑龍), 황문(黃門) 등 오색 깃발을 든 병사들이 뒤따르고 징, 북, 피리 등 갖가지 악기로 무장한 군악대의 연주로 천지가 어질어질하다.

"사주경계를 철저히 하라."

차지 집사를 좌우로 대동하고 순시병들을 이끌고 나타난 훈련도감의 훈련대장 이경무가 주변을 둘러보며 소리친다. 그 뒤에는 금군별장이 25명의 금군 기병대를 이끌고 위세를 과시한다.

"와, 행렬이 끝이 보이질 않네."

구경하던 한 아이가 탄성을 지르자 아버지인 듯한 어른이

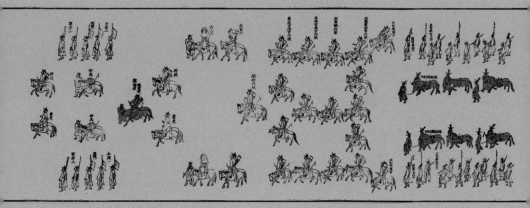

총용사 서용보가 인마, 갑마를 앞세우고, 차지교련관 뒤로 8마리의 자궁가교인마가 뒤따른다.

꾸짖는다.

"그럼 이 녀석아, 임금님이 행차하시는데 어련하겠니?"

"어, 이번에는 말 탄 여자들이야. 근데 얼굴을 왜 죄다 가렸지?"

"대궐 나인들인가 본데, 선크림을 안 발랐나 보지 뭐. 하하."

과연 통례 이주현, 차비 선전관 김명우, 최정 등 인의(引儀) 4명이 어보를 실은 어보마 뒤를 엄호하는데, 그 뒤에 얼굴을 가린 18명의 나인이 길 가장자리에서 행진하고 있다. 이들은 혜경궁과 두 군주의 시중을 들기 위해 나선 것이었다. 그 뒤로 혜경궁의 옷을 실은 자궁의롱마가 보인다. 또 정리사이며 수어사인 심이지가 서리와 장교를 대동하고 가전 별초 50명의 기병을 이끈다.

"대열을 흩트리지 말라. 백성들이 보고 있다."

그 뒤에는 주작기(朱雀旗), 벽봉기(碧鳳旗), 삼각기(三角旗), 백택기(白澤旗), 각단기(角端旗) 등이 펄럭이고, 붉은 옷을 입은 관인들이 은등자(銀

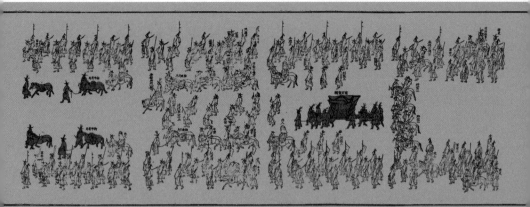

행렬의 하이라이트. 임금의 갑옷을 실은 2마리의 어갑주마와 혜경궁이 탄 가마가 삼엄한 호위를 받으며 행진한다.

鐙子), 금등자(金鐙子), 금월부(金鉞斧) 등 왕을 상징하는 표식을 들고 있는 가운데 정가교(正駕轎)라는 이름의 어가(御駕)가 나타났다. 가마는 두 마리의 말이 끄는데 노

橋駕正 정가교

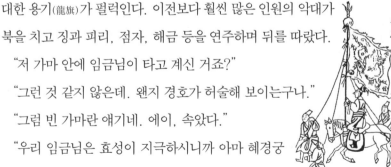

란 옷을 입은 관리들이 에워싸고 있다. 또 뒤편에는 왕을 상징하는 거대한 용기(龍旗)가 펄럭인다. 이전보다 훨씬 많은 인원의 악대가 북을 치고 징과 피리, 젓자, 해금 등을 연주하며 뒤를 따랐다.

龍旗 용기

"저 가마 안에 임금님이 타고 계신 거죠?"

"그런 것 같지 않은데. 왠지 경호가 허술해 보이는구나."

"그럼 빈 가마란 얘기네. 에이, 속았다."

"우리 임금님은 효성이 지극하시니까 아마 혜경궁 마마와 함께 계실 거야."

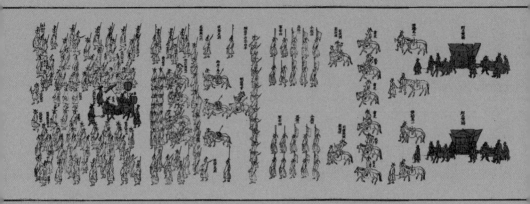

정조가 탄 좌마(坐馬) 뒤로 혜경궁의 두 딸인 청연군주와 청선군주의 가마가 뒤따른다. 관례상 왕은 그리지 않는다.

"이번 악대가 앞서 지나간 악대보다 훨씬 인원이 많네요."

"음, 저건 장용영 군악대야. 다른 부대 군악대보다 실력이 월등하지. 요즘에는 민간공연도 종종 한다더구나."

"어쩐지 폼이 좀 달라 보이더라니……."

그렇게 말과 깃발, 악대의 행렬이 끝없이 이어졌다. 길가에는 구경꾼들로 가득했다. 사람들이 밀려들자 호위 병사들은 잔뜩 긴장하고 있었다. 어가를 노리는 불순분자들이 언제 달려들지 모르기 때문이다. 그 와중에도 종종 고개를 돌려 자신들의 행렬을 구경하는 병사들도 있다. 그러자 호위군관이 소리친다.

"방심하지 말고 인파 속에 수상한 자가 있는지 잘 살펴라."

"알겠습니다."

"척후병들에게서는 무슨 소식 없느냐?"

"별다른 징후는 없는 것으로 보고가 들어와 있습니다."

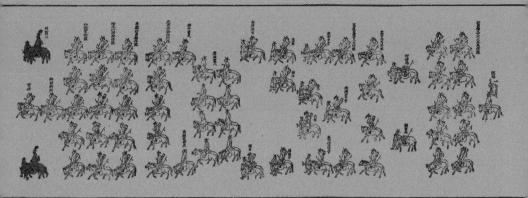

혜경궁의 외척 2명 뒤로 장용영 소속 군관들과 군사 96명이 5열로 행진한다.

이윽고 계라 선전관 유성규가 좌우에 나인 둘을 대동하고 뒤에는 오색 깃발을 든 장졸들을 이끌며 나타났다. 또 용기 초요기 겸 차비 선전관 유명원이 훈련도감 깃발과 장용영 깃발, 악사들을 앞세우고 나타났다. 그 뒤에 늙은 혜경궁의 전용음식을 담은 수라가자(水刺架子)를 혜경궁의 조카이며 정리 낭청인 홍수영이 호송하고 있다. 조금 뒤편에는 총융사 서용보가 따라온다.

"군인들이 점점 많아지는데요?"

"그렇구나. 이제야 높으신 분들이 등장하나 보다."

사람들은 시시각각 등장하는 새로운 광경에 흠뻑 빠져들었다. 그러면서 저마다 풍문으로 들은 대궐 이야기를 풀어놓았다.

"나인들하고 내관들이 보이는군."

"그럼 중전마마나 대비마마시겠지."

"글쎄, 그 두 양반은 이번 행차에서 빠졌다는 얘기가 있던데?"

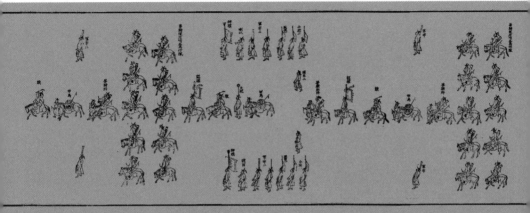

선기장(善騎將) 일행이 다시 나타나 북을 두드리며 기세를 올린다.

"아니 왜? 대비마마야 죽은 오빠 때문에 주상을 미워하니까 그렇다 쳐도, 중전마마는 이해할 수 없군. 시어머니 환갑잔치인데……. 몸이 아프다더니 사실인가?"

"그걸 알면 내가 이 자리에 있겠나? 저 안에 있겠지."

"하하, 그렇군. 근데 이번에는 누가 나타나시려나."

행렬은 더욱 복잡해졌다. 화려한 복장의 군인들이 사방을 이리저리 둘러보며 경계하는 가운데 혜경궁의 가마를 끄는 자궁가교인마가 노란 복장의 병졸에게 끌려가고 있다. 또 임금의 갑옷을 실은 두 필의 어갑 주마가 훈련도감 소속의 협련군 80명, 무예청 총수 80명의 호위를 받으며 행진한다. 그 뒤에는 신전 선전관 이석구와 김진정이 어승인마 두 필을 앞세우고 뒤따른다.

드디어 혜경궁 홍씨가 탄 자궁가교(慈宮駕轎)가 나타났다. 협련군과 무예청 총수, 군장군사, 승전 선전관 등이 삼엄한 경호망을 펼치고 있다.

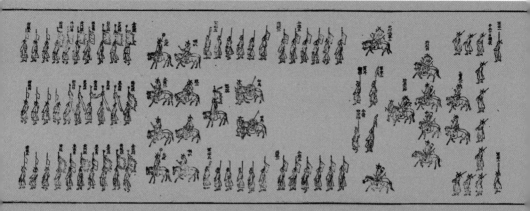

각양각색의 깃발을 든 화려한 깃발 부대가 다시 등장한다.

또 바로 뒤에 30명의 협마무예청과 30명의 협마순노
등의 호위를 받은 정조 임금이 나타났다. 내관
들이 햇빛을 가리는 의장기인
선(扇)을 받쳐 들고 있다.

"으리으리한 게 혜경궁 마마
의 가마가 분명하군."

"맞아요. 뒤쪽에 임금님께서 말을 타고 오시네요."

"그렇구나. 늙은 어머니의 가마 뒤를 따라가는
걸 보니 편찮을까 걱정되시는 모양이구나. 혜경
궁 마마가 힘드실까 봐 대궐 안에서 행차 예행연
습까지 했다더라."

"주위에 군인들이 너무 많아서 임금님 용안이 잘 보이지 않네요."

"어쩔 수 없지. 뒤편에도 조총을 든 병사들이 가득한 걸 보니 임금님

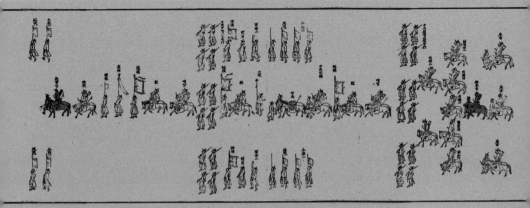

선두의 종사관이 연신 뒤를 살피고, 중사파총 신홍주 뒤로는 도승지 이조원이 승지 셋을 거느리고 행진한다.

이 틀림없어."

"저 뒤에 따라오는 두 개의 가마는 뭐죠?"

"아마 임금님의 누이동생인 청연군주와 청선군주[7]일 게다. 이번에 처음으로 아버지 묘소에 인사드리러 간다는구나."

"세상에, 사도세자 돌아가신 지가 언제인데……."

"궁궐에서 사는 것도 별 거 아냐. 사람 노릇을 못하는 일이 다반사라니, 원."

과연 정조의 행렬을 부제조인 윤행임과 호조 판서 이시수 등이 뒤따르는 가운데 두 군주의 가마가 보인다. 그 뒤에는 혜경궁의 친척 두 명을 앞세우고 장용영 소속의 군인들과 규장각 각신이 따르고 있다.

"우리가 어가를 지키는 최종 경호팀이다. 긴장을 늦추지 말라."

또 승정원 주서, 예문관 한림, 내승과 첨정, 내의원 의관, 감관 등이 무복 차림으로 등장하고 장용위(壯勇衛) 군사 96명이 5열로 행진하며 사

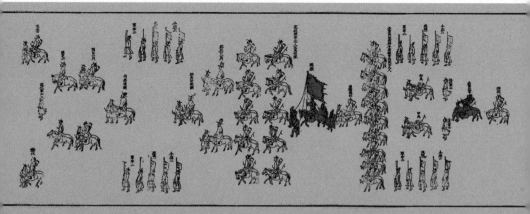

거대한 표기(標旗)가 보이고, 그 뒤로 병조판서 심환지가 호위를 받으며 나아간다.

방을 경계하고 있다. 그 뒤에 북을 두드리며 기세를 올리는 선기장(善騎
將)과 화려한 깃발부대가 이어졌다.

"저 군인들은 다 어디 소속이에요?"

"응, 내가 보기에 죄다 장용영 군인들이야. 정말 위풍당당하구나."

"저 많은 군인들을 수원에 왜 데려가는 거죠?"

"뭐, 군사훈련도 하고, 일부는 새로 지은 화성을 지키는 임무를 맡았
단다. 무예가 보통이 아니란다."

"헐, 그럼 항간에 떠돌고 있는 수원 천도설이 사실인가?"

"그거야 노론 벽파 양반들이 퍼뜨린 헛소문이겠지. 천도가 어디 쉬운
일인가, 나라가 뒤집어지는 일인데."

"하긴. 그런데 행차가 정말 길기도 하다."

백성들은 좀처럼 끊어지지 않는 대행진에 마른침을 삼키며 눈을 떼지
않았다. 어찌 보면 이 행차는 단순한 행차가 아니라 무력시위 같았다.

서반(무관)과 동반(문관) 관원들이 2열로 행진하고, 난후금군 25명이 5열로 나간다.

임금의 모습이 사라지고 나니 절도가 뚜렷한 군사들의 대열이 끊임없이 이어졌다. 중간에 끼어 있는 조총부대는 어떤 군대라도 단숨에 박살낼 듯한 위용을 자랑하고 있었다.

"우리가 조선 최강의 부대다. 군기를 확실히 보여주자."

조총부대

잠시 후 승지들과 내시들을 비롯해 규장각 각신과 내의원 제조가 나타났고, 장용영 제조 이명식이 경연관 2명과 용호영에서 차출된 가후금군 50명을 지휘했다. 그 뒤에 거대한 표기(標旗)가 펄럭인다.

차비 총랑이 별무사 9명을 지휘하는 가운데, 뒤편에 병조 판서 심환지가 무장한 채 등장한다. 양 옆으로 서반과 동반 관원들이 열을 지어 행진하고, 뒤에 난후 금군 25명이 뒤따랐다. 또 그 뒤에는 장용영 외영

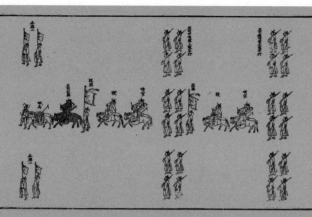

좌사파총 이운창이 인도하는 좌사중초군과 좌사후초군 3대가 행렬의 대미를 장식한다.

의 초관이 앞뒤에서 지휘하는 가운데 나팔과 호적소리가 북소리와 어우러져 흥겨운 분위기를 이끈다. 드디어 맨 후미에 좌사 중초군 3대가 행진하고, 가운데 초관을 두고 다시 좌사 후초군 3대가 뒤따랐다.

"어휴, 이제 끝난 것 같아요. 정말 대단한 행차였어요."

"그렇구나. 준비를 단단히 한 것 같구나."

"이런 구경을 언제 다시 할 수 있을까요?"

"며칠 뒤에 귀경 행차가 있을 거야. 그때는 할머니도 모셔와 구경시켜드리자."

화성에서 만납시다

- 화성 행차 8일의 기록 -

조선시대 최대의 행차로 알려진 을묘년 원행은 1795년 윤 2월 9일 서울 출발, 12일 현륭원[8] 참배, 13일 화성행궁에서 열린 혜경궁 회갑잔치, 16일 창덕궁 귀경으로 이어지는 총 8일 동안의 일정으로 진행되었다. 이 행차에는 조선왕조 사상 가장 많은 인원과 물자가 동원되었다.

정조는 왜 이런 행사를 감행해야만 했을까? 여기에는 왕권강화라는 정치적인 노림수가 깊이 작용하고 있었다. 당시 정조는 개혁에 박차를 가하여 수많은 성과를 올렸지만, 노론 벽파의 그늘에서 완전히 벗어난 상태가 아니었다. 그러므로 정조는 현륭원 전배(展拜)와 부모의 회갑잔치라는 명분을 이용해 자신의 힘을 과시함으로써 그들을 견제하려 했던 것이다.

"내 능력이 이 정도 되니까 엉뚱한 생각은 하지 마라."

전배란 왕이 종묘나 왕릉을 참배하는 행사이다. 종묘 전배는 매년 행하는 국가의 주요행사였지만, 왕릉 전배는 신하를 대신 보내는 것이 관례였다. 왕의 경호나 연도에 모여드는 백성들에 대한 통제, 비용 등 복잡한 문제가 많았기 때문이다. 정조는 이런 관례를 깨뜨린 조선 최초의 왕이었다. 그는 즉위 직후부터 선왕 영조의 능인 원릉, 사도세자의 무덤인 영우원(永祐園)을 비롯해서 효종과 인선왕후가 묻힌 영릉, 태조의 건원릉 등에 자주 전배를 나갔다. 그러다 영우원을 수원으로 옮긴 1789년(정조 13년)부터는 매년 거르지 않고 현륭원을 참배했다. 그 과정에서 정조는 백성들의 생활상을 관찰하고 때로는 직접 만나 억울한 사연을 들었다. 또 도성 외곽을 경비하는 군사시설을 점검하면서 전군 최고사령관으로서의 위용을 과시했다.

현륭원 전배 초기에 정조는 노량진을 배로 건넌 다음 과천을 거쳐 미륵현을 넘어 수원으로 갔다. 그 도중에 과천현 관아였던 은은사(隱隱舍)를 임시행궁으로 썼다. 하지만 이 경로는 남태령처럼 험하고 좁은 길이 많아 불편했다. 그래서 1795년 경기 감사 서용보에게 명하여 시흥길을 넓히게 했다. 이 새로운 원행로가 오늘날 서울과 수원을 연결하는 시흥대로가 되었다.

원행에는 한강을 건너야 했는데, 행차규모가 작을 때는 배를 타고 건너도 되지만 규모가 클 때는 배다리가 편리했다. 정조는 1789년 양주에 있던 영우원을 현륭원으로 이장할 때 정약용의 설계에 따라 뚝섬에 배다리를 놓았고, 이를 정례화하기 위해 주교사(舟橋司)를 설치한 다음 노량진에 70칸짜리 창고를 지어 배다리 건설에 필요한 장비를 보관시켰다. 그 후 배다리 건설기술을 더욱 보완한 정조는 《주교지남(舟橋指南)》이라는 논문을 통해 배다리 가설원칙을 제시했다. 이를 바탕으로

주교사에서는 《주교절목(舟橋節目)》을 완성했고, 그 결과 이번 행차에서는 총융사 겸 경기 감사 서용보의 지휘로 불과 11일 만에 배다리를 건설할 수 있었다.

"배다리는 됐고, 잔치 분위기를 좀 띄워야겠다."

이렇게 생각한 정조는 원행 한 달 전인 1795년 2월 10일 화성부에서 무과 초시를 시행하여 수원 주민들의 사기를 높여주었다. 21일에는 혜경궁의 회갑연과 노인들을 위한 양로연의 예행연습을 했고, 25일에는 혜경궁을 가마에 태우고 궁궐 안을 돌기도 했다. 이는 61세의 혜경궁이 긴 여정을 견뎌내지 못할까 염려했기 때문이다. 29일에는 창경궁 서총대에서 활쏘기 시험을 실시해 호위무사들을 격려했고, 다음 달 윤 2월 4일에는 최종적으로 배다리를 건너는 연습을 했다.

"여봐라, 어디 미진한 부분은 없는지 속속들이 다시 살펴보아라."

"전하, 준비가 과한 것은 아닌지 저어됩니다."

"행여나 준비가 소홀하다면 사고를 준비하는 것이 아니겠는가."

이렇듯 을묘년 원행은 세심한 부분까지 완벽하게 점검한 다음에야 비로소 출발을 알리는 포성이 울려 퍼졌던 것이다. 이때 정조는 전배 사상 최초로 여동생인 청연군주와 청선군주를 동행시켰다. 두 군주는 이때 처음으로 부친의 묘소에 참배하는 것이었다. 신병으로 몸이 쇠약한 효의왕후는 도성에 남겨두었다.

"나 없는 동안 몸 잘 챙기시오. 어머니 모시고 잘 다녀올 테니까."

"저도 같이 가면 안 될까요? 시어머니 회갑잔치인데."

"허어, 편찮은 사람이 욕심도 많구려. 당신은 궁궐이나 잘 지켜주시오. 주인 없는 집에는 생쥐들이 설치게 마련이니까."

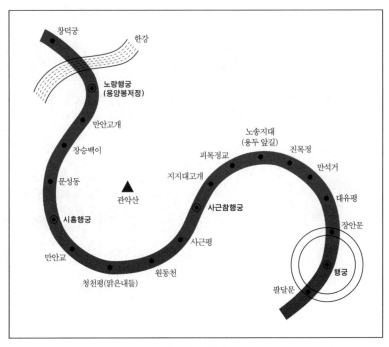

정조의 능행길

첫째 날

　드디어 디데이가 왔다. 정조는 아침 일찍 예에 따라 수정전(壽靜殿)으로 가서 정순왕후에게 인사를 드렸다. 일찍이 아버지의 죽음에 관련된 젊은 할머니, 그래도 왕으로서 손자로서 도리는 지켜야 했다.

　"현륭원에 다녀오겠습니다."

　"전하께서 언제부터 제게 상의하고 가셨습니까?"

　"그래도 잘 다녀오겠습니다."

　냉랭한 태도의 정순왕후에게 예를 마친 정조는 돈화문에서 혜경궁을 기다렸다. 이윽고 혜경궁이 청연과 청선 두 군주와 함께 나타났다.

돈화문 화성 행차의 시작과 끝. photo ⓒ 모덕천

"어머니, 거동하기에 불편하진 않으세요?"

"물론이지요. 아주 좋답니다. 바람도 참 상쾌하네요."

늙은 혜경궁의 낯빛은 밝아 보였다. 그렇게 어머니의 건강을 점검한
정조는 말에 올라타고 기다리던 일행에게 손을 내저었다.

"자, 이제 출발합시다."

이윽고 수백 개의 깃발이 나부끼고 악사들의 행진곡이 울려 퍼지는
가운데 위풍당당한 행렬이 모습을 드러냈다. 〈반차도〉에 따르면 이때
행렬에 참가한 인원은 1,779명[9]이고, 말이 779필이었다. 그 외에 배종
한 인원을 합치면 연인원 6,000여 명이었다. 배종인들은 관청이나 군
영에서 차출된 인원으로, 연도에서 백성들을 통제하거나 먼저 수원에
내려가 영접 준비를 했는데, 4,500여 명이 5군영의 군인이었고, 그 중

에 3,000명이 정조의 친위부대인 장
용영 소속이었다. 또 행차가 지나
가는 길목에는 속오군으로 구성된
척후복병이 배치되어 삼엄한 경계
망을 펼쳤다.

"불미스런 사태가 생기지 않도록
철저히 주변을 살펴라."

숭례문 어가 행렬은 숭례문을 빠져나가 노량진으로 향했다.
photo ⓒ 모덕천

숭례문을 나온 어가는 청파교를 거쳐 배다리가 설치된 노량진으로 향
했다. 벌써 인도에는 구경나온 백성들로 가득했다.

"좀 뒤쪽으로 가시오."

"야, 난 임금님 얼굴도 못 봤어. 좀 비켜봐."

"더 앞으로 나오면 다친다. 좋은 말로 할 때 물러나라니까."

좁은 길에 인파가 몰리자 경호군사들이 사람들을 밀쳐내느라 진땀을
흘렸다. 이를 보고 정조는 흐뭇한 미소를 지었다.

"그냥 구경하게 놔두어라."

어가는 한강을 건넌 뒤 노량진에 있는 용양봉저정에 머물렀다. 그곳
에서 정조는 혜경궁과 함께 점심 수라를 들었다. 얼마나 쉬었을까, 나
팔소리가 울려 퍼졌다. 행차를 곧 시작한다는 초취(初吹)였다. 그 뒤를
이어 재취(再吹)가 울리자 사람들은 행장을 갖추고 무기를 점검했다. 삼
취(三吹)가 울리자 행차가 다시 시작되었다. 어가는 장승백이를 지나 지
금의 시흥대로 입구인 문성동 길에 다다랐다. 그곳에서 정조는 행차를
잠시 멈추고 혜경궁에게 손수 대추 삶은 물을 올렸다.

"어머니, 힘드시죠? 조금만 더 가면 됩니다."

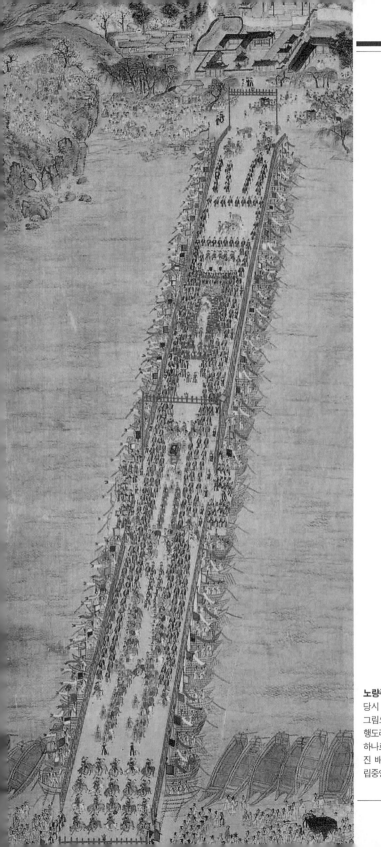

노량주교도섭도
당시 8일간의 행차를 8폭의 그림으로 남겼는데, 이를 능행도라 한다. 이 그림은 그 중 하나로 정약용이 설계한 노량진 배다리를 건너는 모습. 국립중앙박물관 소장.

배다리 재현 2007년 하이 서울 페스티벌 중 정조대왕 화성 행차를 재현한 모습. photo ⓒ 모덕천

"나는 괜찮아요. 오히려 주상이 나 때문에 고생
이 많네."

혜경궁의 용태를 살펴본 정조는 다시 행차를 시
작하게 한 다음 병방 승지와 사관을 대동하고 중간
기착지인 시흥행궁으로 달려갔다. 먼저 가서 준비
상황을 둘러보려는 뜻이었다. 새로 지은 행궁은 따
뜻하고 편안했다. 마음이 흡족해진 왕은 시흥 현령
홍경후에게 3품 벼슬을 하사하며 치하했다.

장승백이 photo ⓒ 모덕천

"자네, 제법 신경 썼구먼. 마음에 들었어."

이윽고 혜경궁과 두 군주의 가마가 도착하자 장용영 병사들은 재빨리 행궁 주위는 물론 진입로까지 가로막고 물샐틈없는 경호에 돌입했다. 그렇게 행차 첫째 날이 지나갔다.

둘째 날

어가는 전날처럼 묘시(새벽 5~7시 사이)에 출발했다. 하늘이 잔뜩 흐린 것이 금방 비가 쏟아질 것만 같았다. 다음 기착지는 20리 거리의 사근참행궁이었다. 만안교를 지나 남쪽으로 향하니 청천평에 이르렀다. 정조는 수시로 혜경궁의 용태를 점검하면서 행렬을 재촉했다. 원동천을 지나니 곧 사근평이 나타났다. 현재의 의왕시 왕곡동 부근이다. 그곳에 있는 사근참행궁에서 잠시 쉬고 있는데 드디어 비가 내리기 시작했다. 정조는 백관들과 병사들을 독려했다.

"다들 힘을 내자. 서두르면 오늘 중으로 화성에 들어갈 수 있겠다."

잠시 후 행렬은 일용고개를 지나 미륵현에 다다랐다. 비 때문에 땅이

만안교 photo ⓒ 모덕천

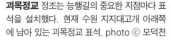

괴목정교 정조는 능행길의 중요한 지점마다 표 **장안문** 어가의 긴 행렬이 드디어 장안문을 통과, 화성에 다다랐다. 정조
석을 설치했다. 현재 수원 지지대고개 아래쪽 는 여기서 나흘간 머물며 사도세자의 넋을 달래고 혜경궁의 회갑연을 여
에 남아 있는 괴목정교 표석. photo ⓒ 모덕천 는 등 바쁜 일정을 보낼 것이다. photo ⓒ 모덕천

질고 미끄러웠다. 고개를 넘어서 괴목정교를 지나니 노송지대가 일행
을 맞이했다. 노송지대를 통과하자 앞서 가던 채제공과 장용영 군사들
이 길 양편에 늘어서서 왕을 맞이했다. 진목정(眞木亭)이었다.

"거의 다 왔으니 여기에서 숨이나 돌리자."

진목정에서 잠깐 휴식을 취한 어가는 곧 수원 장안문에 다다랐다. 왕
이 갑주로 갈아입고 장안문으로 들어서니 화성 유수 조심태가 여러 장
수들과 함께 영접했다. 이윽고 대가는 행궁의 정문인 신풍루와 좌익문,
중앙문을 거쳐 화성행궁의 중심인 봉수당(奉壽堂)에 도착했다.

"어머니, 이제 다 왔습니다."

말에서 내린 정조는 혜경궁을 장락당(長樂堂)에 모셨다. 드디어 화성
입성이 끝났다. 왕은 처소인 유여택(維輿宅)에 여장을 푼 다음 신하와 병
사들을 단속했다.

"오늘 비가 내려 우리는 좀 불편했지만 논밭이 젖었으니 백성들에게
는 참 좋은 일이오. 내일부터 행사가 많으니 긴장을 풀지 말도록 합시

다. 혹시라도 군율을 어긴다거나 백성들을 번거롭게 하는 일이 없도록 만전을 기하시오."

어가가 화성 안에 있는 행궁에 들어서니 호위군사들은 비로소 여유가 생겼다. 그들은 행궁에서 좀 떨어진 곳에 진을 치고 휴식을 취했다. 긴장이 풀리자 농담도 오갔다.

"야, 외영 아이들은 편안한 데서 대접받으며 근무하는구먼."

"그러니까 군대는 줄이라잖아. 우리도 외영으로 전근시켜달랄까?"

"아서라, 아서. 걔들은 모레 있을 군사훈련시범 때문에 삥이 치고 있더라. 아직은 여기가 삭풍이 휘몰아치는 변방이란다."

셋째 날

드디어 화성에서 본격적인 행사를 시작하는 날이 되었다. 예정된 행사는 대성전(大成殿) 참배와 문무과 별시, 회갑잔치 예행연습이었다. 공자의 위패가 모셔진 대성전은 화성향교 안에 있었다. 묘시에 행궁에서 나온 정조는 동부승지 이조원에게 다음 행사인 문무과 별시 준비를 철저히 할 것을 지시하고 말에 올랐다.

화성향교 화성에서의 첫 번째 공식행사로 화성향교 대성전을 찾아 참배를 올렸다. photo ⓒ 모덕천

화성향교는 화성의 남문인 팔달문[10]을 거쳐 서남쪽으로 약 2킬로미터 떨어진 팔달산 남쪽 기슭에 있었다. 향교 문밖에서 말에서 내린 왕은 명륜당을 거쳐 대성전에 들어가 참배했다. 그런 다음 공자와 주희 등 중국의 성현 21명과 설총, 박세채 등 우리나라의 유학자 15명의 위패가 모셔져 있

화성성묘전배도
능행도 중 화성향교 대성전
참배를 묘사한 그림. 국립중
앙박물관 소장.

낙남헌 photo ⓒ 모덕천

는 사당을 둘러보고 깨끗하게 개수할 것을 지시했다.

"단청이 헐고 의자나 향로가 모두 낡았구나. 하루빨리 수리하도록 하라."

참배를 마치고 행궁으로 돌아온 왕은 문무과 별시를 참관하기 위해서 오른쪽에 있는 낙남헌(洛南軒)으로 향했다. 이 시험은 화성 및 인근의 광주, 과천, 시흥지역의 선비들과 무사들을 등용하여 사기를 높여주기 위한 조치였다. 수원은 신도시였으므로 웬만한 인근 선비들에게도 모두 응시자격이 주어졌다.

"이번 기회에 그동안 연마한 실력을 유감없이 발휘해보도록 하라."

이날 문과의 책문은 '근상천천세수부(謹上千千歲壽賦)'로, 혜경궁이 천천세를 누리도록 기원하는 내용의 부(賦)를 지으라는 것이었다. 무과의 시험과목은 활쏘기였다. 이때 문과 급제자는 총 5명으로 화성에서

낙남헌방방도
능행도 중 화성 및 인근지역
의 선비와 무사를 대상으로
문무과 별시를 치르는 장면.
국립중앙박물관 소장.

2명, 광주, 시흥, 과천에서 각각 1명씩 뽑혔다. 무과에서는 56명을 선발했다. 이 가운데는 장용영 병사들의 합격률이 매우 높았다.

"역시 장용영 친구들의 실력이 월등하구먼."

정조는 흐뭇한 기분으로 합격자들에게 합격증서인 홍패(紅牌)와 어사화(御賜花), 사주(賜酒) 등의 상을 주었다. 이로써 오전 행사를 마무리한 정조는 신시(오후 3~5시)가 되자 봉수당에 나아가 회갑잔치 예행연습인 진찬습의(進饌習儀)를 점검했다. 이때는 주인공인 혜경궁 홍씨와 내외빈으로 초청된 본가의 친척들도 참석했다. 예행연습에 앞서 정조가 말했다.

"모레 있을 회갑잔치는 정말 잘 치러야 하는데, 걱정되는 것은 기생들이다. 서울 기생들이야 상호도감(上號都監)에서 격식을 제대로 배웠겠지만 화성부의 기생들은 좀 헤맬 것 같다. 그러니 미리 손발을 잘 맞춰보거라."

당시 회갑연에서 춤을 추는 기생들은 궁궐의 여종과 의녀들이었다. 이들과 화성부의 기생들이 함께 행사에 참가할 예정이어서 혹시 실수하지 않을까 염려했던 것이다. 이날의 예행연습은 무난히 치러졌다.

넷째 날

윤 2월 12일, 기다리던 현륭원 전배의 날이 왔다. 해가 뜨기도 전에 정조는 혜경궁을 모시고 현륭원으로 향했다. 장용영의 정예군사들이 왕을 호위했다. 행차는 팔달문을 나와 남쪽에 있는 상류천, 하류천, 황교 등을 지나 유첨현을 거쳐 유근교에 다다랐다. 지금의 화성군 태안읍 안녕리 근처이다. 유근교에서 말에서 내린 왕은 도보로 만년제(萬年提)를 거쳐 현륭원에 이르렀다.

융릉 사도세자를 모신 융릉. 화성시 효행로 481번길 21-1. photo ⓒ 모덕천

"말이 놀라 날뛰어 원소 주변의 나무를 상하지 않게 하라."

정조가 명을 내리자 군사들은 질서 있게 대오를 갖추고 능 밖에서 기다렸다. 정조는 혜경궁에게 인삼차를 드리면서 마음을 안정시켰다.

"어머니, 제발 너무 흥분하지 마세요. 건강에 해롭습니다."

"알았소, 걱정하지 마세요."

이윽고 혜경궁은 두 군주와 함께 나아가 재실 옆에 쳐놓은 휘장 안으로 들어갔다. 그런데 잠시 후 안에서 통곡소리가 들려왔다. 28세의 젊은 나이에 뒤주에 갇혀 죽은 사도세자가 그곳에 묻혀 있었다. 자신은 환갑이 되었는데, 동갑내기 남편은 흙이 된 지 오래였으니 그 비통함이야 이루 말할 수 있겠는가.

"이런, 큰일이군. 그렇게도 주의를 드렸건만……."

혜경궁의 울음소리를 들은 정조는 그녀의 용태가 걱정되어 안절부절 못했다.

용주사 정조는 현룡원을 조성한 뒤 1790년(정조 14년) 자신이 대시주가 되어 용주사를 지었다. 그리고 장흥 보림사의 승려 보경을 팔로도승통으로 삼아 머물게 함으로써 조선 불교의 총본산으로 삼았다. photo ⓒ 모덕천

서장대 photo ⓒ 모덕천

"전하, 어서 들어가 모시고 나오십시오."

"아무래도 그래야겠지?"

곁에 있던 정리사들이 권하자 정조는 재빨리 휘장 안으로 들어가 혜경궁에게 차 한 잔을 드리며 위로한 다음 데리고 나왔다. 어머니의 갑작스런 통곡 때문에 자신은 아버지에게 인사도 제대로 드리지 못했다.

"나중에 다시 뵙겠습니다, 아버지."

현룡원을 떠나는 길에 정조는 잠깐 능침을 돌아보며 이렇게 중얼거렸

다. 이날 왕은 현륭원의 관원들과 원찰인 용주사(龍珠寺) 승려들에게 상을 내렸다.

다음 일정은 장용영에서 행하는 주·야간 두 차례의 군사훈련 참관이었다. 본래 화성은 난공불락의 요새로 건설되었고, 이미 5,000명의 장용영 외영 군사들이 주둔하고 있었다. 정조의 친위부대인 이들은 강한 충성심만큼이나 기강이 잡혀 있고 잘 조련되어 있었다.

갑주를 갖추고 낙남헌에서 나온 왕은 팔달산 정상에 있는 서장대에 자리를 잡았다. 병조 판서 심환지, 화성 유수 조심태 등 여러 대신들이 뒤를 따랐다. 정조는 훈련을 시작하기에 앞서 이유경에게 명했다.

"행궁이 가까우니 대포소리를 좀 줄이도록 하게."

"예, 그리 시행하겠습니다."

"그럼 훈련을 시작하라."

왕명이 떨어지자 드디어 성조(城操)[11]라 불리는 장용영의 무력시위가 시작되었다. 서장대에서 대포를 쏘는 것으로 시작된 훈련은 일사불란하게 진행되었다. 북과 나팔, 명금이 울리는 가운데 3,700여 명의 군사들이 두 패로 갈라져 공격 진법과 방어 진법을 연달아 보여주었다. 함성과 포성이 천지를 진동했다. 이를 지켜보는 노론 측 신하들은 눈이 휘둥그레졌다.

"이거 참 무시무시하군. 전하께서 다른 마음을 품으시면 우리가 곤란해지겠는걸."

'내가 보여주고 싶은 게 바로 이거였어.'

정조는 회심의 미소를 지었다. 밤에도 똑같은 훈련이 진행되었다. 야조식(夜操式)이었다. 성벽을 따라 횃불이 이릉거리며 어둠을 밝혔고, 성

서장대성조도
능행도 중 장용영 군사훈련 모습을 묘사한 장면. 정조는 서장대에서 3,700여 명의 장용영 군사가 일사분란하게 훈련하는 모습을 사열하며 복원된 왕권을 과시했다. 국립중앙박물관 소장.

안에서는 집집마다 대문에 등불이 걸려 아름다운 정경을 연출했다. 야간훈련도 주간훈련과 마찬가지로 서장대에서 대포를 쏘는 것으로 시작됐다. 청룡기가 휘날리자 동문에서 대포를 쏘고 나팔이 울렸다. 주작기가 휘날리면 남문, 백호기가 휘날리면 서문, 현무기가 휘날리면 북문에서 각각 대포를 쏘았다. 그에 따라 군사들은 번개처럼 진법대로 움직였다.

"정말 보기 좋지 않소? 저런 강병들이 있으니 내가 근심할 바가 무엇이겠소."

정조는 주변을 둘러보며 이렇게 큰소리를 쳤다. 훈련이 끝나자 정조는 수백 명의 장병들에게 궁시와 포목을 상으로 주었다. 이에 장용영 군사들은 용기백배하여 만세를 외쳤다.

"주상전하, 만세! 만만세!"

다섯째 날

혜경궁의 회갑연인 진찬례(進饌禮)가 열리는 날이다. 을묘년 원행의 첫 번째 명분이 실행되는 것이다. 잔치는 봉수당에서 이른 아침부터 열렸다. 행궁 내전에 자리한 혜경궁의 자리에는 연꽃무늬 방석이 깔리고, 뒤에

봉수당 photo ⓒ 모덕천

는 십장생 병풍이 펼쳐졌다. 그 곁에 표피 방석과 진채 병풍이 펼쳐진 곳이 임금의 자리였다. 봉수당 마당에는 이미 종친과 대신, 왕실의 일

가들, 의식을 진행할 여관과 여집사, 여령들이 대기하고 있었다.

혜경궁과 왕이 등장하자 여민락(與民樂)의 격조 높은 곡조가 울려 퍼졌다. 향불이 피어오르고 여관의 구호에 따라 내외명부가 혜경궁에게 절을 했다. 그와 함께 낙양춘곡(洛陽春曲)이 연주되었다. 의빈과 척신들이 절을 한 다음 왕이 일어나 어머니께 재배를 드렸다. 이윽고 정조가 술잔을 올리며 말했다.

"어머니, 천세 만세 이 자식과 함께해주십시오."

"그럼, 그럼. 이런 효자가 있는데 오래 살아야지요."

혜경궁은 몹시 흡족한 표정이었다. 어머니가 술을 마시자 왕은 머리를 숙여 인사를 드린 다음 소리 높여 외쳤다.

"천세!"

"천천세!"

모든 사람이 혜경궁의 만수무강을 기원했다. 이렇게 예가 끝나자 음식과

화려한 춤사위를 묘사한 〈봉수당진찬도〉 부분.

술이 들어오고, 뒤이어 기생과 무녀들이 마당 한가운데 나와 화려한 춤을 추기 시작했다. 미리 손발을 맞추어둔 덕분이었는지 춤사위가 가벼웠다.

이날 잔치는 날이 저문 뒤에도 계속되었는데, 해가 저문 뒤 행궁 건물 사면에 홍사초롱을 걸고 좌정한 사람들마다 놋쇠로 만든 촛대를 나누어

봉수당진찬도
능행도 중 봉수당에서 열린 혜경궁 회갑연을 묘사한 그림. 국립중앙박물관 소장.

대낮같이 휘황찬란했다. 정조는 흔쾌한 기분으로 백관들과 술을 마신 다음 승지와 사관, 각신들을 불러 술을 권했다.

"너희는 특별히 불렀으니 한잔 하도록 해. 취하지 않으면 돌려보내지 않을 거야."

그런 다음 정조는 축시[12]를 지어 혜경궁에게 바치고 신하들도 축시를 쓰도록 했다.

우리 동방에 처음으로 경사 있어
회갑일에 만세의 축수 올리네.
이날 자궁께서 탄강하시었기에
구름처럼 모여 축하를 펼치도다.
장락전에서는 손자들과 벗을 삼고
노래자의 효행은 피리소리에 담겼네.
화 땅 구경하고 넘치는 축복 속에
깊은 은혜가 팔방에 미치는구나.

여섯째 날

윤 2월 14일, 이날 새벽에는 행궁의 정문인 신풍루(新豊樓)에서 백성들에게 쌀을 나누어주는 사미의식이 치러졌다. 이때 쌀을 받을 사람으로는 화성부 주민으로 사민(四民), 즉 홀아비·과부·고아·독자 50명과 진민(賑民), 즉 가난한 사람들 261명으로 미리 선정해두었다. 정조는 그 외에도 산창(山倉)과 사창(社倉), 해창(海倉)에 승지들을 보내 그 지역의 사민과 진민들을 구휼하게 했다. 그 결과 사민 539명, 진민 4,813

명이 혜택을 받았다. 정
조는 이 행사가 혜경궁
의 은전임을 애써 강조
했다.

"이건 혜경궁 마마께
서 내리는 것이다."

이날 정조는 진민들에
게 죽을 쑤어 먹이도록
했다. 어머니의 회갑연
을 궁중의 잔치로 끝내

신풍루 정조는 이곳에서 백성들에게 쌀을 나누어주는 사미의식을 열었다.
photo ⓒ 모덕천

는 것이 아니라 화성 주민 전체의 잔치로 승화시키는 한편, 백성들에
대한 자신의 애정을 보여주려는 뜻이었다. 정조는 이런 지시를 내리고
도 못 미더웠는지 선전관을 재촉했다.

"죽 한 사발 가져와 봐라."

"왜 그러시는데요?"

"죽 맛이 괜찮은지 먹어보려고 그런다."

그렇게 행사를 점검한 다음 정조는 양로연이 열리는 낙남헌으로 향했
다. 초대받은 노인들은 한양에서부터 따라온 영의정 홍낙성을 비롯해
관료 15명과 화성의 노인 384명이었는데, 대부분 토호나 양반들이었지
만 양민도 13명이나 끼어 있었다.

이윽고 임금이 자리를 잡자 노인 관료들은 지팡이를 짚고 계단 위에
오르고 여타 노인들은 자손들의 부축을 받고 계단 밑에 열을 지어 앉았
다. 정조는 노란 비단손수건을 지팡이 머리에 매게 하고 비단 한 단씩

낙남헌양로연도
능행도 중 양로연을 묘사한
그림. 낙남헌에서 노인들을
모시고 잔치를 열었는데, 이
날 차려진 음식상이 425개에
달했다. 이것으로 화성에서의
공식행사는 모두 끝났다. 국
립중앙박물관 소장.

을 하사했다. 이어 음악과 함께 음식이 나오면서 떠들썩한 잔치 한 마당이 벌어졌다.

"이것이 바로 궁중 음식이구먼. 살다 보니 이렇게 귀한 음식도 먹어 보는구나."

"주상은 진짜 효자야. 우리에게도 이런 복을 내려주시다니."

노인들은 즐거운 기분으로 술과 음식을 들었다. 이때 홍낙성과 채제공, 김이소 등이 차례로 왕에게 술을 올렸다. 왕은 기뻐하면서 말했다.

"내가 평소 술을 좋아하진 않지만 오늘은 술맛이 나는구려."

채제공이 장단을 맞췄다.

"암요, 저도 술이 술술 잘 들어갑니다."

"그런데 저 밖에는 노인들이 없소?"

정조는 행궁 밖에 운집해 있는 구경꾼들을 가리켰다.

"저기도 태반이 노인들입니다."

"그럼 저들에게도 음식을 나누어주시오."

그러자 밖에 있던 백성들이 천세를 외쳤다.

"우리 임금님은 도무지 법도를 지키시지 않는다니까. 우리에게도 음식을 내리시다니, 얼씨구 좋다."

그렇게 해서 이날 차려진 음식상은 무려 425개였다. 행사가 끝나자 노인들은 남은 음식을 싸들고 자리에서 일어났다. 귀한 음식을 자손들에게도 나누어 먹이려는 어버이의 마음이었다.

양로연을 마지막으로 화성에서의 공식행사는 모두 끝났다. 정조는 안도의 한숨을 내쉬며 자리에서 일어났다.

"시간이 좀 남았으니 화성을 꼼꼼히 살펴보아야겠다."

득중정어사도
능행도 중 활 쏘는 장면을 묘사한 그림. 활쏘기는 정조가 어려서부터 심신수련의 일환으로 즐겨한 스포츠이다. 국립중앙박물관 소장.

득중정 photo ⓒ 모덕천

간편한 군복으로 갈아입은 왕은 화홍문을 지나 성곽 건물 중에서 경관이 제일 좋다는 방화수류정(訪花隨柳亭)으로 갔다. 꽃을 찾아 버들잎이 나부낀다는 정자, 그 이름만큼이나 정자는 아름다웠다. 아래를 내려다보니 멀리 광교산에서 흘러든 유천(柳川)의 물소리가 청량하고, 신선한 바람이 정자를 싸고돌며 지친 정신을 일깨운다. 어느 결에 이만수와 이익운, 조심태, 서용보, 윤행임, 남공철 등이 곁에 따라붙었다. 정조는 그들과 함께 장안문루와 몇 군데를 더 돌아보고는 화성 축조의 현장책임자였던 조심태를 치하했다.

"성곽의 형태와 완성도가 정말 뛰어나구려. 수고 많았소."

행궁으로 돌아온 정조는 활을 쏘기 위해 낙남헌 뒤에 있는 득중정(得中亭)으로 갔다. 활쏘기는 정조가 어렸을 때부터 심신수련의 일환으로 즐겨한 스포츠였다. 이때 함께한 사람은 홍낙성, 심이지, 서유방, 이시수, 조심태, 서용보, 이만수 등이었다.

"우리 함께 몸을 좀 풀어보십시다."

이날 정조는 유엽전과 소포, 장혁 등 세 종류의 화살을 쏘았다. 그 결과 유엽전은 30발 중에 24발, 소포는 25발 중에 24발, 장혁은 5발 중에 3발을 명중시켰다. 실로 놀라운 실력이었다. 다른 신하들도 함께 쏘았는데 팔순의 원로인 홍낙성이 소포 세 발을 맞추었다.

"나이 드신 분이 대단하십니다."

정조는 즐거운 듯 그를 치하했다. 활쏘기가 재미있었던지 정조는 저녁 수라를 마치고 난 뒤 다시 득중정에서 횃불을 밝히고 활을 쏘았다. 그리고 불꽃놀이의 일종인 매화포(埋火砲)도 터뜨리며 놀았다. 그날의 행사가 끝나자 정조는 신하들을 돌아보며 아쉬운 듯 중얼거렸다.

"원행을 나온 지 며칠 되지 않았는데 정해진 일정이 다 끝났구려."

일곱째 날

아침 일찍 어가는 화성을 떠나 시흥으로 향했다. 한양에서 내려올 때의 여정을 되짚어가는 길이다. 왕은 군복을 입고 말을 탄 채 앞서 나가고 뒤에 혜경궁의 가마가 뒤따랐다. 장안문 밖으로 나가니 수원 백성들이 모두 나와 왕을 배웅했다. 이번 별시에서 합격한 사람들도 화동들과 함께 나와 있었다. 진목정교에 이르러 왕은 잠깐 행차를 멈추게 한 뒤 조심태에게 군사를 이끌고 돌아가라고 명했다.

"이제 어가의 호위는 내영의 군사들에게 맡기시오."

그것은 군대의 주둔지를 이탈하지 말라는 뜻이었다.

"그럼 살펴 돌아가십시오, 전하."

지지대고개 수원에서 의왕으로 넘어가는 고개. photo ⓒ 모덕천

조심태가 절하고 물러나자 행차가
재개되었다. 어가가 미륵현에 도착하
자 왕은 신하들에게 말했다.

"여기를 지나면 현륭원이 보이지
않게 되지. 그래서 내가 전배를 마치
고 돌아갈 때마다 여기에 이르면 매
번 뒤를 돌아보며 천천히 가자고 말
하곤 했다. 그러니 이제부터 이곳의
지명을 지지대(遲遲臺)라고 부르겠다."

사근참행궁 터 시흥과 과천의 경계. photo ⓒ 모덕천

이때부터 미륵현은 지지대고개로 바꿔 부르게 되었다. 점심 무렵 사
근참행궁에 다다른 왕은 광주 부윤 서미수, 시흥 현령 홍경후, 과천 현
감 김이유를 들게 한 다음 고을의 당면과제와 백성들의 근심거리를 물
었다. 그곳에서 점심을 마치고 출발한 정조는 저녁 무렵 시흥행궁에 도

착했다. 한양으로 돌아가는 길은 화성에 갈 때보다 속도가 매우 더뎠다. 화성을 떠나는 발걸음이 지지대고개를 넘을 때처럼 무거운 탓이었을까.

여덟째 날

윤 2월 16일, 오늘 저녁이면 창덕궁에 들어가게 된다. 행차를 시작할 때처럼 연도에는 수많은 백성들이 운집해 있었다. 정조는 문득 그들의 목소리를 듣고 싶었다.

시흥행궁 터 지금의 금천구 시흥동. photo ⓒ 모덕천

"백성들이 구경만 하게 해서는 좀 서운하겠지. 뭔가 선물을 주어야겠다."

정조는 묘시에 행궁을 나와서 지방 수령들에게 명했다.

"그대들은 경내의 백성들을 데리고 넓은 길가에 나와 기다려라."

"무슨 일이 있으십니까?"

"쯧쯧, 아직도 내 마음을 읽지 못하는가?"

어가가 시흥행궁을 떠나 문성동 길에 다다르자 시흥 현령 홍경후가 백성들과 함께 나타났다. 왕은 말을 멈추고 말했다.

"너희가 원하는 것을 들어줄 테니 망설이지 말고 말해보라."

"성상의 은혜가 하해와 같은데 별다른 문제가 있을 리 없습니다."

시흥환어행렬도
능행도 중 어가의 환궁 행렬
을 묘사한 그림. 국립중앙박
물관 소장.

이미 현령에게 다짐을 받고 나온 사람들이었다. 한 번 지나가면 언제 또 볼지 모르는 임금보다는 회초리를 든 양반이 더 무서운 법이다. 그런 눈치를 챈 정조는 혀를 차며 말했다.

"쯧쯧, 뭐가 두려워서 말을 못하는 거지?"

이때 승지 이익운이 받았다.

"전하, 저들에게 절실한 것은 없는 모양입니다. 다만 환곡을 탕감하고 부역을 줄여주시면 감읍할 것입니다."

그 말에 정조가 고개를 끄덕이자 백성들은 절을 하고 물러났다. 그때 한 노인이 큰 소리로 외쳤다.

"전하, 좋은 날이니 먹을 것 좀 주십시오."

갑작스런 언동에 호위군사들이 우르르 달려가 그를 에워쌌다. 정조는 갑작스레 소란스러워지자 승지에게 나이를 알아보라고 일렀다.

"저 사람, 대체 몇 살이래?"

"예순하나랍니다."

"음, 어머니와 동갑이군. 무례해서 모른 척하려 했는데 환갑이라니 그냥 넘어갈 수 없겠다. 남은 쌀이 있으면 나누어주도록 하라."

그렇게 조치하고 다시 북쪽으로 나아가는데 멀리 관악산이 보였다. 정조가 갑자기 이시수를 돌아보며 물었다.

"연주대가 어디쯤인가?"

"저기 제일 뾰족한 정상에 있습니다."

"주군을 그리워한다는 뜻이니 좀 애처롭구나."

정조는 태조 이성계가 한양에 도읍을 정할 때 관악산의 화기를 막으려고 연주대를 지은 다음 기도를 올렸다는 사실을 알고 있었다. 또 양

용양봉저정 본래 이름은 망해정이었는데, 정조가 북쪽에 높은 산이 우뚝하고 동쪽에서는 한강이 흘러와 마치 용이 굼틀굼틀하는 것 같고 봉황이 훨훨 나는 듯하며, 찌는 듯한 광영이 서기로 엉기어 용루(龍樓)와 봉궐(鳳闕) 사이를 두루 감싸고 있으면서 앞으로 억만 년이 가도록 우리 국가기반을 공고히 할 것이라 하여 '용양봉저정(龍驤鳳翥亭)'으로 이름을 바꾸었다. photo ⓒ 모덕천

녕대군과 효령대군이 머물렀고, 세조가 백일기도를 한 연주대의 이름을 되새기며 등 뒤에 두고 온 화성의 현륭원을 떠올렸던 것이다.

이윽고 어가는 만안현, 지금의 상도동고개를 거쳐 노량진의 용양봉저정에 다다랐다. 그곳에서 점심 수라를 든 다음 배다리를 관리한 주교도청(舟橋都廳)의 이홍운에게 비단을 하사했다. 또 배다리 건설의 총책임자인 주교 당상 서용보를 불러 내일 당장 다리를 분해하여 선주들에게 돌려주라고 명했다. 그리고 20여 일 동안 기다리며 애를 태운 선주들에게 상을 내렸다.

"참으로 애들 많이 썼다. 배다리가 없었다면 마지막까지 마음을 놓을 수 없었을 것이다."

용양봉저정에서 출발한 어가는 천천히 배다리를 통해 한강을 건너 한양으로 향했다. 그렇게 8일 동안의 화성 행차는 끝을 맺었다. 멀리 행주산성 쪽으로 붉은 해가 가뭇했다.

윤 2월 21일, 창덕궁 춘당대에서는 이번 원행에서 공을 세운 사람들을 치하하는 잔치인 호궤(犒饋)가 벌어졌다. 참석자는 3,846명이었으니 대단한 규모였다. 정조는 또 장용영을 비롯해 5군영 무사들의 무예를 시험한 후 상품을 주었으며, 원행에 간여한 정리소, 장용영, 용호영, 훈련도감, 근위영, 어영청, 수어청, 총융청의 대장 및 장병 3,536명에게 각각 돈 2전 7푼을 지급했다.

《원행을묘정리의궤》에 따르면 을묘년 원행의 뒤풀이는 이 외에도 푸짐했다. 어가를 따라갔던 고관들에게는 말이나 비단, 화병 등을 주었고, 낮은 지위의 관리나 군인들은 품계를 올려주었으며, 어가가 지나간 연로의 관리들에게도 선물을 한 보따리씩 안겨주었다.

"내 말만 잘 들으면 자다가도 떡이 생긴다. 알아듣겠는가."

그 후 정조는 신민들을 하나로 묶어 더 큰 이상을 실현하기 위해 개혁의 고삐를 더욱 죄었다. 이듬해 화성 건설이 완전히 매듭지어졌고, 만년제가 현륭원 입구에 축조되었으며, 축만제와 서둔이 차례차례 완공되었다. 개혁? 어디서 무엇을 어떻게 할 것인가. 정조에게 있어 그 귀착점은 언제나 화성이었다.

희망과 절망의 랩소디

- 신도시 화성 건설 -

"할아버지, 아버지를 살려주세요!"

11세 때였다. 세손은 뒤주 안에 갇힌 아버지를 살리려 목이 터져라 소리쳤다. 하지만 돌아온 것은 할아버지 영조의 차가운 음성이었다.

"썩 물러가거라. 어린 것이 뭘 안다고 정사에 참견하느냐!"

눈물을 훔치며 돌아서는 세손의 시야에 굳은 표정의 홍인한, 김상로, 김귀주 등 척신들의 얼굴이 들어왔다. 애절한 눈빛으로 그들을 바라보았지만 그들의 입은 굳게 다물려 있었다. 그 모습이 마치 저승사자처럼 느껴졌다. 외할아버지 홍봉한은 보이지 않았다. 훗날 세손은 그가 아버지의 죽음에 직간접으로 관여했음을 알게 되었다.

'권력에는 형제도 없고 당쟁에는 사위도 없는가?'

세손은 장성하면서 그때의 일을 곱씹었다. 기회만 온다면 반드시 복수하여 억울하게 숨진 아버지의 넋을 위로하리라. 그 후 15년이 지났다. 왕이 된 아들이 주변을 둘러보니 아버지 때와 다를 것이 없었다. 옥좌에 앉으면 언제나 날카로운 창검이 자신을 향해 쏟아질 것만 같았다.

즉위 초기에 원수 홍인한과 김귀주, 숙의 문씨 등 일부 척신들을 쓸어버리는 데는 성공했지만, 기실 그것은 자신의 힘으로 이룬 것이 아니었다. 경쟁자를 제거하려는 노론 측의 묵인이 없었다면 불가능한 일이었다. 그의 곁에는 충성을 맹세한 노론 시파 홍국영이나 김종수 등이 버티고 있었지만, 다수를 차지하고 있는 노론 벽파들은 아직도 그를 왕으로 인정하려 들지 않았다.

'죄인의 아들은 왕이 될 자격이 없다.'는 저 팔자흉언(八字凶言)[13]은 이미 공공연한 비밀이었다. 정조는 그들에게 있어 왕이되 왕이 아니었다. 구실만 생긴다면 언제라도 쫓아낼 수 있는 존재였다. 군대도 내관도 왕실도 모두가 저들의 손아귀에 쥐어져 있었다. 그러므로 즉위하자마자 홍씨 일문에 의해 벌어진 살해미수사건은 빙산의 일각일 뿐이었다.

'살아남아야 한다. 저들보다 강해져야 한다.'

다행히도 그의 곁에는 맹호 같은 홍국영이 있었다. 혈기방장했던 그는 일찍부터 노론의 늙은이들 눈 밖에 나 있었다. 하지만 그는 왕의 신임을 바탕으로 천하를 움켜쥐려는 꿈을 꾸고 있었다.

"나를 지켜내라. 네게 모든 것을 줄 수 있다. 제발 나를 잊고 너희끼리 싸워라."

그렇게 하루하루가 가고, 시간은 정조의 편이었다. 정조는 결코 서두르지 않았다. 저들에게 어떤 빌미도 제공해선 안 되었기 때문이다. 세손 때의 스승이면서 굳은 충성심으로 그를 보필하던 김종수가 조용히 훈수했다.

"저들에게 사심이 없음을 보여주셔야 합니다."

"저들보다 뛰어난 학자가 되셔야 합니다."

그래야 했다. 어느 날 정조는 침전의 벽에 커다랗게 '탕탕평평실'이 란 글자를 써 붙여놓았다. 나는 너희가 명분으로 내세우는 할아버지 영 조의 탕평책을 계승할 것이다. 규장각을 만들었다. 보아라, 나는 학문 을 사랑하는 군주가 될 것이다. 열심히 공부하고 토론하자. 그렇게 다 짐하면서 정조는 은밀히 세력을 키워나갔다.

초계문신(抄啓文臣)제도를 통해 당색에 물들지 않은 젊은 관료들을 끌 어들이고, 서얼이나 중인들도 과감히 규장각에 기용했다. 신변경호를 구실로 장용위를 창설한 다음 차츰 병력을 늘려나가 장용영이라는 큰 규모의 친위부대를 만들었다. 신해통공과 상언격쟁 등을 통해 민심을 장악했다. 탕평책을 내세워 노론과 소론, 남인을 고루 등용했다. 서서 히 그의 근육에 힘이 붙기 시작했다.

"오래 삼갔구나. 이제 일어설 때가 됐다."

"전하, 실념하신 게 있습니다."

"그게 무슨 말인가?"

"전하, 뒤주를 잊으셨습니까!"

그랬다. 아직 그의 전신을 옥죄고 있는 굴레가 있었다. 아무리 용틀 임을 해도 죄인의 자식은 승천할 수 없는 세상이었다. 아버지 사도세자 의 명예를 회복하지 않고서는 결코 노론의 천하를 바꿀 수 없었다. 아 직 저들에게는 천한 무수리의 자식 영조를 목숨 바쳐 왕으로 만들었다 는 절대불가침의 명분이 있었다.

"우리는 정의파야. 의리 없는 자식은 그냥 밟아버린단 말이지."

충효의 나라 조선에서는 왕이 힘만으로 신하들을 제압하기에는 1퍼센트가 부족했다. 그러기에 할아버지 영조는 그의 손을 부여잡고 이렇게 달래지 않았던가.

"산아, 자식을 죽인 내가 무슨 할 말이 있겠니? 저들은 너무나 강해. 하지만 나도 견뎌냈으니 너도 견뎌내야 해."

"너무하십니다, 할아버지. 어떻게 이 손자의 애끓는 한을 삭히라 하십니까?"

"사도세자의 아들로는 결코 왕이 될 수 없어. 그래서 내가 너를 효장세자의 아들로 만들어준 것 아니냐."

"그거야 짜고 치는 고스톱이었잖습니까? 제가 사도세자의 아들인 건 천하가 아는 사실입니다."

"그러니까 명분이 중요하다는 거야. 안 되겠다, 내가 아예 못을 박아야겠다. 네가 왕위에 있는 동안에는 절대로 뒤주사건을 거론해선 안 된다. 이걸 어기면 국왕 자리 사표 써야 한다. 이게 네가 왕이 되는 조건이야. 노론 아이들하고 협상해서 도장 찍어놓았으니까 알아서 해."

"휴, 알았습니다. 알았어요."

정조는 그렇게 해서 왕이 되었다. 일단 판에 뛰어들어야 승부도 가릴 수 있는 법이다. 정조는 오랫동안 웅크리며 판돈을 모았다. 하지만 상황이 바뀐 건 아무것도 없었다. 뭔가 극적인 반전이 필요했다.

빛을 찾다

1789년 7월, 금성위 박명원이 정조에게 양주 배봉산에 있는 사도세자의 묘소인 영우원을 옮기자고 청했다.

"전하, 현재 영우원 자리는 지세도 나쁘고 토질도 엉망이니 이장하는 게 어떨까요?"

"어디 좋은 자리가 있겠소?"

"옛날부터 수원부 뒷산이 명당으로 유명하잖습니까?"

"근데 노론 영감들이 뭐라 하지 않을까요?"

"아, 자식이 부친 묘소를 좋은 데로 모시겠다는데 시비 거는 놈이 어디 있겠습니까? 그런 자는 능지처참을 해도 할 말이 없을 겁니다."

"오케이. 고모부, 정말 시원시원하십니다. 그렇게 하도록 하지요."

그렇게 해서 이장 준비는 일사천리로 진행되었다. 충효가 최고의 가치였던 시대라서 노론 대신들도 별다른 이견을 보이지 않았다. 수원부 뒷산은 옛날에 신라의 국사였던 도선이 용이 여의주를 희롱하는 형국으로 천 년에 한 번 만날까 말까 한 자리라고 평했던 명당 중에 명당이었다.

석 달 동안의 공사로 묘소가 완성되자 정조는 이름을 현륭원이라고 지었다. 능침에는 병풍석을 설치하고 최고의 장인들을 동원해 치장했다. 영우원에서 현륭원으로 이장할 때는 뚝섬에 배다리를 놓기까지 했다. 또 현륭원 동쪽 인근에 용주사를 창건한 다음 도화서 화원들에게 명하여 《부모은중경》 목판을 새기고 서양화풍의 후불탱화를 그려 봉안했다. 그도 모자라 자신의 초상화를 그려 재실에 보관시켰다.

"아버지, 이게 저랍니다. 많이 컸지요? 제가 자주 뵈올게요."

이런 지극한 효성에 감응했던 것일까. 현륭원 이장을 마친 후 돌연 수빈 박씨에게 태기가 보이더니, 이듬해인 1790년 6월 18일 혜경궁의 생신날 사도세자의 탄생처인 집복헌에서 아들이 태어났다. 정조는 눈물을 흘리며 감동했다.

"아버지께서 내게 아들을 주셨구나."

그때부터 정조는 매년 현륭원을 참배하면서 사도세자의 영혼을 위로했다. 정조에게 힘을 주는 변수는 계속 이어졌다. 1792년(정조 16년), 사도세자 서거 30주년이 되자 그동안 소외되었던 남인 선비들의 연명상소인 이른바 영남만인소(嶺南萬人疏)가 정조의 손에 쥐어졌다. 사도세자는 누명을 써서 죽었으니 그를 지지한 자신들이 차별받을 이유가 없다는 내용이었다. 노론 측의 집요한 방해공작을 헤치고 이루어낸 남인들의 쾌거였다. 그와 함께 영의정 채제공이 강력하게 사도세자의 신원을 요구했다.

"전하께서도 잘 아시잖습니까? 이제 때가 되었습니다."

"하지만 그러면 내가 선왕의 유고를 어기는 셈이 됩니다. 그렇게 되면 무슨 일이 일어날지 채 선생님도 잘 아시잖아요."

"그래도 할 일은 꼭 해야 합니다."

"그럼 날 좀 도와주세요. 기막힌 방법이 있습니다."

"그게 뭔데요?"

"좀 천천히 갑시다. 갑자년이 되면 세자가 성인이 되지 않습니까. 그때 내가 물러나 상왕이 되고 새로 등극한 왕이 아버지를 왕으로 추존하게 하면 나는 할아버지의 유고를 어기는 게 아닙니다. 어때요? 좋은 생각이지요?"

"상왕이 된 뒤에 전하는 뭐 하시고요?"

"그러니까 선생님이 날 도와달라는 것 아니오."

드디어 정조는 벽파와의 건곤일척 게임에서 이길 수 있는 최상의 수를 발견한 것이었다. 사도세자의 음덕으로 태어난 세자가 자신의 비원을 이루어주면 이는 실로 아름다운 효행이 된다. 그와 함께 자신은 죄인의 자식이라는 굴레를 벗어던질 수 있다. 이 얼마나 기막힌 묘수인가.

권력은 총구에서 나온다고 했던가. 이미 수원 화성에는 현륭원 경비를 명목으로 장용영 외영의 군사 수천 명을 배치해놓았다. 자식처럼 키운 초계문신들은 조정에서 눈에 띄게 성장하고 있다. 그날이 오면 철옹성이 되어 있을 화성으로 들어가 그 옛날 태종이 그랬던 것처럼 막강한 상왕이 되어 천하를 경영하리라. 그와 함께 평생의 한을 말끔히 씻어내고 말리라.

이 구상은 기실 오래전부터 은밀히 추진되고 있었다. 정조는 이미 현륭원 이장사업과 동시에 신임하는 조심태를 수원 부사로 임명하여 신도시의 기반을 닦게 했다. 그사이에 정조는 부친상을 당해 고향에 내려가 있는 정약용에게 은밀히 최신식 성곽을 설계하도록 하고 있었다. 이 모든 계획이 실현되면 금성철벽의 자립형 신도시가 탄생하게 된다.

"준비가 끝나면 선생님이 화성 축조의 총책임자로 일해줘야 합니다."

"어휴, 노론 꼴통들과 조정에서 싸우는 일만 해도 골치가 아픈데요."

"못하겠다고요? 그럼 지금 당장 사표 쓰시든지……."

"…… ."

"그리고 선생님 뒤를 이을 가환이나 약용이 좀 보호해주세요."

"그거야 뭐. 하지만 요즘 젊은 애들은 어디로 튈지 알 수가 없어요."

소박한 출발

1789년 7월, 수원 읍내 백성들은 청천벽력 같은 소리를 들어야 했다.

"여기에 왕릉이 들어서니까 두 달 안에 살던 집을 헐고 떠나시오."

팔달산 정상에서 내려다본 수원 시가지 photo ⓒ 모덕천

"아니, 우리더러 고향을 떠나 어디로 가란 말씀이오?"

"팔달산[14] 밑에 신도시를 건설할 예정이니 그곳에 집을 짓고 이사하면 됩니다. 앞으로 여러분이 살기에도 훨씬 편할 거요."

"빈손으로 어떻게 집을 짓습니까?"

"별 걱정을 다하는구려. 자, 줄을 서시오."

그날 주민들은 철거비와 이주비 명목의 돈을 받았다. 적게는 초가삼간 6냥, 많게는 22칸 저택의 집값 400냥에 이주비 120냥이라는 거금이 손에 쥐어졌다. 정조가 10월에 새로 조성된 현릉원에 참배할 예정이었기 때문에 이주 시일은 촉박했다. 책임자는 훈련대장이었던 신임 수원 부사 조심태였다. 정조의 신임을 한 몸에 받고 있던 그는 단기간에 현지 주민들을 이주시키고 신도시를 건설하는 데 심혈을 쏟았다.

"빨리 이사 안 하면 좋은 자리 다 빼앗깁니다."

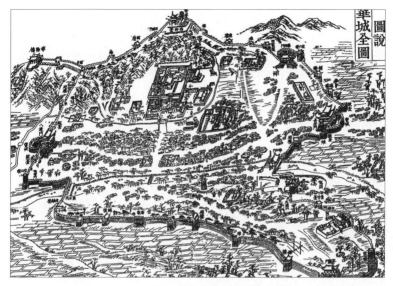

《화성성역의궤》에 실린 화성 고지도 국립중앙박물관 소장.

"작년에 심어놓은 배나무 값도 쳐줍니까?"

"물론이오. 하지만 올해 심은 건 계산 안 해드립니다."

"그런 게 어디 있소?"

"보상금 많이 타려고 잔꾀 쓰지 말란 말입니다."

우여곡절 끝에 주민들이 이사를 마치자 공사는 일사천리로 진행되었
다. 우선 팔달산 동쪽 기슭에 관청을 지었다. 그 앞에 남북 방향으로 넓
게 신작로를 낸 다음 길가에 상점이 들어서게 했다. 상점 뒤편으로 주
민들의 살림집을 배치했다. 팔달산 남쪽에는 향교를 신축했고 북쪽에
는 사직단을 세웠다. 관청가에는 임금이 머물 행궁[15]도 마련했다. 처음
에 단출하게 지어졌던 행궁은 몇 년 뒤 수원성 축성과 함께 대대적으로
증축되었다. 그와 함께 대도시의 기반공사라 할 수 있는 도심 하천의
준설과 가로 정비, 저수지도 조성되었다. 이와 같은 종합 신도시 사업

은 화성성역(華城城役)이란 이름으로 정조의 전폭적인 지원 아래 시행되었다.

"역시 우리 조선 사람들의 건설실력은 알아줘야 해."

10월 초, 현륭원 참배를 마친 정조는 신도시 건설현장을 둘러보고 기뻐하며 관리들에게 상을 주는 한편 이주민들의 세금을 1년간 면제해주었다. 그 후 수원은 도시 모양새를 갖추기 위해 공사를 계속했고, 1년 뒤에는 700여 호가 거주하는 아담한 신도시로 변모했다.

양수겹장

정조가 수원에 신도시를 건설하고 성곽을 축조한 의도가 갑자년 계획과 관련되어 있다는 사실은 오랫동안 알려지지 않았던 비밀이다. 왜냐하면 정사에는 그 내용이 언급되어 있지 않았고, 혜경궁 홍씨가 쓴《한중록》에만 가볍게 거론되었기 때문이다. 하지만 최근 학자들의 연구에 따르면 이 사업은 외면적으로는 현실정치에서 탕평정치를 실현하려는 본보기로서 추진되었고, 내면적으로는 정조 자신의 비원을 이루려는 의도가 담겨 있음이 분명했다.

역사를 살펴보면 왕실에서 능을 조성할 때 주변 백성들을 이주시키는 것은 그다지 희귀한 일이 아니었다. 하지만 백성을 유난히 사랑했던 정조가 수원부 주민 전체를 이주시키는 강수를 두면서까지 현륭원을 이장하고 신도시를 만들었다는 것은 꽤 의미심장한 일이다.

신도시 건설에는 정조의 측근들만이 아니라 노론, 소론, 남인을 망라한 모든 신료의 지혜가 어우러졌고 백성들의 전폭적인 지지와 참여 속에 진행되었다. 서울에서는 남인 정승 채제공이 총리대신으로 사업 전체를 총괄했고, 수원에서는 소론의 조심태가 사업을 감독했으며, 비변사의 노론 서유린과 소론 정민시 등이 재정을 지원했다. 또 남인 정약용과 소론의 서유구, 노론의 홍원섭 등 많은 실학자들이 창안한 신기술이 적용되었다. 김종수와 심환지 같은 노론 벽파의 핵심당원들도 화성행궁의 상량문을 지음으로써 화성 건설에 일부분 발을 걸쳤다.

"명분이 확실하면 발을 뺄 수 없는 법이지."

이처럼 수원 화성에는 명군 정조의 탕평과 화합의 정신이 한데 버무려져 있는 것이다. 여기에 그의 개인적인 비원이 녹아 들어갈 여지는 충분하고도 남음이 있다.

이와 같은 제반 여건 외에도 수원 신도시 계획은 당시의 시대여건에 맞아떨어지는 적절한 구상이었다. 18세기 조선사회는 엄청난 변화를 겪고 있었다. 농업기술의 발달로 인해서 잉여농산물이 늘어나고 대동법[16]으로 인해 화폐의 유통이 활발해지면서 상업이 비약적으로 발달하고 있었다. 그와 함께 전국적으로 시장이 확대되었다. 한편 대지주의 등장으로 농토를 잃은 농민들은 살길을 찾아 너나 할 것 없이 도시로 모여들었다. 누구나 장사할 수 있게 한 신해통공으로 인해 사람들은 저마다 한양 드림을 꿈꾸게 되었던 것이다.

"바위재 살던 개똥이가 한양 가서 참숯 팔아 큰 부자가 되었대."

"한양 사람들 요즘 사치가 유난하다더니, 정말 그런가 보네."

이런 상황에서 수원 신도시의 입지는 그야말로 최적이었다. 팔달산 아래는 삼면이 넓게 개방되어 있고 지형이 평탄하며 서울과 지방을 잇는 교통의 요지였다. 이렇게 경제도시로서의 요건이 잘 들어맞았기 때문에 수원은 지속적으로 발전해 훗날 경기도의 큰 도시로 성장할 수 있었던 것이다.

1793년(정조 17년)에 왕은 수원부의 명칭을 화성(華城)으로 고치도록 명
했다. 화성이란《장자》의 〈천지〉편에 나오는 '화인축성(華人祝聖)'에서
따온 말이다. 화(華) 지방의 제후와 요 임금이 덕을 기르는 군자의 도리
를 논했다는 뜻으로, 신도시 화성을 요 임금 같은 성인의 덕으로 다스
리겠다는 뜻이다. 그와 함께 정조는 화성을 유수부로 승격시키고 부사
의 지위도 정2품 유수로 격상시켰다. 개성이나 강화, 광주 등 중요한
행정, 군사도시와 격을 같게 한 것이다. 그런 다음 화성 유수에 채제공
을 임명했다.

"제가 명색이 정1품 좌의정인데 어찌하여 정2품 유수 벼슬을 주시나
요?"

"잘 아시면서 그러십니다. 그냥 좀 받으세요."

정조의 이런 조치는 화성을 왕권의 배후도시로 키우려는 복안 때문이
었다. 자신의 왕권을 뒷받침해주는 규장각과 장용영 등을 유지 발전시
키려면 비용이 많이 든다. 그런데 당시 서울 상인들은 오래전부터 서인
들과 유착되어 있었으므로 그들에게 지원을 받기란 하늘의 별 따기였
다. 그러므로 정조는 상업도시 화성을 확대 발전시킴으로써 개혁의 재
정적인 안정을 도모했던 것이다.

"아, 돈 없이 정치하는 사람 봤남?"

난공불락

"수원은 군사요충지이며 현륭원이 지척에 있습니다. 더군다나 읍이
들 가운데 있으므로 성을 쌓고 참호를 파야만 유사시에 대처할 수 있습

니다."

"그렇기는 하지만 어디 내 마음대로 할 수 있나. 좀 기다려보게."

1790년 6월, 무관인 강유가 수원 신도시에 성곽을 쌓자고 건의했지만 정조는 짐짓 결정을 미루었다. 그 후 몇 사람이 같은 의견을 내놓자 정조는 분위기가 무르익었음을 알고 축성준비를 서둘렀다. 그 일의 적임자는 아무리 생각해도 정약용밖에 없었다.

"약용아, 이제 네 실력을 보일 때가 되었다."

"예, 이쪽은 제가 잘 알고 있습니다. 근심하지 마십시오."

"자만하지 마라. 이 성은 반드시 난공불락이어야 한다."

명을 받은 정약용은 여태까지 조선에 지어졌던 여러 성을 살펴보고 중국 성곽의 강점을 연구하는 한편 서양의 과학기술 서적을 탐독하면서 아이디어를 짰다. 그리하여 2년 뒤인 1792년에 〈성설(城說)〉이란 논문을 정조에게 제출했다.

"음, 생각보다 늦은 감이 없지 않다. 그래서 어떻게 하겠다는 건가."

"예. 제가 계산해보니 성의 둘레는 3,600보, 성벽의 높이는 2장 5척이 적당합니다."

"재료는 뭐가 좋을까?"

"우리나라 토질을 감안하면 중국식의 벽돌보다는 단단하고 구하기 쉬운 화강암이 좋겠습니다. 기초는 수원부에서 많이 나는 조약돌을 쓰면 경제적입니다."

"맞아, 경제는 소중한 것이야."

"그러니까 문제는 경제입니다. 재료를 옮기기 쉽게 수레가 다닐 수 있는 길을 먼저 닦는 것이 중요합니다. 에, 그리고……."

"좋아, 좋아. 연구 좀 했군. 그런데 이 논문을 내가 썼다고 하면 안 될까?"

"쩝, 그러세요. 학자들 논문 표절이야 어제 오늘 일도 아니지 뭐."

그렇게 해서 수원성 축성의 여덟 가지 방안을 담은 정약용의 〈성설〉은 《어제성화주략》이라는 책으로 간행되어 화성 축성의 기본방안으로 채택되었고, 《화성성역의궤》에도 실렸다. 정약용은 정조의 신뢰를 바탕으로 유성룡의 저술과 중국 병서를 참고하여 〈옹성도설〉, 〈누조도설〉, 〈현안도설〉, 〈포루도설〉 등 성곽 축조의 세부적인 설계논문을 완성했다.

〈옹성도설〉은 성문 앞에 세우는 항아리 모양의 둥근 이중성벽에 대한 설명이고, 〈현안도설〉은 성에 접근해오는 적을 감시, 공격할 수 있는 가늘고 긴 수직의 홈을 만드는 방법에 대한 설명이다. 또 〈누조도설〉은 적이 성문에 불을 지르는 것을 방지하기 위해 성문 위에 오성지라는 다섯 구멍을 내고 그 뒤에 물을 저장한 큰 통을 만드는 방법을 말하며, 〈포루도설〉은 성벽에 치성을 만들고 그 위에 여러 시설을 설치하는 방법이다. 치성 위에 대포를 장착하면 포루, 성책을 설치하면 적루가 된다. 정약용은 또 좌우 감시대인 적대, 군사가 머무는 건물을 세운 포루, 큰 활인 궁노를 쏠 수 있는 노대 등을 고안해냈다.

"참으로 대단한 재주다. 세상에 보기 드문 착상이구나."

정조는 정약용의 여러 구상에 만족했다. 하지만 공사기간 단축이라는 문제가 남아 있었다. 화성을 단기간에 건설해야 한다고 생각했던 정조는 규장각에 있던 《기기도설(奇器圖說)》[17]을 정약용에게 내밀었다.

"이 책을 보고 궁리 좀 해 보게."

"어이쿠, 이렇게 귀한 책을! 그런데 이것도 서학[18]입니다."

"말이 많네. 서학이든 동학이든 경제가 중요하다고 내가 안 그랬나?"

"알겠습니다. 제갈량이 한번 되어 보겠습니다."

"아니, 제갈량 정도는 훌쩍 능가해야 하네."

정약용은 《기기도설》에 있는 도르래의 원리를 이용해 거중기라는 기계를 발명한 다음 〈기중도설〉이라는 논문을 썼다. 거중기는 무거운 돌을 들어올리는 장치로, 큰 나무틀 위아래로 4개의 도르래를 매달고 물레의 일종인 녹로를 양끝에 달아 들어올리는 힘을 대폭 늘렸다. 또 유형거라는 새로운 형태의 수레를 고안해 재료 운송을 쉽게 했다. 그는 또 성벽의 기초공사를 할 때 바닥에 크게 구덩이를 파고 층층이 흙을 다지되, 각 층의 작업이 이루어지는 대로 노임을 지불하는 공사방법을 제안함으로써 일꾼들이 자발적으로 일할 수 있는 분위기를 만들었다.

"일을 빨리 끝내면 끝낼수록 돈을 많이 법니다."

이렇듯 수원 화성 축성에는 당시 31세였던 정약용의 뛰어난 지혜가 빛을 발했다. 이전에 축성이나 전쟁 경험이 없었음에도 그는 정조의 기대에 부응하여 완벽에 가까운 설계를 해냈던 것이다.

화성은 들판에 떠 있는 상업도시로서 유사시에 다른 성민들처럼 산성으로 대피하는 것이 아니라 끝까지 사수해야만 한다. 정약용은 이를 감안해 성의 규모를 줄이는 대신 방어시설을 완비함으로써 난공불락의 철옹성을 실현시켰다.

"제 머리의 끝이 어디인지 저도 궁금하답니다."

정조의 꿈을 '과학적으로' 실현한 화성

화성은 정조의 꿈이 집약된 상징이자 당대 과학기술의 결정체였다. 자타가 공인하는 '리틀 정조' 정약용은 이 화성 축조에 그 천재적 능력을 유감없이 발휘함으로써 정조의 꿈을 '과학적으로' 실현시켰다.

이중성곽 성문 앞에 항아리 모양의 둥근 이중성벽을 세워서 성문으로 접근하는 적을 양쪽 방향에서 공격할 수 있게 했다.
photo ⓒ 모덕천

오성지 성문 위에 오성지라고 부르는 다섯 개의 구멍을 내고 그 뒤에 물을 저장해놓았다. 적이 성문에 불을 지르는 것을 방지하기 위한 대책이다. photo ⓒ 모덕천

포루 성벽을 돌출시켜서 적의 공격으로부터 안전하게 포를 쏘게 했다.
photo ⓒ 모덕천

적대와 현안 적대는 장안문 좌우에 남아 있는 감시대로 우리 나라에는 유일한 건축물이다. 가운데 길쭉한 홈 세 개는 뜨거운 물이나 기름을 흘려보내 적의 접근을 막는 현안이다. photo ⓒ 모덕천

노대 큰 활을 쏘기 위한 장치로 서노대와 동북노대가 있다. photo ⓒ 모덕천 ▶

거중기 정약용의 천재성을 입증한 건설장비. 거중기, 유형거 등 획기적인 도구의 개발로 공사기간과 공사비를 대폭 줄일 수 있었다. photo ⓒ 모덕천

무노동 무임금

1794년(정조18년) 정월, 드디어 화성 축성공사가 시작되었다. 성역소
(城役所)라는 임시기구가 조직되고 책임자로 채제공, 직접적인 공사총괄
책임자로 화성 유수 조심태가 임명되었다. 조심태는 1789년 현륭원을
이장할 때 수원 부사로서 신도시 건설을 성공적으로 매듭지은 장본인이
었다. 그 공으로 화성 성곽공사까지 맡게 된 것이다. 현장관리 책임자
로는 이유경이 임명되었다.

축성공사는 정약용의 설계와 방법에 따라 엄격하게 진행되었다. 여
기에 행궁을 대대적으로 증축하는 공사까지 병행되었으므로 공사현장
은 시장바닥 같았다. 이때 조심태는 밤낮을 가리지 않고 공사를 독려했
다. 그래서 인부들 사이에 이런 말까지 떠돌았다.

"화성이 성화요, 조심태가 태심하도다."

성곽에 필요한 돌은 화성 북쪽에 있는 숙지산에서 떠왔고, 건물에 소
요되는 기와와 벽돌은 성역소에서 직접 가마를 마련해 구워냈다. 행궁
의 기둥과 대들보에 쓰일 목재는 충남 안면도에서 바람에 쓰러진 나무
를 가져왔고, 부족분은 강원도 국유림에서 베어왔다. 문루에 쓰이는 느
티나무는 전라도 산간에서 구해왔으며, 각종 철물은 각 지방 감영에서
공납으로 받았다. 기타 필요한 물품은 한강변에 널려 있는 자재상들을
이용했다. 조선 후기에는 건축기술이나 인부들의 능력이 뛰어났기 때
문에 건축공사는 두 달을 넘기지 않았다.

"돈만 제대로 주면 집이든 궁궐이든 별 것 아니야."

"날림공사 같으면 건축비 다 물어냅니다."

화성 축성사업은 단순히 성벽을 두른 것이 아니라 다양한 형태의 목

조건물과 벽돌시설이 망라된 건축박물관으로 평가된다. 그때 동원된 인원은 22직종 총 1,840명의 최고급 전문가들이었다. 게다가 이들은 강제동원된 것이 아니라 자발적인 임금노동자였다는 점이 중요했다.

조선의 백성들은 개국 이후 도로나 축성과 같은 국가사업에는 의무적으로 동원되었으며, 음식도 각자 준비해야 했다. 그만큼 비효율적인 결과가 나올 수밖에 없다. 17세기 들어 백성들의 강제부역은 사라졌지만 장인들만은 예외였다.

"우리가 봉인가? 기술 있는 게 죄여?"

장인들은 이렇게 한탄했다. 그들의 고초를 알게 된 정조는 어린 나이로 죽은 문효세자의 사당을 지을 때 작업일수를 기준으로 노임을 지급했다. 장인이나 일꾼을 가리지 않았다.

"나랏일을 해도 돈을 버네. 이거 수입이 꽤 짭짤한데."

그때부터 장인들에게 부역은 지겨운 노동이 아니라 좋은 일거리로 바뀌었다. 기술이 뛰어나면 뛰어날수록 더욱 비싼 대접을 받았다. 이는 장인들의 개인적인 기술향상은 물론 공사기간까지 단축하는 효과를 발휘했다.

"무노동 무임금이여. 열심히들 일해서 부자 되라고."

평소 백성들의 노고를 불쌍히 여겼던 정조는 반사(頒賜)라 하여 수시로 감독관과 장인들을 격려했다. 공사가 시작된 1794년 여름에는 더위를 쫓는 환약인 척서단(滌暑丹)을 하사했고, 이듬해 겨울에는 장인들에게 모자와 무명 1필을 하사했다. 그는 또 화성 공사현장에 내려가면 반드시 인부들에게 음식을 베푸는 호궤를 실시했다.

"자자, 많이들 드시고 멋진 작품 하나 만들어봅시다."

자립형 신도시

정조는 화성을 완벽한 자립형 신도시로 건설하고 싶었기 때문에 단순히 성곽을 쌓고 행궁을 증축하는 것으로는 만족할 수 없었다. 도시기반을 제대로 갖춘 계획도시를 만들기 위해 가장 시급한 문제가 물길을 정비하는 일이었다. 북쪽 광교산 계곡에서 흘러들어 오는 큰 물줄기가 성을 관통하는데 여름이면 범람하기 일쑤였다. 이를 안정시키지 않으면 도시공사가 불가능했다. 또한 성 안의 하천은 오염물을 배출하는 하수도 구실을 하므로 세심한 관리가 필요했다.

"물을 다스린 다음에는 토지를 확보해야 해."

화성은 교통의 요충지이기는 했지만 토질이 척박해 소출이 변변치 않았다. 그러므로 정조는 북성 밖 인근에 있는 소금기 있고 척박한 땅을 개간해 둔전(屯田)을 만들라고 조심태에게 명했다. 이 공사 역시 일한 양에 따라 삯을 주도록 해 백성들의 자발적인 참여를 유도했다.

"열심히 땅만 파면 돈이 나옵니다. 다른 곳에서는 이런 일거리 눈 씻고 찾아봐도 없습니다. 그리고 나중에 땅도 분양해드립니다."

본래 둔전이란 나라에서 군사비용을 충당하거나 지방관청의 운영경비를 마련하기 위해 만들어지지만, 화성의 둔전은 신도시 백성들의 생계유지를 위해 개간되었다. 그 결과 장안문 밖 북쪽 일대에 넓은 토지가 생겨났는데 이것이 대유평(大有坪)이다.

"농군들이 하늘만 쳐다보게 해서는 안 된다. 농업용수를 확보하라."

조심태는 또 왕명에 따라 저수지 공사를 벌여 1796년(정조 20년) 5월 만석거, 1798년 만년제와 축만제(祝萬堤)를 조성했다. 만석거는 현재의 일왕저수지이고 축만제는 서호로 개칭되었다. 이와 같은 노력으로 인

만석거 당시 화성에 농업용수를 공급하기 위해 조성한 저수지. 이로써 화성은 자립형 신도시로 완성될 수 있었다. 현재의 일왕저수지. photo ⓒ 모덕천

해 화성은 농업기반이 완전히 갖추어진 자급자족 도시로 탈바꿈했다.

"농업부문을 안정시키는 것도 중요하지만 도시기능을 활성화시키기 위해선 물류이동이 손쉽게 만들어야 해."

이렇게 생각한 정조는 화성행궁 바로 앞에 십자로를 만들고 주변을 상업지대로 만들었다. 지방과 서울을 오가는 통로가 활짝 열리니 상업이 활성화되고 생활환경이 좋아졌다. 그와 함께 외부에서 사람들이 밀려들어 왔다. 자연스런 인구증가정책을 쓴 것이었다. 의도한 대로 신도시가 안정을 찾아가자 정조는 흡족했다. 하지만 근엄한 티를 좀 내야 했다. 1794년 정조는 이렇게 말했다.

"화성은 기호라는 요충지를 위해서도 아니고 5,000의 병마를 위해서도 아니다. 하나는 현륭원을 위해서, 또 다른 하나는 행궁을 위해서이다. 마땅히 민심을 즐겁게 하고 민력을 가볍게 하라."

화성이 현륭원을 보호하고 행궁을 지키기 위해 조성되었다는 뜻이다. 왠지 닭 잡아먹고 오리발 내미는 듯한 느낌이 드는 것은 어쩔 수 없다. 어쨌든 명분은 중요한 것이니까. 화성 건설의 마무리는 성신사(城神祠)에서 이루어졌다. 정조는 신위를 봉안하고 이렇게 축문을 썼다.

"천만억 년 다하도록 우리 고장 막아주소서. 한나라의 풍패처럼 우리 고장을 바다처럼 평안하고 강물처럼 맑게 하소서."

드디어 인간 정조의 속마음이 드러나는 순간이다. 풍패는 중국 강소성의 패현 땅으로 한 고조 유방의 고향이다. 그곳은 결코 능이나 행궁을 지키는 도시가 아니다. 그러므로 정조는 유방을 탄생시킨 패현처럼 자신 또한 화성에서 천하를 아우르는 군주로 거듭나고 싶었던 것이다.

"황제가 어디 중국에만 있다더냐. 나도 함 해보겠다 이거야."

갑자년은 오지 않는다

- 오회연교, 그리고 죽음 -

1800년(정조 24년), 운명의 해가 밝았다. 정조는 2월 2일 왕세자를 책봉한 다음 세자빈으로 김조순의 딸을 간택했다. 1785년(정조 9년)에 정시 문과에 급제하고 규장각 각신을 거쳐 대제학에 이르렀던 김조순은 이때 순조의 장인이 되어 훗날 안동 김씨 세도정치의 기반을 마련했다.

정조가 세자의 혼사를 서두른 것은 4년 뒤인 갑자년에 왕위를 넘기고 화성으로 은퇴함으로써 사도세자를 추숭하겠다는 예정된 수순이었다. 자신의 후계를 확실하게 해놓은 정조는 화성 신도시에서 선진농법을 실험하고 이를 전국적으로 확산하도록 명하는 등 본격적으로 은퇴준비에 돌입했다.

"이젠 아무도 나를 막을 수 없어."

정조는 그렇게 왕실을 정비한 다음 자신이 원하는 구도로 조정을 재편하기로 마음먹었다. 그리하여 즉위 초부터 원칙으로 삼아왔던 호대

법(互對法)을 파기하는 강수를 두었다. 호대법이란 각 부처에 노론, 소론, 남인을 골고루 배치하는 인사탕평책으로 모든 정파가 묵시적으로 인정한 제도였다.

5월 12일, 정조는 당시 소론의 영수이며 우의정인 이시수의 동생 이만수를 이조 판서에 임명하고 서용보를 예조 판서, 이경일을 공조 판서, 이은모를 사간원 대사간, 조진관을 선혜청 제조, 이인수를 삼도 수군통제사, 민광승을 경상우도 병마절도사로 삼는 등 대대적인 인사를 감행했다. 이 인사의 핵심은 소론의 약진이었다. 그리하여 영조 때 궤멸되다시피 했던 소론 정파의 회생이 가시화되었던 것이다.

"이쯤 되면 내 의도가 뭔지 알겠지."

결재를 마친 정조는 사도세자 기일인 5월 21일까지 열흘 동안 근신 재계하는 칩거의 시간을 가졌다. 그러자 전례에 어긋난 인사조치라며 노론 벽파의 신하들이 집단으로 반발했다. 더군다나 김종수의 아들인 수찬 김이재는 이만수의 사직상소[19]를 트집 잡아 강경한 태도로 정조를 비난했다.

"아니 이런 인사가 어디 있습니까? 소론 세상을 만들려 하십니까? 영조대왕의 유시를 지키셔야지요. 그러지 않으면 저희도 좌시하지 않겠습니다."

5월 22일, 조정에 나온 정조는 이런 노론 벽파의 반발에 정면으로 대응했다.

"이런 괘씸한 놈을 봤나. 감히 나를 가르치려 해!"

정조는 즉시 김이재를 귀양 보내라고 명했다. 이시수가 만류했지만 듣지 않았다. 자신의 문제로 조정이 들썩이자 이만수는 자신에게 내린 벼슬을 거두어달라고 청했다.

"전하, 이거 낙하산이니 뭐니 해서 말들이 많습니다. 꼭 바늘방석에 앉은 것 같습니다."

"내가 괜찮다면 괜찮은 거야. 자식들 까불고 있어."

정조는 한술 더 떠 소론의 윤광안을 이조 참의에 임명함으로써 이조를 완전히 소론의 무대로 만들어버렸다. 이조는 인사권을 좌지우지하는 부서이다. 그것은 곧 자신의 친위세력을 정치일선에 내세우겠다는 폭탄선언이었다. 그러자 사태의 심각성을 느낀 벽파에서 측면을 치고 들어왔다. 천주교를 공격함으로써 정조가 총애하는 남인세력의 등용을 막고 나선 것이다.

그 선봉은 장령 권한위였다. 그는 같은 날 천주교가 서울에서 시골까지 번져가고 있으니 관련된 서적을 태워버리자고 상소했다. 이것은 분명 이가환, 이승훈[20], 정약용 등을 겨냥한 화살이었다.

"애들이 본격적으로 나오네. 이쯤 되면 아예 못을 박아야겠다."

정조는 5월 29일 자신의 인사정책에 가장 강력하게 저항한 김이재를 언양으로 귀양 보냈다. 그런 다음 날 이른바 오회연교라는 극단적인 교시를 발표했던 것이다.

무리수 오회연교

오회연교(五晦筵教)는 말 그대로 1800년 5월 30일 정조가 즉위 이래 자신의 인사방침 등 정치적 입장을 재천명하면서 신료들의 추종을 종용하는 단호한 교설이다. 며칠 전부터 등에 난 종기로 고심하던 정조는 내의원에 관련된 신하들을 불러 모았다. 그때 내의원 제조 이시수가 말했다.

"전하, 김이재를 귀양 보낸 것은 좀 심하셨습니다. 따지고 보면 이조판서를 논박한 것에 지나지 않습니까? 조치를 철회해주십시오."

이에 정조는 심각한 태도로 말했다.

"그 문제 때문에 내가 경들을 부른 것이오. 김이재는 이번에 의리가 아니라 자기 당파의 이익을 위해 큰소리를 친 것이오. 그러니 이번에 어물쩍 넘기면 앞으로 재상이나 임금에게 또 달려들지 않는다는 보장이 없습니다."

"아, 그렇게 생각하셨습니까?"

"나는 부족한 사람이지만 그동안 나라를 다스리면서 규범만은 제대로 지켜왔다고 자부합니다. 그것은 신료들이 의리파였기 때문이오. 때문에 나는 공평하게 인사를 하려고 노력했소. 초기에 홍국영을 중용했던 것은 당시 사정으로 어쩔 수 없는 일이었소."

"그건 저희도 잘 알고 있습니다."

"잘 들어보시오. 기해년 이후, 돌아가신 채제공이나 김종수, 윤시동 같은 인물을 8년 주기로 정승 자리에 앉힌 것은 우연이기는 하지만 실은 의리를 따랐기 때문입니다. 요즘에는 그들처럼 믿을 만한 신하가 드물기는 하지만 찾으면 왜 없겠소. 그래서 이제는 지위고하를 막론하고 참으로 선을 사모하고 지향하는 자를 믿고 쓸 것입니다."

"네, 그러셔야죠."

"내가 세상을 다스리는 기준은 솔교(率敎)[21]에 있소. 모든 일에서 지극히 옳은 것이 의리인 것은 예나 지금이나 다를 것이 없지 않습니까. 그래서 모두가 나를 따르는데 어떤 별종의 무리는 상대편의 비위를 맞춘다고 비아냥거리며 죄를 뒤집어씌우려 하니 개탄스런 일이오.”

이 말은 김이재 같은 노론 벽파가 세력을 믿고 자신에게 충성하는 남인 집단을 공격하는 행위를 지적한 것이었다. 정조는 말을 계속했다.

“을묘년 이후 나는 세도를 깊이 염려한 끝에 교속(矯俗)²² 두 글자를 끄집어냈소. 야박하게 말하고 싶지 않았기 때문에 속(俗) 자 하나로 말했지만, 예전에 나를 모해하려 한 자들이 바로 속이오. 그러니 나의 교속이란 형벌보다 엄한 것입니다. 김이재의 상소는 명목상 이조 판서 한 사람을 논박한 것이지만 사실은 내 원칙인 교속에 저항한 것이오. 의리의 반대는 곧 속습(俗習)이니, 이를 바로잡기 위해서는 나막신을 신고 압록강 얼음판을 건너가는 것처럼 조심스럽게 나를 따라야 할 것입니다.”

“아, 그렇게 깊은 뜻이 있었군요.”

“나는 어릴 적부터 성인의 글을 통해 대도(大道)를 깨우친 후 그것을 실천하려고 노력해왔소. 그리하여 온 나라 사람들이 따르게 하려는 것인데, 김이재 같은 무리가 그것을 알지 못하고 불경한 행동을 서슴없이 하니 한편으로는 측은하기까지 합니다. 지금 당장 그자를 죽이는 거야 쉽지만 집안을 보아서 귀양을 보내 생각을 바꾸게 하려는 것입니다.”

정조는 강한 어조로 노론 측의 의도를 공박하고, 이제는 당파에 연연하는 습속을 버리고 자신의 뜻을 따르라고 강요했다. 이렇게 그는 강화된 왕권을 신료들에게 과시한 것이다.

“내 말이 곧 의리야. 그러므로 나를 따르지 않는 자들은 의리 없는 자들이야.”

정조는 이제 의리를 따지는 노론의 방식을 자신의 무기로 삼은 것이다. 정조의 말을 정리해본다면 과거에는 남인 채제공에서 소론 윤시동,

노론 김종수 순으로 재상을 임명했으니 다음 차례는 곧 남인 이가환이나 정약용이라는 뜻이고, 이에 반발하는 자들은 용서하지 않겠다는 협박이었다. 김이재에 대한 조치는 그런 정조의 출사표였던 것이다.

"학문이나 의리 면에서 나를 넘어설 만한 사람이 있으면 나와보라고 그래."

정조는 오회연교에서 이처럼 강력한 자신감을 내비쳤다. 집권 전반기만 하더라도 군주의 허물을 비판하지 않는다고 신하들을 질책했던 그가 이제는 자신의 초월적 권위를 신하들에게 종용하고 나선 것이다. 이것은 정조가 자신의 권력을 확신하지 않으면 불가능한 일이었다.

"이만큼 간곡하게 말했으면 다들 알아들었겠지."

정조는 이렇게 확신했다. 그런데 의외의 상황이 벌어졌다. 노론 벽파 쪽의 신료들은 그렇다 해도 자신이 초계문신으로 키워온 신료들까지 모두가 함께 반발했던 것이다. 이른바 침묵시위였다.

"자, 내 생각에 대해 의견이 있으면 말해보시오."

"……."

"허, 왜 아무 대답이 없는 것이오?"

"……."

"내참, 미치겠군. 제발 무슨 말이라도 해보란 말이오."

그렇게 정조는 자신이 믿었던 측근들로부터 지지를 받지 못하는 상황을 맞았다. 그와 함께 당당했던 왕권은 커다란 상처를 입게 되었다. 정조는 깊은 고립감에 빠져들었다.

"모두가 나를 지지해줄 줄로 알았건만, 어찌 이럴 수가!"

"전하, 전례를 지키십시오. 독불장군은 용납할 수 없습니다."

"정말이야?"

"그럼요. 탕탕평평이야말로 저희가 원하는 것입니다."

정조는 어쩔 수 없이 이만수의 이조 판서 임명을 철회해야 했다. 그것은 자신이 24년 동안 고심해온 것이 무위로 돌아갔음을 증명하는 것이었다. 자신의 극적인 선택이 신료들에게 외면당하자 정조는 심한 무력감과 피로감을 느꼈다. 실로 오회연교는 정조의 오판에서 나온 무리수였던 것이다.

오회연교 이후에도 정조는 솔교와 교속의 명분을 내세워 집요하게 신하들을 압박했지만, 신료들은 여전히 침묵으로 일관했다. 그러다가 초계문신 출신의 이서구가 나서서 노론의 신임의리를 지킬 것과 사림정치를 재확인할 것을 요구했다. 그로 인해 정조의 스트레스는 더욱 깊어져 갔다. 그와 함께 몸에 난 종기가 심해졌다.

"정녕 세상에 믿을 자는 없단 말인가."

6월 14일 정조는 영춘헌으로 김조순을 불러들였다. 그는 대대로 서울에 살던 안동 김씨의 후손으로 문체반정 이후 정조의 신임을 독차지한 인물이었다. 그의 딸은 이미 몇 달 전 세자빈에 간택되어 최종 절차를 남겨둔 상태였다.

"사돈, 당신만은 내 편이 되어주겠지."

장차 국왕의 장인으로 예정된 김조순에게 정조는 자신이 물러날 갑자년 이후 정국의 주도적인 역할에 대해 각별한 당부를 한다. 이 내용은 훗날 안동 김씨의 세도정치가 확고부동하게 자리 잡은 뒤《영춘옥음기(迎春玉音記)》라는 비밀기록으로 공개된다.

여기에서 정조는 기존의 정국운영이 가지고 있는 괴리감을 설파하면

서 외척세도의 새로운 정국운영방침을 개진한다. 즉위 초 표방했던 우
현좌척의 개혁적 정국운영원칙, 곧 외척을 배제하고 사림을 우대하여
등용한다는 인사원칙이 실패했음을 인정하고, 이제는 외척들이 정사에
적극 개입하라는 뜻이었다. 이것은 사림과 측근인 친위관료들에 대한
실망감이 원인이었다. 이 극단적인 정조의 변심은 오로지 갑자년 이후
의 정국을 겨냥하고 있었다. 하지만 그때 정조는 자신의 목숨이 불과
보름조차 남지 않았다는 것을 알지 못했다.

갑자년은 오지 않는다

정조는 1800년 정월, 사도세자의 생일을 맞아 현륭원에 다녀왔다.
건강이 나빠져 신하들이 말렸지만 듣지 않았다. 왕세자 책봉과 관례,
혼례에 대한 내용을 죽은 아버지께 알리기 위해서였다.

"아버지, 손자가 이제 어른이 됩니다. 제가 여기 돌아올 날도 머지않
았어요. 이렇게 좋은 날이 오는데 아버지는 차가운 흙 속에 묻혀 계시
다니……."

정조는 재실에 들어가 이렇게 토로하다 격앙되어 통곡까지 했다. 걱
정이 된 심환지와 이시수가 왕을 부축해 데리고 나왔다.

"이제 그만 돌아가시지요, 전하. 건강을 상하십니다."

"괜찮아요. 나는 아직 할 말을 다하지 못했소."

이시수가 말렸지만 정조는 고집을 부리며 버텼다. 결국 그는 재실에서
밤을 지새운 다음 환궁했다. 그 이후에도 정조는 왕으로서 신하들에게
모범을 보이고 앞서야 한다는 강박관념으로 모든 일을 직접 처리했고,
밤늦게까지 정사를 돌봤다. 그러니 몸 상태가 정상적일 리가 없었다.

그해 2월, 혜경궁에게 부스럼이 나서 오랫동안 신음했다. 이에 정조는 밤낮으로 어머니를 간호하면서 친히 약을 발라 손이 붓기까지 했다. 그런 효성에 하늘이 감복했는지 열흘째 되는 날 혜경궁은 침을 맞고 깨끗이 나았다. 그렇지만 정조는 너무 신경을 쓴 탓에 건강이 더욱 나빠졌다.

매년 5월은 임오화변(壬午禍變)이 일어났던 달이라 정조는 당시의 일을 회상하며 신경이 매우 날카로워지곤 했다. 그래서 현륭원 참배 외에도 수시로 경모궁(景慕宮)을 출입했다. 사도세자의 기일에는 열흘씩이나 정사를 물리치고 아버지의 죽음을 애도했다. 그러면서 오회연교와 같은 파격적인 구상을 완성시킨 것이었다.

"아버지, 이제는 정말로 뭔가를 보여드리겠습니다."

1800년, 음력 6월 초부터 정조는 온몸에 생긴 부스럼으로 몹시 아팠다. 부스럼은 그의 울화병과 함께 상승작용을 일으켜 악성종기로 악화되었다. 가려움증과 함께 극심한 고통이 밀려오고 열기가 등에서 머리 쪽으로 솟구쳐왔다. 고약을 계속 붙였지만 효험이 없었다.

"정사가 바쁜데 몸이 말썽이군."

"마음을 곧게 가지고 치료에 온 힘을 쏟으십시오."

이시수가 권하자 정조는 이렇게 속마음을 털어놓았다.

"내 증세는 해묵은 화병 때문에 생긴 것이오. 요즘에는 더 심한데도 풀리지 않으니 좋아질 리가 없겠지. 대신들이 하나같이 입을 다물고 있으니 내가 어찌 속이 타지 않겠소. 진정 그대들은 무서운 게 없는 모양이지?"

그것은 곁에 있던 심환지를 향한 화살이었다. 그러자 심환지가 움찔

하며 대답했다.

"전하의 분부는 의리에 합당하니 누가 반대하겠습니까?"

"나는 부덕하지만 의리에 대해서만큼은 확고부동한 중심을 갖고 있소. 그런데 신료들이 나를 이기려 드니 분하기까지 하오. 《서경》에 이르기를 '오직 임금만이 극을 만든다.' [23] 라고 했소. 내가 야박한 사람이 아니라 잠시 놓아두지만, 저들이 살고 싶다면 감히 그렇듯 강경하게 나오지는 못할 것이오."

이렇듯 정조는 오회연교 이후 냉각된 정국을 회복하기 위해 더욱 강력하게 신하들을 압박했다. 그러자 이시수가 정조를 달랬다.

"전하의 뜻을 누가 모르겠습니까. 죄인들이 있다면 마땅히 벌을 주면 그만입니다. 하지만 병중에 너무 흥분하면 해로우니 고정하십시오."

"당신도 답답하오. 내가 이렇게 말하면 그 죄인이 대체 누구냐고 물어봐야 할 것이 아니오. 종기가 터질 때가 되었는데 아직 반성하지 못한다면 나도 어쩔 수 없지."

그와 함께 정조는 심환지를 내의원 제조에서 물러나게 하고 그 자리에 이병정을 임명했다. 이튿날에도 병세가 여전하자 정조는 스스로 가감소요산, 유분탁리산, 삼인전라고 등을 처방했다.

"내의원에게 진찰을 받으십시오."

신하들이 권했지만 정조는 도리머리를 쳤다.

"요즘 내가 누구를 믿는단 말인가. 기다려보라. 내 병은 내가 안다."

6월 23일쯤에는 고름이 나오는 곳 이외에 왼쪽과 오른쪽이 당기고 뻣뻣하며 등골뼈 아래쪽에서부터 목뒤 머리카락이 난 곳까지 여기저기 부어올랐는데 어떤 것은 연적만큼이나 커졌다. 그러자 정조는 지방 의관을 수소문하게 했다.

"세간에 종기를 잘 고치는 의원들이 있으면 불러 대기시키도록 하라. 종기 때문에 국사를 제대로 보지 못하니 답답하기만 하구나."

정조는 그런 와중에도 호남 수령들의 장계를 훑어보고 내의원 제조 이병정의 부모가 병환이라는 것을 알고 물러나게 했다. 다음 날에는 심연이 조제한 연훈방(烟熏方)과 성전고(聖傳膏)를 들여보낼 것을 명했다. 연훈방은 경면주사(鏡面朱砂)를 쓰는 데다 성전고는 파두(巴豆) 등 강한 약제가 포함되어 있으므로 이시수가 말렸다.

"함부로 민간처방을 실험하면 위험합니다."

"아니오. 종기가 심하니 강한 처방으로 단번에 물리치는 것이 낫겠소. 할 일이 많은데 이렇게 병치레로 시간을 보낼 수야 없지 않은가."

정조는 그때까지 쓴 약이 효과가 없자 극단적인 처방을 쓰기로 결심했던 것이다. 과연 연훈방이 효과가 있었던지 6월 25일 정조가 밤이 깊어 잠깐 잠이 들었을 때 피고름이 흘러 속적삼에 스며들고 요 자리까지 번졌다. 이를 보고 의관 심연과 정윤교가 기뻐했다.

"이제 됐습니다. 피고름이 많이 나왔으니 근이 다 녹은 것입니다. 앞으로 원기를 보충하면 되겠습니다."

"기동은 할 만하고 어깨 부위도 조금 가라앉았지만 주변의 작은 종기들이 한 덩어리를 이루어 바가지를 엎어놓은 것같이 잡아당기는구나. 그리고 식욕이 전혀 없으니 이상하다."

"열기는 아직도 있습니까?"

"글쎄, 치밀어 오르는 열기가 더 심해진 것 같다."

"비록 증상은 두 가지이지만 열기가 원인이니 종기가 나으면 열도 내릴 것입니다."

"그렇다면 이제는 열을 다스리는 약을 잘 써야겠구나."

정조는 그렇게 안심했지만 상황은 점점 나빠졌다. 정조는 26일에 한숨도 잠을 자지 못했다. 고름이 그치지 않는 데다 식욕조차 없어 며칠째 수라를 들지 못했다. 이에 내의원에서 경옥고를 추천하자 정조는 이렇게 말했다.

"나는 어렸을 때부터 경옥고를 맛보면 5, 6일 동안 음식을 먹지 못했으니 이 지경에서는 체질상 절대로 먹을 수 없는 약이다."

하지만 좀처럼 상태가 호전되지 않자 정조는 기력회복을 위해 경옥고를 소량 복용했다. 그래도 아무런 차도가 없었다. 그 와중에도 정조는 영춘헌에서 김조순과 이만수 등과 함께 정사에 관한 이야기를 나누었다. 그리고 운명의 6월 28일, 갑자기 병세가 악화된 정조는 의식이 오락가락하며 말도 제대로 하지 못했다. 그러다 간신히 입술을 움직여 '수정전……'이라 뇌까렸다. 곁에서 시종하고 있던 이시수는 임금의 최후를 직감하고 궐내에 급보를 알렸다.

"전하께서 심히 위중하십니다."

전갈을 받은 혜경궁과 정순왕후가 영춘헌으로 급히 달려왔다. 그런데 혜경궁이 방 안으로 들어가려 하자 신하들이 제지했다.

"내궁 마마들은 임금의 치료처에 들어가서는 안 됩니다. 전례를 따르십시오."

그러자 정순왕후가 화를 벌컥 내며 말했다.

"명색이 할미인 나도 안 된단 말이오? 우선 내가 들어가 주상께 탕약을 권해보겠소."

왕실의 제일 큰 어른인 그녀가 이렇게 호통을 치자 신하들이 감히 제지하지 못했다. 정순왕후는 그렇게 혜경궁을 밖에 세워두고 안에 있던 이시수와 심환지를 나오게 한 다음 병실로 들어갔다. 그리고 얼마나 지났을까. 갑자기 안에서 그녀의 곡소리가 들려왔다. 깜짝 놀란 신하들이 방에 들어가 보니 정조는 이미 의식불명 상태였다. 잠시 후 정조는 숨을 거두었고 그가 그토록 갈망했던 갑자년의 꿈은 깊은 어둠 속으로 사라져버렸다. 49세의 창창한 나이였다.

그날 햇빛이 흔들리고 삼각산이 울었다. 양주와 장단 고을에서는 잘 자라던 벼 포기가 갑자기 하얗게 말라죽었다. 얼마 뒤 정조의 승하 소식이 알려지자 마을 노인들이 탄식했다.

"아아, 벼들이 성군의 죽음을 먼저 알고 상복을 입었구나."

정조, 독살되었는가

정조가 세상을 떠나자 조정은 노론 벽파의 수중에 들어갔다. 어린 순조가 즉위하자 정순왕후가 수렴청정을 하게 되었고, 그녀의 후원을 받은 노론 벽파는 모든 것을 정조 이전으로 되돌려놓았다. 그로 인해 정조의 꿈의 결정체인 화성행궁과 화성 신도시는 주인을 잃고 버림받은 신세가 되었다.

"우리 임금님은 억울하게 독살당했다."

정조 사후 독살설이 꼬리에 꼬리를 물고 이어졌다. 그리하여 경상도 인동의 선비 장시경과 장현경이 친척과 종 수십 명을 이끌고 관아를 공격했다. 이들은 인조 연간에 척화파였던 유학자 장현광의 후손으로 남인 계열이었는데, 정조의 원수를 갚겠다며 봉기했던 것이다. 하지만 이

정조 초상 정조는 한 시대의 희망을 온전하게 품은 개혁군주였지만 한순간 허망하게 가버렸다. 그와 함께 조선의 희망도 사라졌다. 정조의 효심을 받들고자 순조가 화성에 세운 화령전의 정조 초상. photo ⓒ 모덕천

들은 관군에 쫓겨 지리멸렬하게 전라도 고금도로 도망쳤다.

영남 남인들의 화살은 노론 벽파의 영수인 심환지에게 겨누어졌다. 극한 민간처방인 연훈방을 행한 의관 심연과 성이 같다는 이유에서였다. 심환지는 정조의 탕평책을 꾸준히 반대했고 정조 사후에는 그의 개혁사업을 철저하게 파괴한 인물이다.

과연 정조는 심환지 일파에게 독살당했던 것일까? 정조는《수민묘전(壽民妙詮)》이라는 의서를 썼을 정도로 의학지식에 뛰어났으므로 발병했을 때부터 죽을 때까지 내의원들과 처방을 상의했다. 또 그의 간병을 총지휘했던 우의정 이시수는 소론 시파로서 정조의 절대적인 신임을 받던 인물이었다. 그러므로 심환지가 치료과정에 야료를 부릴 만한 기회는 전혀 없었다고 봐도 무방하다.

"나는 타고 난 원칙주의자야. 신하가 어떻게 임금을 암살할 수 있겠어?"

어쩌면 심환지는 저승에서 이렇게 소리치고 있을지도 모르겠다. 돌이켜보면 정조는 심한 스트레스와 완벽주의 성격 탓에 쉼 없이 국정을 돌보면서 기력이 쇠약해진 상황에서 발병했다. 그러나 내의원을 믿지 못하고 스스로 여러 가지 약재를 무분별하게 처방함으로써 생명을 갉아먹은 것이다. 그러기에 정조의 측근이었던 이만수는 〈정조행장〉에서 별다른 의혹을 제기하지 않고 왕의 죽음에 대해 이렇게 썼다.

"임금은 이해에 경사를 만나서 옛일을 회고하며 속을 썩이다가 자주 편치 않았고, 약 시중을 받는 일로 피로가 쌓여 종기가 날로 심해졌다."

그 후 노론 벽파가 시파의 김조순 등에 의해 일망타진 당했던 1806년(순조 6년)의 병인경화(丙寅更化) 때도 정조 독살설은 등장하지 않았다. 그런데 후세 들어 소설과 영화를 통해 정조 독살설이 본격적으로 조명을 받게 된다.

그 첫 번째 단서는 정조 사후 두 달 뒤인 1800년 8월 29일 '갑자기 임금이 죽었으니 의관이 의심스럽다.' 라는 《승정원일기》의 기록 때문이다. 역시 연훈방을 처방했던 의관 심연을 지목한 것이다.

두 번째 단서는 '정승이 역적 심연을 천거하여 왕을 죽였다.' 라는 정약용의 시문집 《여유당전서》의 기록이다. 이는 심환지를 독살의 배후인물로 지목하고 있다.

정조 사후 1년 뒤 경상도 장기로 유배된 정약용은 솔피들과 먹이다툼을 하다 큰 고래가 피를 흘리고 죽은 것을 애도하는 〈해랑행(海狼行)〉[24] 이란 시를 지었다. 이는 정조라는 큰 고래가 심환지가 이끄는 노론 벽파로 상정되는 잔인한 솔피 떼와 싸우다 목숨을 잃었다는 강한 비유였다.

솔피란 놈 이리 몸통에 수달의 가죽으로
간 곳마다 열 놈 백 놈 떼 지어 다니면서
물속 동작 날쌔기가 나는 듯 빠르기에
갑자기 덮쳐오면 고기들도 모른다네.
고래란 놈 한 입에다 고기 천 석 삼키기에
고래 한 번 지나가면 고기가 종자 없어
고기 차지 못한 솔피 고래를 원망하고
고래를 죽이려고 온갖 꾀를 다 짜내어
한 떼는 고래 머리 들이받고
한 떼는 고래 뒤를 에워싸고
한 떼는 고래 왼쪽을 맡고
한 떼는 고래 오른쪽을 맡고
한 떼는 물에 잠겨 고래 배를 올려치고
한 떼는 뛰어올라 고래 등에 올라타서
상하사방 일제히 고함을 지르고는
살갗 째고 속살 씹고 어찌나 잔인했던지
우레 같은 소리치며 입으로는 물을 뿜어
바다가 들끓고 청천에 무지개러니,
아아! 불쌍한 고래가 죽고 만 게로구나.
무지개도 사라지고 파도 점점 잔잔하니
혼자서는 뭇 힘을 당해낼 수 없는 것

약빠른 조무래기들 큰 짐을 해치웠네.
너희는 그렇게까지 혈전을 왜 했느냐.
원래는 기껏해야 먹이 싸움 아니더냐.
가도 없고 끝도 없는 그 넓은 바다에서
너희 지느러미 흔들고 꼬리 치면서 서로 편히 살지 못하느냐.

　이와 같은 독살설은 무엇보다도 정조가 죽기 전에 행했던 인사조치로 야기된 조정의 분란과 오회연교, 이후 심환지 등 노론 벽파에게 던진 강력한 메시지로 인해 설득력을 얻었다. 그에 따르면 정조는 곧 소외되었던 남인들을 중용할 것이고 노론 벽파는 끈 떨어진 연이 될 가능성이 높았다.
　당시 정조는 이미 장용영을 막강한 친위부대로 만드는 데 성공했고, 수원 화성은 제2의 도성이나 다름없었다. 또 그가 성장시킨 초계문신들은 조정의 요직으로 몰려들고 있었다. 노론 벽파로서는 분명 정조가 즉위했던 당시보다 더욱 위험한 상황이었다. 신하들이 왕을 선택하던 시대에서 왕이 신하를 선택하는 시대로 되돌리려던 정조의 강력한 권력의지는 당연히 건곤일척 승부를 가능케 하지 않았겠느냐는 것이다.
　"아니 땐 굴뚝에 연기 나겠어?"
　그렇듯 사람들은 격변하는 18세기의 끝자리에서 허물어져가는 조선의 시간을 되돌리려 했던 개혁군주 정조의 죽음을 자연사로 받아들이려 하지 않았다. 그리하여 20세기의 대한민국에서도 그의 투쟁과 죽음을 드라마틱한 스토리로 재구성하는가 하면 당시 기록을 토대로 상황을 분석하는 일까지 벌어졌다.

'조선 최대의 의문사, 정조는 독살됐나?'

KBS〈HD 역사 스페셜〉58회의 자극적인 제목이다. 여기에서 연구자들은 의관 심연에 의해 행해진 민간요법 연훈방에 주목했다. 연훈방이란 수은을 태운 연기 치료를 말한다. 정조는 6월 14일 첫 진찰을 받고 나서 24일부터 26일까지 연훈방 치료를 받게 된다.

연훈방의 핵심은 경면주사로, 온천 근처에서 캐는 붉은빛의 천연광물질이다. 《동의보감》에 따르면 경면주사는 진정, 해독, 해열에 탁월한 효과를 지닌다. 그것을 한지에 말아 불에 태워 연기를 쐬면 종기에 고름이 잘 생기고 몸에서 잘 빠져나오게 한다고 한다. 반대로 《본초강목》에 따르면 경면주사는 불에 닿으면 독으로 변해 죽을 수도 있다. 현대의학의 분석에 따르면 경면주사는 황화수은이 주성분인데 불에 닿으면 황과 수은으로 분리된다. 그리하여 체내에 0.2그램이 쌓이면 중독, 2그램이면 치사량이 된다.

"이건 거의 이독제독 치료법이로군."

정조는 무려 사흘 동안 연훈방 치료를 했으므로 호흡기를 통한 수은 중독의 위험이 있었다는 것이다. 그러나 연구자들은 정조가 급성수은 중독의 증상인 구토, 기침, 피 설사, 복통, 불면 등의 임상을 보이지 않았음을 지적한다. 수은에 중독되었다는 증거가 없는 것이다.

기실 연훈방 치료는 정조 자신이 원했을 뿐만 아니라, 피고름이 빠지는 등 직접적인 효과를 보았다. 그리고 의관 심연은 심환지와는 아무런 관계가 없는 인물이었다. 또 정조를 혼수상태로 몰고 갔다는 의심을 야기한 경옥고는 식사를 하지 못하는 정조의 기력을 보강하기 위해 이시수 등이 건의했고, 최종 판단은 정조 자신이 했다. 그런 만큼 연훈방이나 경옥고를 통한 독살의 확률은 매우 줄어든 것이다.

의혹은 오히려 초기 치료과정에 있었다. 정조가 초기에 직접 처방했던 가감소요산은 신경쇠약이나 화병에 효험이 있지만 열을 내려주거나 입이 마르는 데 쓰는 처방일 뿐 종기치료에는 별 도움이 되지 않는다는 것이다. 그렇다면 정조는 초기에 자충수를 둠으로써 제 스스로 무덤을 판 것일까.

"그건 아니겠지. 의원 찜 쪄 먹을 정도의 실력자인 정조가 그런 실수를 할 리 있나. 자신의 증상을 제일 잘 알고 있었을 사람인데. 그는 종기보다 화병 치료가 우선이라고 생각했을 거야."

"하긴 조정이 뜻대로 움직이지 않아 울화가 치민 상태였으니……."

"그런데 종기가 짧은 기간 동안 왜 그토록 악화되었을까?"

의문은 또 있었다. 의원 강명길의 이해할 수 없는 말이었다. 그가 쓴 의서에는 종기에 나쁜 아홉 가지 증상을 기록해놓았는데, 제일 나쁜 증상이 눈자위가 작아지거나 입맛이 없어지는 현상이었다. 그런데 정조가 입맛이 없다고 말하자 그는 증세가 호전되고 있다고 말했던 것이다. 이는 앞뒤가 맞지 않는 대답이 아닌가. 그리고 최후의 순간 정조의 곁에는 정순왕후가 있었다.

이런 몇 가지 풀리지 않는 의문점으로 인해 사람들은 오늘날까지도 정조 독살설에서 시선을 떼놓으려 하지 않는다. 어쩌면 그것은 한 시대의 희망을 온전하게 그려냈던, 그리고 극적인 순간에 허망하게 가버린 개혁군주 정조에 대한 애달픈 송사가 아닐까.

호랑이 같은 무부들이 예기를 축적하여
단에 올라 북 한 번 치니 서로 무예를 겨루누나.
넓은 마당에서 해마다 상을 두루 받았거니
너희에게 분부컨대 숙위를 삼가서 잘해다오.

如虎武夫氣蓄銳
升壇一鼓乃爭藝
廣庭沾賞無虗年
分付渠曹愼宿衛

〈무예를 보고 예(藝) 자를 뽑아 운을 삼다〉[25]

2부
나는 사도세자의 아들이다

나는 사도세자의 아들이다

- 정조의 등극 -

1775년(영조 51년) 봄, 조선의 제21대 임금 영조는 노환 때문에 정사를 돌보기가 어려웠다. 그리하여 세손에게 제사의식과 같이 체력이 필요한 업무에 대한 제한적인 대리청정[26]을 명하고, 그 외에 일반적인 업무는 자신이 처결했다. 가을이 되면서 더욱 기력이 쇠해져 병석에 눕는 일이 잦아지자 영조는 자신의 최후가 가까웠음을 직감하고 모든 정사를 세손에게 맡기기로 결심했다. 이는 곧 차기 왕위를 세손에게 넘기겠다는 뜻이었다. 하지만 조정에서 요직을 독차지하고 있던 노론의 격렬한 반대가 필연적으로 예상되었다.

'쟤들을 어떻게 설득시킬까? 아니야, 설득 자체가 안 되는 인간들이지. 그렇다면……'

이렇게 생각한 영조는 좌의정 홍인한을 비롯해 여러 중신들을 불러들인 다음 슬쩍 운을 떼보았다.

"어린 세손이 정사를 잘 볼 수 있을까? 그가 이조 판서나 병조 판서 자리에 어떤 사람이 적임자인지 알고 있겠는가?"

그러자 홍인한이 얼굴을 붉히면서 대답했다.

"전하, 세손은 조정의 논의에 대해 알 필요도 없고 누가 판서 자리에 적임자인지도 알 필요가 없습니다. 하물며 나라의 정사에 대해서야 말해 무엇하겠습니까?"

이는 세손에게 왕위계승권이 없으니 그에게 양위하는 일은 꿈도 꾸지 말라는 협박이나 다름없었다.

'사도세자가 죄인으로 낙인찍혔는데, 그의 아들인 세손에게 어떻게 왕위를 물려주려느냐.'

홍인한은 이제 늙어 종이호랑이나 다름없는 영조에게 대놓고 반대의 사를 표명한 것이다. 영조는 얼굴을 찌푸렸지만 배석한 다른 신하들 가운데 홍인한의 말을 반박하는 사람이 하나도 없었다. 영조는 내심 한숨을 내쉬었다.

'역시 너희는 다 한통속이로구나.'

그러면서 영조는 쉰 목을 가다듬고 일갈했다.

"그대들은 내 마음을 참 몰라주는구나. 세손에게 나의 심법이나 가르쳐야겠다. 세손을 들게 하라."

잠시 후 세손이 들어와 부복하자 영조는 자신이 지은 《자성편(自省編)》을 읽게 한 다음 승지를 불렀다.

"오늘 이조와 병조의 인사이동이 있지. 나는 힘들어 못하겠으니 세손에게 결제를 받아가도록 해라."

그동안 영조는 제사에 관한 일만 세손에게 맡겼는데 공개석상에서 본격적인 정무를 처결하도록 명한 것이다. 갑작스런 영조의 행동에 홍인한이 눈을 부라리며 말리고 나섰다. 그는 임금의 말을 글로 옮기려는 사관에게 손사래를 치며 쓰지 못하도록 눈치를 주고는 이렇게 소리쳤다.

"전하, 이는 전례에 어긋나는 일이옵니다. 명을 거두어주십시오."

"어허, 그대는 어찌하여 나를 이리 괴롭히는가. 심신이 몹시 피곤하니 그만 물러가라."

"그래도 그 명만은……."

"이 작자가…… 내가 피곤하다지 않은가!"

그렇게 서둘러 홍인한을 쫓아낸 영조는 그날 밤 내관을 시켜 옥새를 세자궁으로 옮겨두게 했다. 그런 다음 어찌해야 세손에게 양위할 수 있을지 고민에 빠졌다. 군왕 앞에서 당당하게 세손을 공박하고 사관을 겁박할 수 있었던 상황, 그것이야말로 당시 권력을 독점하고 있던 노론의 힘이었다.

그 중심에 서 있는 홍인한은 정조의 외숙부이면서 정순왕후 김씨와 함께 모의해 사도세자를 죽이는 데 주도적인 역할을 한 인물로 노론의 영수였다. 당시 노론과 정순왕후를 배후로 하는 김귀주 일파는 세손을 지지하는 홍국영과 정민시 등을 제거하기 위해 수단방법을 가리지 않았다. 그날 홍인한의 망언을 전해들은 세손은 그들을 쫓아내지 않으면 자신의 목숨조차 보전할 수 없음을 알았다. 그래서 소론계열의 서명선에게 홍인한을 공격하는 상소를 올려달라고 부탁했다.

"어차피 이판사판 아니오? 나와 손잡고 승부를 걸어봅시다."

당시 소론은 척신들의 서슬에 밀려 움쩍달싹할 수 없는 상황이었다.

영조 초상 조선의 르네상스를 앞에서 이끈 군주이지만, 한편으로는 당파정치를 극복
하지 못하고 아들인 사도세자를 뒤주에 가둬서 죽게 만들었다. 창덕궁 소장.

세손의 제안을 자파가 일어설 수 있는 계기라 여긴 서명선은 목숨을 걸
고 홍인한을 벌하라는 상소문을 썼다.

"홍인한은 분수를 모르고 세손을 모욕했으니 본때를 보여주십시
오."

그러자 홍인한도 가만히 있지 않았다. 그는 수하인 심상운에게 반대
상소를 올리게 했던 것이다.

"서명선이 조정 중신을 음해했으니 그냥 두어선 안 됩니다."

이는 세손과 홍인한이 남의 칼을 빌려 건곤일척 일합을 겨룬 것이었
다. 이때의 심판은 물론 영조였다. 그가 누구의 손을 들어줄까. 영조는

사도세자를 죽인 비정한 아버지다. 그는 결코 노론을 외면할 수 없는 처지다. 하지만 그는 또 세손을 누구보다 사랑했다. 링사이드에서 결과를 지켜보는 사람들의 손아귀에 땀이 흥건히 배었다. 이윽고 판결이 내려졌다.

"역적 심상운을 귀양 보내라. 동시에 그를 부추긴 홍인한의 관직을 삭탈한다. 당장 세손의 대리청정 의식을 시행하라."

영조는 홍인한이 세력을 규합해 행동으로 나서기 전에 속전속결로 만사를 처리한 것이다. 세손의 완벽한 승리였다. 이윽고 경현당에서 대리청정 의식까지 일사천리로 거행됨으로써 세손은 정치적 입지를 뚜렷이 할 수 있었고 왕위계승은 기정사실이 되었다. 그로부터 석 달 뒤 영조는 세상을 떠났다. 실로 기적 같은 일이었다.

사도세자는 누구인가?

본래 영조의 정비인 정성왕후에게는 아들이 없었다. 그래서 영조는 후궁인 정빈 이씨의 소생인 효장세자(孝章世子)를 세자로 책봉했다. 하지만 몸이 약했던 효장세자는 1728년(영조 4년) 10세의 어린 나이로 세상을 떠났다. 그 후 1735년(영조 11년) 후궁 영빈 이씨가 아들을 낳았는데, 그가 바로 비운의 주인공 사도세자이다. 세자를 잃고 시름에 잠겨 있던 영조는 몹시 기뻐하며 아들의 이름을 선(愃)이라 짓고 이듬해인 1736년(영조 12년)에 세자로 책봉했다.

"하늘이 내게 후사를 내려주셨구나."

선이 10세가 되자 풍산 홍씨 집안의 홍봉한의 딸을 세자빈으로 맞았다. 장성한 사도세자는 늙은 영조를 대신해 대리청정을 하면서 부유한 양반 지주들로부터 가난한 농민들을 보호하기 위해 환곡제의 폐단을 시정하고 대동미와 군포 징수의 폐단을 시정했으며, 사형수에 대해 세 번 재판을 하는 삼심제를 채택하는 등 인도주의적인 정치력을 발휘했다. 그러나 사도세자는 신임사화(辛壬士禍)에 대해 영조와 노론의 견해를 비판하면서 돌이킬 수 없는 죽음의 길을 걷게 된다.

신임사화란 무엇일까? 영조의 아버지인 숙종은 정비에게 자식이 없자 장희빈의 소생인 균을 세자로 책봉하고, 1716년(숙종 42년) 병신처분으로 장희빈과 소론을 축출한 다음 노론을 등용했다. 그러자 노론은 소론의 지지를 받는 세자를 폐위시키고 무수리 출신인 숙빈 최씨의 소생인 연잉군을 세자로 책봉해달라고 왕에게 요구했다. 하지만 숙종의 거부로 실패한 뒤 세자가 왕위에 올라 경종이 되었다. 하지만 몸이 약한 경종에게 자식이 없자 노론은 연잉군을 왕세제로 책봉하라고 요구했다. 평소 이복동생인 연잉군을 사랑했던 경종은 소론의 반발에도 불구하고 그 뜻을 따랐다.

"연잉군이야말로 왕재이다. 나는 그를 믿는다."

이에 위기감을 느낀 소론은 1721년(경종 1년) 세제의 대리청정을 요구한 노론의 김창집, 이건명, 이이명, 조태채 등 소위 노론 4대신을 역모로 몰아 제거했다. 이듬해에는 남인 목호룡이 국왕시해사건을 고변해 노론 수백 명을 사형 또는 유배시키는 대참사가 벌어졌는데, 이를 임인옥사라고 한다. 이 두 해 동안에 벌어진 노론숙청사건을 통틀어 신임사화라고 하는 것이다.

"우리는 목숨을 걸고 의리를 지켜 왕세제를 지켜냈소."

이 신임사화로 인해 노론은 신임의리론이라는 명분을 갖게 되었고,

소론은 물론이고 자신들을 직접 공격한 남인에게 깊은 원한을 품게 되었다. 정조 시대에 노론 벽파가 남인을 끈질기게 견제한 것은 이때의 원한에서 비롯되었다.

"우리가 남인을 괜히 미워한 게 아니라니까."

2년 뒤인 1724년, 마침내 경종이 죽고 연잉군이 즉위하니 그가 바로 영조이다. 이로 인해 정국은 바로 역전되었다. 영조는 즉위하자마자 신임사화에 대해 재수사를 실시한 다음 노론의 입장에서 판결함으로써 소론의 입지를 축소시켜버렸다.

"연잉군이 임금을 독살했다."

당시 경종이 죽은 뒤에 이와 같은 소문이 파다하게 퍼졌다. 그리하여 당시 소론 일각에는 영조의 왕권을 부정하는 분위기까지 감돌았고, 이인좌의 난[27] 을 촉발시키기까지 했다. 이는 영조 통치기간 내내 부담으로 작용했다. 그런데 대리청정까지 맡았던 사도세자가 신임사화에 대해 소론의 입장을 지지하는 듯한 태도를 취했다.

"지난 사건을 상고해보니 소론의 허물로 치부할 수는 없는 일들이 많았다. 부왕께서도 의심받을 만한 행동을 한 것은 분명해."

이런 사도세자의 움직임에 영조는 당혹감을 느낄 수밖에 없었다.

"이놈이 나의 정체성을 무너뜨리려 하는구나."

노론 또한 마찬가지였다.

"세자는 우리와 공존할 수 없는 길을 걷고 있어."

이때부터 노론은 호시탐탐 사도세자를 죽일 구실을 찾게 되었다. 하지만 사도세자는 소론과의 결속을 더욱 강화하면서 죽기 한 달 전에는 소론 측 감사가 있는 평양에 다녀오는 등 의심스러운 행동을 보인다.

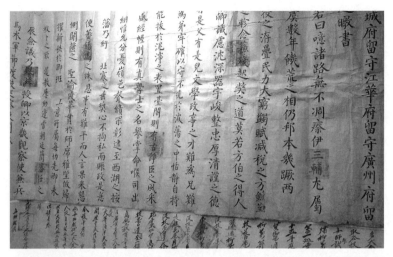

사도세자 영서 영조의 대리청정을 하던 사도세자는 영조와 노론 측의 노선을 거부하고 소론과 결속을 다짐
으로써 노론의 표적이 되어갔다. 사진은 빈민구제에 힘쓴 조돈의 공을 치하하는 사도세자의 문서. 사진 제공
_연합뉴스

연구자들은 이때 그가 친위 쿠데타를 모의한 것이 아닐까 하는 추측을
하기도 한다. 이런 상황에서 정순왕후의 일파인 김상로, 정후겸 등이
후궁 숙의 문씨 등과 결탁하여 영조에게 사도세자를 수시로 무고하기에
이른다.

"세자가 심한 정신병으로 길이 아닌 하수구로 다니며 사람을 마구 죽
입니다."

그런데 여기에 세자의 장인인 홍봉한과 홍인한, 홍계희 등 외척세력
들이 암묵적으로 동조했다. 결국 노론은 '나경언의 고변'을 만들어내
영조의 결단을 촉구했다.

"세자의 비행이 항간에 자자합니다. 왕손의 어머니를 죽이려 했을 뿐
만 아니라 평양에 몰래 다녀왔으며, 중을 궁중에 끌어들이기까지 했습
니다. 이는 필시 반역을 꾀한 것입니다."

이 일로 조정이 끓어오르자 영조는 급기야 사도세자를 폐서인한 다음 뒤주 속에 넣어 8일 만에 굶어죽게 만들었다. 이른바 임오화변이었다. 아버지가 아들을 죽인 그 참극은 정상적인 재판절차도 거치지 않았으므로 당시의 진실은 어둠 속에 묻혔다.

"아, 대체 내가 무슨 일을 저지른 거야?"

영조는 뒤늦게 자신의 행위를 후회했지만 만사휴의였다. 어쩔 수 없이 영조는 어린 손자 산을 세손으로 책봉해 후계자로 삼았다. 그리고는 세손에게 속삭였다.

"애야, 김상로가 네 원수란다. 그놈이 네 아비를 죽인 거야. 내가 눈이 멀어 그만 그놈에게 이용당하고 말았구나."

그때부터 정조는 노론 벽파로부터 죄인의 자식이라는 눈총을 받게 되었으며, 평생 아버지 사도세자에 대한 연민으로 속을 끓여야 했다. 그렇지만 영명했던 그는 섣불리 내심을 드러내지 않았다. 다만 죽은 듯이 웅크린 채 때를 기다릴 뿐이었다.

"나는 너희가 지난 여름에 한 일을 모두 알고 있어."

정조 시대의 개막

1776년 3월 10일, 정조가 조선의 제22대 임금으로 등극했다. 그해는 신생국가 미국이 독립하기 4개월 전이고, 영국에서는 애덤 스미스가 《국부론》을 저술했으며, 청나라는 42년째 건륭제의 통치로 국운이 융성하고 있었다. 이런 국제적인 변화에 부응하듯 조선의 군주 정조는 개혁을 통해 조정을 일신하고 문화의 르네상스를 이룩해 18세기 근대의 문을 활짝 열어주었다.

노론의 교묘하고 강력한 방해공작을 허물고 왕위에 오른 정조는 그러나 건재한 정적들의 힘을 무시할 수 없었다. 그렇다고 자신의 주체성을 버리고 허수아비가 되기는 더욱 싫었다. 때문에 그는 등극하자마자 당당하게 자기 목소리를 냈다.

"나는 사도세자의 아들이다."

이 말은 당시 조정의 중추였던 노론에 대한 노골적인 적대의사이자 선전포고나 다름이 없었다.

'그래, 나는 너희가 죄인으로 몰아 죽인 사도세자의 아들이다. 그래서 어쩔 건데? 선왕께서 그런 나를 백부인 효장세자의 양아들로 만들어 전위했으니 할 말 없지? 그렇지만 나는 분명히 사도세자의 아들이야. 그러니 까불지 마.'

그와 함께 정조는 사도세자의 시호를 장헌세자(莊獻世子)로 고치고 양주 배봉산에 있던 수은묘(垂恩墓)를 영우원으로 격상시켰다. 또 사당을 경모궁²⁸으로 올린 다음 영조의 상중인데도 궁을 나가 눈물을 흘리며 참배했다.

"아버지, 드디어 때가 왔습니다. 이제 억울하게 돌아가신 한을 풀어드리겠습니다."

이런 정조의 행동에 반대파의 가슴이 오그라들었다. 그들은 누구인가. 대표적인 인물들을 꼽자면 홍봉한과 홍인한, 홍계희 등 홍씨 일가와 정후겸, 김귀주 등 당시 권력 실세인 외척과 일부 노론세력들이었다. 분하게도 영조가 원흉으로 지목했던 김상로는 이미 죽은 뒤였다.

홍인한은 앞서 언급했던 것처럼 노골적으로 세손의 왕위계승을 반대했던 인물이다. 홍계희는 한때 군역에 시달리는 백성들의 고통을 알고 이를 고치고자 했던 올곧은 관리였지만, 사도세자가 대리청정을 할 때 소론을 옹호하며 영조의 정책을 비판하자 반대파로 돌변한 인물이었다. 그는 1771년(영조 47년)에 죽었지만 그의 자식들이 아버지의 뒤를 이어 세손의 앞길을 막고 있었다.

정후겸은 영조의 딸 화완옹주의 양아들로서 내시와 궁녀들을 포섭하여 늘 세손을 감시했다. 김귀주는 정순왕후의 친정오빠로 사도세자를 죽이는 데 일익을 담당했고, 세손을 폐하고 다른 왕손을 등극시켜 권력을 장악하려 했던 야심가였다. 이들은 정조의 취임일성을 듣자마자 심각한 고민에 빠졌다.

"저걸 죽여야 하나, 말아야 하나."

그때 노론세력들은 정조를 왕으로 인정하려 들지 않았다. 그것은 과거 소론 강경파들이 무수리의 자식인 영조를 왕으로 인정하지 않았던 것과 마찬가지였다. 영민했던 24세의 청년 정조가 이런 움직임을 예상치 못할 리 없었다. 그는 나름대로의 대비가 있었던 것이다. 바로 비서실장이자 경호실장인 홍국영의 존재감이었다.

"국영아, 잘 해낼 수 있겠니?"

"넵, 맡겨만 주십쇼. 깔끔하게 처리하겠습니다."

위기를 기회로 삼는다

- 삼대모역사건 -

정조 이산, 그가 왕위에 오르기까지 우여곡절도 많았지만 앞날 역시 짙은 안개 속이었다. 당시 조정은 물론이고 군권까지 거머쥐고 있는 노론의 위세는 등등했다. 신권의 위세가 이미 왕권을 넘어서 있는 상태였으므로 함부로 제압하려 했다가는 무슨 일이 일어날지 알 수 없었다. 그러기에 정조는 즉위 초기 자신과 사도세자와의 천륜을 회복하면서 동시에 의리론을 내세웠다.

"당신들 당파가 정황에 따라 충신도 되고 죄인이 될 수 있는 것처럼 우리 아버지도 마찬가지야. 당신들이 나름의 의리를 지키듯이 나 또한 부자간의 의리가 있지 않겠어?"

정조는 이렇게 탕평[29]의 논리로 맞서면서 노론의 정신적 지주인 송시열을 높여주고 그들이 주장하는 대명의리론[30]과 노론의리론의 정당성을 인정해줌으로써 화해의 제스처를 취했다. 이와 같은 조치는 김종수,

서명선 등 자신을 보위하던 노론 온건파들의 호응을 받았다.

"잘하셨습니다, 전하. 앞으로도 그렇게 원원 전략을 구사하셔야 합니다."

이런 상황에서도 척신들과 노론 강경파들의 눈길은 곱지 않았다. 그들이 정조의 즉위를 막지 못했던 것은 단지 명분 때문이었다. 이미 영조의 결재를 받아 대리청정까지 해온 세손을 다른 왕족으로 바꾸자는 것은 아무리 뻔뻔스런 그들이라도 못할 짓이었다. 하지만 그들은 언제라도 빌미만 생기면 임금을 쫓아낼 만반의 준비를 갖추고 있었다.

도처에 노론의 눈이 시퍼렇게 살아 있었다. 내관이나 궁녀들도 믿을 수가 없었다. 정조의 몸은 옥좌에 앉아 있으되 그것은 날카로운 가시방석이었다. 정조는 입술을 깨물었다. 문득 세손 때 썼던 〈모기를 미워함〉[31]이란 시가 생각났다.

> 형체는 드러내지 않고 소리만 남아 있네.
> 어둠 타고 침을 놀려 주렴 속 깊이 뚫고 오는구나.
> 세간에 많기도 해라, 악착같이 이익 좇는 무리들.
> 권문세가 그들 따르는 건 또 무슨 저의인가.

분노는 현실을 이길 수 없다. 강력한 친위세력이 없는 정조로서는 무엇보다도 먼저 자신의 안전을 확보하고 노론 일당의 정치체제를 변화시키는 것만이 살길이었다. 대전에서 내려다보면 언제나 아버지의 원수들이 천연덕스럽게 도열해 있었다. 하지만 그들을 처단하는 길은 요원했다. 원수를 갚자니 할아버지 영조가 걸리고, 그냥 두자니 비명에 가신 아버지 사도세자의 신음소리가 들려왔다. 그리고 일찍부터 혼자되신 불쌍한 어머니 혜경궁 홍씨, 원수들은 그녀의 집안에도 가득했다.

'그래, 서두르지 말자. 복수는 천천히 잔인하게 하는 거야.'

11세의 어린 나이에 아버지의 죽음을 보았고, 24세의 장성한 나이에 임금이 된 정조. 하지만 즉위 초기 사방에는 자신을 노리는 정적들로 가득했고, 자신을 지켜주는 세력은 너무나 미약했다. 그러므로 정조는 일단 노론세력들이 경각심을 품을 정도로만 움직이기로 마음먹었다. 그래서 사도세자를 죽이는 데 직접적인 죄를 저질렀으며 자신의 즉위를 반대했던 홍인한과 정후겸, 김귀주를 유배형에 처했다. 이어서 숙의 문씨를 사가로 내보내는 한편, 그녀의 동생 문성국을 죽이고 그의 어미를 노비로 만들어버렸다.

문성국은 숙의 문씨의 자식으로 후사를 이으려고 영조에게 사도세자가 문안도 제때 하지 않고 수라상도 살펴보지 않으며 저잣거리에 나가 인명을 살상하고 여색을 즐겼다고 일러바쳤던 인물이다. 정조가 문성국에게 품고 있던 원한이 어떠했을까? 당시 정조의 목소리를 들어보자.

"문성국의 죄는 천 번 살점을 발라내고 만 번을 죽인다 하더라도 어찌 줄줄이 꿰어진 죄악을 조금이나마 속죄하고 신인(神人)의 분통을 조금이나마 풀어줄 수 있겠는가. 문녀가 임신했을 때마다 몰래 양인의 자식을 구하여 안팎으로 선동하며 은밀히 찬탈을 도모했으니, 이는 바로 여불위가 진나라를 도둑질한 음모이고 신돈이 고려를 망하게 한 술수이다. 궁궐 안의 입 있는 사람들이 모두 전하였을 뿐만 아니라 시정 사이에도 귀 있는 사람이면 모두가 들었으니, 이는 실로 고금을 통해 일찍이 들어보지도 못하고 있지도 않았던 난적이다. 나는 이 일이 생각날 때마다 거듭 가슴이 섬뜩하고 뼈가 떨리곤 했다."

즉위년 7월에는 홍국영을 이용해 유배지 고금도에 있던 홍인한과 경원 땅에 있던 정후겸에게 사약을 내렸다. 그렇지만 노론세력은 이런 왕의 조치에 그다지 흔들리지 않았다. 정조가 즉위하면서 자신이 사도세자의 아들이라고 천명한 이상 그 정도의 복수는 충분히 예상했던 것이다.

"거기까지는 봐줄 수 있어. 하지만 그 이상은 곤란하지."

이것이 당시 실권을 쥐고 있던 노론 벽파[32]들의 생각이었다. 하지만 그 정도로도 견딜 수 없는 존재들이 있었다. 바로 과거 사도세자의 죽음에 직접적으로 관계했던 사람들이었다. 자신들이 죽인 사람의 아들이 국가 최고지도자가 되었다. 이것은 오늘날에도 잠을 편히 잘 수 없는 노릇인데, 하물며 1인 독재의 왕조시대였음에야……

차츰차츰 정조의 올가미가 조여드는 것을 느낀 그들은 죽기 아니면 살기로 몸부림을 칠 수밖에 없었다. 어쩌면 이것은 정조의 고등전략이었을 것이다. 덮어놓고 그들을 제거하려 했다간 조정에서 온갖 역사와 명분이 총동원되는 이전투구가 벌어질 것이었다. 그런 상황은 전적으로 정조에게 불리했다. 하지만 임금이 직접적으로 자신에게 칼을 뽑아든 역도를 처단하는 것은 그 어떤 명분에 우선한다. 원정팀이 홈팀을 이기고 적진에서 성한 몸으로 빠져나오려면 관중을 침묵시킬 수 있는 확실한 점수를 따야 하는 법이다.

"자, 내게 빨리 한 방 먹여봐. 그래야 내가 벼르고 있었던 회심의 반격을 날릴 수 있지."

살을 내어주고 뼈를 취하는 고육지책, 정조의 패는 바로 그것이었다.

그렇게 정조는 때를 기다렸고 그들은 마침내 움직였다. 이른바 삼대모역사건이 발생한 것이다. 이것은 결과적으로 궐내에서 정조의 안전을 확립하는 한편, 정치적으로는 주도권을 장악한 정조가 초기 개혁을 밀어붙이는 초석이 되었다.

삼대모역사건

이 역모는 살해와 저주, 추대의 세 과정으로 진행되었다. 때문에 세 가지 사건으로 구분하기도 하지만 본질적으로는 하나의 사건으로 보고 있다. 이 역모가 모두 노론의 핵심 멤버였던 홍계희 집안에서 비롯되었기 때문이다. 정조는 즉위하자마자 홍계희의 아들 홍술해와 홍지해, 승지 홍상간 등을 유배형에 처했다. 이에 손자 홍상범이 분개하면서 은밀히 거사를 도모했다.

"죄인의 아들이 우리 집안을 결딴내려 드는구나."

홍상범은 부랴부랴 자신과 뜻을 같이하는 무리를 규합했다. 그리하여 궁궐 경호를 맡고 있던 호위군관 강용휘를 끌어들이고, 천민 출신 장사 전흥문을 돈과 여자로 매수했다. 뒤이어 강용휘의 조카인 별감 강계창과 나인 월혜가 합세했다. 거기에 20명의 무사들도 모았다.

"이 정도라면 승부는 끝난 거나 다름없다."

거사계획은 강계창과 월혜가 대궐의 길 안내를 맡고, 전흥문과 강용휘가 먼저 들어가 궐내에서 혼란을 조성하면 자신과 무사들이 일거에 침전으로 들이쳐 정조를 제거하기로 했다. 그러나 그들은 꿈에도 몰랐다. 정조와 홍국영이 애타게 그런 상황을 기다리고 있었다는 것을……

경희궁 흥화문 정조 즉위년 7월 28일 늦은 밤, 20여 명의 무사들이 정조가 머물던 경희궁 존현각을 급습했다가 전원이 사로잡힌다. 정조의 불안한 출발을 상징하는 사건. 경희궁은 국권피탈 과정에서 일본인들에 의해 철거됐다가 1985년 이후 숭정전과 흥화문이 복원되었다. photo ⓒ 모덕천

1777년(정조1년) 7월 28일, 정무를 마친 정조는 경희궁 존현각에서 밤 늦게까지 책을 읽었다. 이때 전흥문과 강용휘는 강계창과 월혜의 안내로 삼엄한 경계망을 헤치고 궁궐 안으로 잠입하는 데 성공했다. 그 뒤를 홍상범과 20명의 무사들이 은밀히 뒤따랐다. 한밤중인데도 존현각은 환하게 불이 켜져 있었다.

"이거 의외로 싱거운데. 빨리 해치워버리자."

두 사람은 이렇게 속삭이며 동료들이 오기 전에 일을 도모하기로 결정했다. 큰 공을 세우면 그만큼 상도 많을 것이었다. 이윽고 두 사람이 칼을 뽑아들고 전각 안으로 들이치려는 찰나 사방에서 군사들이 우르르 몰려나왔다.

"꼼짝 마라. 너희는 포위되었다."

깜짝 놀란 두 사람이 몸을 날려 존현각 지붕 위로 올라갔다. 그리곤 기왓장을 날리며 저항했지만 결국 사로잡히는 신세가 되고 말았다. 잠시 후 뒤따르던 홍상범 일행도 싸움 한번 제대로 해보지 못하고 모조리 생포되었다. 일찍이 그와 같은 사태를 예견했던 정조는 홍국영으로 하여금 주변에 수많은 호위군사들을 잠복시켜두게 했던 것이다.

"자식들, 부처님 손바닥 위에서 잘도 놀아나는군."

곧 홍국영의 주도로 대대적인 역적 색출작업이 벌어졌다. 한데 이 역모의 전말은 한심하기 그지없었다. 홍상범과 홍대섭이 귀양살이하고 있던 홍술해와 모의해 일으킨 거사였지만 지극히 감정적인 시도에 불과했다는 수사결과가 나왔기 때문이다. 임금을 죽이려 했다면 거사가 성공한 다음 누구를 왕으로 옹립한다든지 벼슬은 어떻게 하고 민심을 어떻게 다스린다는 등의 구체적인 계획이 있어야 했다. 그런데 이들은 단지 멸문지화에 대한 두려움과 반감으로 일을 도모했던 것이다.

"갈수록 가관이군. 이것들이 역적이기는 한 거야? 생각하는 수준이 너무 낮잖아."

수사과정에서 또 하나의 어처구니없는 역모가 드러났다. 이 또한 역모로 규정하기에는 지극히 유치한 행위였다. 주모자는 홍술해의 처 효임으로, 그녀는 주문과 굿을 통해 정조와 홍국영을 저주해 죽이려 했다. 효임의 청부를 받은 무당 점방은 여러 군데의 우물물과 함께 홍국영 집의 우물물을 모아 홍술해 집의 우물에 부어 홍국영의 기를 빼앗는 의식을 치렀다. 그러고 나서 두 개의 제웅에 홍국영의 이름을 붙이고 화살을 꽂은 다음 하나는 땅에 묻고 하나는 하늘에 집어던지며 "이것이 죽

은 사람의 법이다."라고 저주문을 읊었다. 점방은 또 남편 김홍조로 하
여금 급살의 부적을 홍국영의 집 앞에 묻어두게 했다. 이들의 치졸한
행동은 금세 발각되어 관련자들은 모조리 체포되었다.

효임의 저주가 홍국영에게 집중된 것은 당시 그가 정조의 수문장이나
다름없었기 때문이다. 당시 홍상범의 역모에 대한 수사가 진행 중이었
음에도 관련자의 가족들이 근신하거나 도주하지 않고 이런 터무니없는
행동을 벌였다는 것은 주변 사람들이 죄다 등을 돌렸다는 것을 의미한
다. 함께할 사람이 없으니 이판사판으로 미신에 기댔던 것이다.

"무당의 주술을 동원한 역모라니 정말 할 말이 없다."

이 무지몽매한 역모사건 뒤에 또 하나의 역모사건이 파헤쳐졌다. 홍
계희와 팔촌지간인 홍계능, 또 홍상범의 사촌 홍상길이 주도한 은전군
추대사건이다. 이것은 정조를 죽인 다음 은전군을 옹립하겠다는 계획
이었다. 앞서 두 차례의 역모와는 달리 이번에는 뭔가 그림이 갖춰진
역모였다.

은전군은 사도세자의 후궁인 경빈 박씨 소생으로 정조와는 배다른 동
생이었다. 여기에는 홍계능의 아들 홍신해, 조카 홍이해, 홍경해의 아
들 홍상격, 홍계능의 제자인 전 승지 이택축, 전 참판 민홍섭 등이 동조
했고, 혜경궁 홍씨의 친동생인 전 승지 홍낙임까지 연루되었다. 또 고
모인 화완옹주가 가담한 흔적도 포착되었다.

올빼미야, 올빼미야

강심장 정조도 이쯤 되니 가슴이 떨려왔다. 외숙부까지 역도에게 가
담했다는 것은 자신의 입지가 얼마나 형편없는 것인지를 반증하는 것이

었다. 게다가 아무것도 모르는 은전군까지 끌어들이다니…… . 평소 이 복동생들을 지극히 사랑했던 정조는 가슴이 메어졌다. 하지만 아무리 왕족이라도 역모의 너울을 쓰게 되면 살려두지 않는 것이 전례였다. 정조가 은전군의 목숨만은 살리려 무진 애를 썼지만 신하들의 논리를 이겨낼 수가 없었다.

결국 정조는 피눈물을 흘리며 어린 은전군을 자결케 한 다음 역모의 주동자들을 모조리 사형에 처했다. 화완옹주는 차마 죽일 수 없어 강화도 교동에 유배시켰다. 이때 자신의 저린 심정을 정조는 《시경》〈빈풍〉 편에 나오는 〈치효(鴟鴞)〉[33]에 비유했다.

올빼미야, 올빼미야.
내 새끼를 잡아먹었거든
내 둥지는 헐지 마라.
어렵사리 키운 자식
불쌍도 하지.

장마철이 오기 전에
바닷가 진흙을 물어다가
얼기설기 둥지를 지었거늘
지금 너희 못된 인간들이
어찌 나를 핍박하는가.

손과 발이 다 닳도록

부드러운 갈대꽃을 물어 오고
둥지를 푹신하게 만들려고
내 부리는 온통 병들었는데
이제 보금자리를 잃어버렸네.

내 날개는 모지라지고
내 곱던 꼬리는 바랬는데
내 둥지마저 위태로워
비바람에 떠내려가려 하니
나는 두려움에 떨며 우네.

이 시는 새의 제왕인 독수리가 올빼미에게 새끼를 빼앗기고 둥지마저 허물어져버린 슬프고 고통스러운 처지를 노래한 것이다. 정조는 자신이 그런 처지에 빠질 줄은 생각지도 못했다고 훗날 술회했다. 평소 즐겨 읽던 《서경》에서 주공이 동생인 관숙과 채숙을 벌하며 피눈물을 흘렸던 고사가 자신의 일이 된 것이다.

어쨌든 홍씨 일문으로 대표되는 노론 벽파와 일부 척신들에 의해 시도된 이런 종류의 역모는 언제라도 다시 일어날 수 있었다. 그들은 과거 경종에게 그랬던 것처럼 정조를 왕으로 인정하지 않았기 때문이다. 그러므로 정조와 노론 벽파는 군신관계나 국정의 동반자가 아니라 깨끗이 제거해야 할 정적 바로 그것이었다. 이때 정조의 마음은 다음과 같은 행장의 일절로 유추할 수 있다.

"나는 임금이 된 뒤 선왕의 뜻을 이어나갈 한마음뿐이었지만 궁궐 안

에 들어앉아 있어 보니 곁에 있는 못된 무리가 수많은 갈래로 결탁해 궁
궐 안을 엿보려고 어두운 밤에 왕래하고, 좋은 자리를 차지하려고 뇌물
을 드러내놓고 했다. 홍계희와 김상로에게 충성을 바치던 무리의 반역
행위를 생각하면 나도 모르게 머리칼이 곤두선다. 그 뒤 반역사건이 한
번 터지면 대뜸 내시들의 사건이 따라 나온다. 나는 사건을 신문할 때
늘 관대하게 처리하라고 했지만 내시들과 관련된 문제는 한 번도 용서
한 적이 없다."

이윽고 정조는 자신의 신변경호를 담당하는 숙위소를 설치하고 정예
병을 배치한 다음 홍국영을 숙위대장으로 임명했다. 그와 함께 대신들
은 궁궐 출입이나 상주문을 올릴 때 반드시 숙위소의 검열을 거치도록
했다. 이런 조치에 불만을 품은 대신들이 항의했지만 정조는 꿈쩍도 하
지 않았다.

"아니, 전하. 이래서야 어찌 정사를 볼 수 있겠습니까?"

"싫으면 사표 쓰시오. 내가 내 목숨 지키겠다는데 불만이오? 내시에
궁녀들까지 역적질을 하는 거 당신들도 봤잖아. 지금 내가 믿을 사람이
홍국영이 말고 누가 있단 말이오?"

"……."

이렇게 해서 홍국영은 약관의 몸으로 조정을 쥐락펴락하게 되었다.
모두가 세손 시절부터 정조에게 충성을 다한 결과였다. 물론 정조는 그
와 같은 일인 권력이 몰고 올 폐해를 잘 알고 있었다. 하지만 지금은 생
존과 정치기반이라는 두 마리의 토끼를 잡아야 할 때였다. 그와 같은
난세에 자신의 사냥개로서 홍국영만한 인물은 어디에도 없었다. 그는
자신의 영달을 위해서라도 정조의 눈엣가시들을 알아서 잘 처리해줄 것

이 분명했다.

"국영아, 나는 너만 믿는다."

이처럼 홍국영은 정조가 세손일 때부터 최일선에서 그를 보위했을 뿐
만 아니라 즉위 이후 정조를 지키면서 정적들을 소탕하는 데 주도적인
역할을 했다. 그 과정에서 무소불위의 권력을 누렸지만 과도한 욕심을
부린 탓에 결국 정조에게 버림받고 만다.

홍국영의 권불십년 이야기는 오늘날에도 정조 정권의 탄생과 개혁 행
보에 약방의 감초처럼 따라다니고 있다. 기실 홍국영은 성공한 2인자라
기보다는 실패한 2인자에 더 가깝다. 꽃이 피었을 때 자신을 단속하지
않고 더 많은 꽃을 피우려 했던 그의 욕심이 주인 정조로 하여금 나무를
뿌리째 뽑아내도록 했던 것이다.

요순의 나라를 만들고 싶다

- 규장각과 초계문신 -

　정조는 몹시 부지런하면서도 다재다능한 인물이었다. 학문의 경지는 내로라하는 문신들을 주눅 들게 할 정도였고, 그림이나 전각에도 일가견이 있었다. 또 무예에도 관심을 기울여 틈만 나면 활터에 나갔다. 그것은 무골이었던 아버지 사도세자의 핏줄을 그대로 이어받았기 때문이리라.

　"나는 문무를 겸비한 사람이야."

　그런 만큼 정조는 정치가로서의 역량뿐만 아니라 학자, 문인, 예술가로서 자신을 갈고 닦았다. 그는 학문을 바탕으로 하지 않는 지식이란 공허한 것이며, 철학이 없는 실천은 무의미하다고 강조했다. 그의 학문은 선진(先秦) 시대의 유학과 성리학을 기본으로 했다. 특히 주자의 성리학을 정학(正學)으로 떠받들면서 이를 조선에서 만개시켰던 우암 송시열을 치켜세웠다.

"요순 삼대의 정치가 어찌 두 번 다시 있겠느냐고 말하지 말라."

정조의 학문적 자부심은 그렇게 요순의 태평성대를 자신의 치세에 재현시켜보고자 하는 일념을 품기에 이르렀다. 그것은 성왕(聖王), 곧 하늘의 뜻을 받들어 나라를 다스리는 천자(天子)의 책무를 진 지도자를 뜻한다.

이미 명나라가 망하고 조선의 선비들은 소중화(小中華)로서의 자부심으로 한껏 부풀어올랐던 시대였다. 그래서 정조는 중화질서를 떠받든 《존주휘편(尊周彙編)》이란 책을 펴내고 틈틈이 대보단(大報壇)[34]을 참배하면서 신하들에게 내심 이렇게 부르짖었던 것이다.

"너희가 중화인 대접을 받으려면 나를 황제로 대접해야 하잖아?"

그렇지만 노론이 장악한 조정은 결코 정조의 기대에 부응하지 않았다. 가난뱅이들이야 어차피 가진 것이 없으니 나눔에 인색하지 않지만, 부자들은 조금만 창고가 비어도 다 없어진 것처럼 난리를 피우는 법이다. 노론 벽파의 신료들이 바로 그런 인간형들이었다.

《존주휘편》 1595년(선조 28년)부터 정조 연간까지 대후금, 대청 교섭사와 이에 관련된 인물들의 사적을 모은 책으로 1800년에 간행되었다. 명나라 멸망과정에서 활약한 지사들과 병자호란 때 순절한 인물들의 사적을 담고 있다. 서울대학교 규장각 소장.

세손 때부터 그런 노론의 사고방식을 꿰뚫어보고 있었던 정조는 치밀한 계산 속에 점진적으로 자신의 뜻을 관철해나갔다. 정조는 세손 때부터 친위세력을 키우지 않으면 언제라도 반정의 희생물이 될 수 있다는 경각심을 품고 있었다. 실제로 홍국영이 없었다면 세손 때나 즉위 초기에 꼼짝없이 북망산을 구경할 뻔하지 않았던가. 그리하여 정조는 즉위식을 치른 바로 다음 날 조정에서 대신들에게 이렇게 묻는다.

"내가 즉위한 기념으로 역대 제왕들의 글과 초상화, 유품을 보관하는 건물을 짓는 것이 어떠하오?"

"참으로 효성스러운 발상이옵니다."

"자리를 보아하니 창덕궁 후원 연못가가 풍광이 아주 좋더구려. 그곳에 터를 닦읍시다."

정조는 천연덕스럽게 말했다. 대신들도 새 임금이 선왕들에게 효성을 바치겠다는 데야 반대할 명분이 없었다. 공사는 순조롭게 진행되어 그해 9월에 건물이 완성되자 이름을 규장각이라고 지었다.

규장각은 숙종이 역대 임금의 글을 모아 종정사(宗正寺)에 보관하고 '규장각(奎章閣)'이란 현판을 건 데서 유래했다. 규장은 규성(奎星)으로 28숙(宿)에서 문장을 맡은 별을 뜻한다. 그 이름에 걸맞게 규장각은 궁중의 책과 유물, 역대 왕들의 초상화와 인장 등 다양한 물품을 보관하는 왕립도서관 겸 박물관이었다. 그렇지만 정조가 자신의 신변조차 위험한 판국에 한가로이 책을 보관하고 읽는 도서관을 만들 궁리를 했겠는가.

규장각을 세운 뜻은?

정조는 기존 관료들로는 기형적인 정치구조와 부패구조를 바꿀 수 없음을 잘 알고 있었다. 신진 관료들도 때가 묻기는 매한가지였다. 노론 일당이 장악한 과거제도는 이미 부패한 관리들의 치부도구가 되어 있었다.

"지금의 관료들은 너무 때가 많이 묻어 있어. 죄다 노론 일색이니 원."

그는 세손으로서 대리청정하던 1775년(영조 51년)의 과거에서 시험문제 유출사건을 적발했지만 비호세력이 너무 강력해 흐지부지 처리했던 경험을 가지고 있었다. 정조 즉위 초기에도 과거의 부정을 엄중히 처벌하라는 명을 내렸지만 쉽게 근절되지 않았다. 그러므로 아예 처음부터 당색에 물들지 않은 관료를 직접 양성해 친위세력을 갖추려는 것이 그의 생각이었다.

"내가 갈아놓은 밭에 씨를 뿌려야 해. 그래야 내 입맛에 맞는 채소를 거둘 수 있어."

이런 그의 구상이 형체를 갖춘 것은 세손 시절 송나라 왕안석의 개혁정치를 연구했고, 당 · 송 · 명나라에서 황제의 권한을 강화하고 재상의 권한을 견제하기 위해 시행된 전각(殿閣)제도에 주목하면서부터였다.

송나라 때는 용도각, 집현전, 고문각 등 전각제도가 매우 발달했다. 학자들을 우대하고 자문을 구하기 위해 전각을 짓고 학사들을 초빙하여 우대했던 것이다. 명 대에도 몽골습속을 몰아내고 한족의 문화를 부흥시키며 체제를 유지하기 위해 전각제도를 유용하게 썼다.

"이거 꽤 괜찮은 방식인데, 별로 티도 나지 않고 말이야."

정조는 이것을 자신의 왕권강화 수단으로 이용하기로 마음먹었고, 그 결과로 실현시킨 제도가 규장각제도였다. 이것은 세종대왕 때 새 나라의 제도를 정비하기 위해 마련되었던 집현전과 유사했지만 개혁을 추진하고 소속 신료들을 친위세력화하기 위한 장치라는 점에서 달랐다. 정조는 왕안석의 개혁정치, 명 · 청의 전각제도, 세종 대의 집현전 등 다양한 사료를 바탕으로 규장각을 구상했던 것이다.

"남이 할 수 있는 일이라면 애당초 시작도 하지 않았을 거야."

규장각 왕립도서관 겸 박물관으로 설립한 규장각. 그러나 정조의 진짜 의도는 개혁세력을 양성하는 전초기지로 삼는 것이었다. photo ⓒ 모덕천

주합루 규장각 내각의 중심건물로 창덕궁 인정전 뒤 금원에 위치. 현판은 정조의 글씨다. photo ⓒ 모덕천

봉모당 주합루 남서쪽에 위치한 봉모당은 선왕들의 책을 모셨다. photo ⓒ 모덕천 ▼

정조는 규장각을 자신이 직접 관리하고 운영하면서 서서히 조직과 기능을 늘려갔다. 초기에는 책임자로 제학(提學) 2명, 부책임자인 직제학(直提學) 2명, 직각(直閣) 1명, 대교(待敎) 1명 등 6명을 두고, 이들을 통칭하여 각신(閣臣)이라 불렀다. 왕립도서관 관리직원으로는 소박한 구색이었다.

문제는 정파에 치우치지 않고 얼마나 공평하게 각신을 뽑느냐 하는 것이었다. 그리하여 즉위년 9월 초기 제학으로 노론의 황경원, 소론의 이복원, 직제학은 노론의 홍국영과 남인 유언호를 뽑았고, 그 후에 남인 채제공, 노론 김종수 등을 추가했다.

이처럼 규장각의 각신은 노론, 소론, 남인 등의 정파에서 당색에 물들지 않은 청렴한 인재들을 골라 선발했다. 그 결과 남인 채제공 같은 인물은 정조의 굳은 신뢰를 바탕으로 훗날 재상이 되어 오년독상이라는 칭호를 받는 거물로 성장하기에 이른다.

이처럼 정조는 명분에서 밀리지 않는 인사정책을 통해 외부의 입김을 차단한 다음 기존의 관례를 깨고 파격적인 인사를 단행하기에 이른다. 서얼을 청요직(淸要職)[35]이라고 할 수 있는 검서관에 임명한 것이다.

여기에는 홍국영의 역할이 매우 컸다. 그는 여항을 쏘다니던 한량으로서 항간에 특출한 인물들을 많이 알고 있었다. 그들 가운데는 서얼 출신으로 높은 학식과 능력을 갖추었지만 벼슬길에 나서지 못하는 인물들이 많았다.

"전하, 서얼 출신의 인재를 등용하십시오."

"어, 그래? 그런 애들이 있었어?"

"그런데 규장각 직제에도 마땅한 자리가 없습니다."

"위인설관(爲人設官)이라잖아. 자리야 만들면 되는 거지."

이렇게 해서 각신의 대열에 들지는 못하지만 중요한 임무를 맡은 검서관(檢書官)이라는 직제가 1779년(정조 3년)에 신설되었다. 그 자리에는 이덕무, 유득공, 박제가, 서이수 등 4명이 임명되었는데 모두가 서얼 출신이었다.

1781년(정조 5년)에 이르러 규장각은 조직과 기능을 완전하게 갖추었다. 규장각을 내각(內閣)과 외각(外閣)으로 나누고 내각에는 기존의 각신 외에 실무책임자인 직각과 대교 1명씩을 전임으로 하고 그 아래 검서관 4명과 영첨(領籤) 2명을 두고, 직제학 이하 영첨까지를 각료(閣僚)라고 불렀다. 잡직으로는 서리(書吏)를 비롯해 수직군사와 노비 등을 합해 70여 명 등을 채용했다. 총 105명에 이르는 이 인원은 홍문관의 정원 84명보다 훨씬 많았다.

규장각은 임금의 글인 어제(御製), 임금의 초상화인 어진(御眞) 등을 봉안하는 기능이 첫 번째였고, 각종 서적의 수집과 편찬도 도맡았다. 설립 초에 연경에서 5,000권의 장서를 구입한 것을 시초로 청나라 강희제 때 중국 역대 저작을 정리한 1만 권이 넘는《고금도서집성》을 비롯해 정조 시대에만 2만여 권이 수집되었고, 도합 7만여 권의 중국 서적을 모았다.

"단순한 도서관 기능만으로는 만족할 수 없지. 우리나라의 책을 출판해야 해."

당시 규장각에서 편찬된 서적으로는 정조의 개인문집인《홍재전서》, 왕의 일기를 국가의 공식기록으로 문서화한《일성록》, 혜경궁 홍씨의 회갑연을 기록한《원행을묘정리의궤》등과 함께 자신이 세손 시절 대리청정을 둘러싸고 일어났던 권력투쟁을 정리한 《명의록》, 선조부터 숙종 대까지의 당쟁의 근원을 밝힌 《황극편》, 1,100여 건의 재판 판례를 기록한 《심리록》, 법전인 《대전통편》 등 이루 헤아릴 수 없을 정도이다.

이 서적들은 창덕궁 돈화문 옆에 있던 교서관(校書館)에서 인쇄되었다. 이렇듯 수많은 자료가 살아 숨쉬게 된 규장각은 자연스럽게 학문연구의 장이 될 수 있었고, 정조의 인재양성소로 자리매김하게 되었던 것이다.

규장각 내각의 중심건물인 주합루(宙合樓)는 창덕궁 인정전 뒤의 금원에 자리 잡았다. 현판 글씨는 정조가 직접 썼다. 남쪽에 중국 서적을 보관하는 열고관(閱古觀), 북쪽에 우리나라 책을 보관하는 서고(西庫)를 두었다. 서쪽에는 서책이 벌레나 습기에 의해 파손되지 않도록 바람에 쐬고 햇볕에 말리는 서향각(書香閣)을 지었다. 주합루 남서쪽에는 선왕들의 책을 모신 봉모당(奉謨堂)이 있었다.

이문원(摛文院)은 본래 임금의 초상화와 옥책 등의 유물을 보관하던 곳인데, 정조는 창덕궁 금호문 안에 새로 건물을 짓고 이문지원(摛文之院)이라는 글씨를 친히 써서 현판에 새겨 걸게 했다. 이 건물을 규장각 소속으로 만들어 각신과 검서의 근무처로 삼았다. 이문원은 정조가 왕릉이나 종묘에 참배한 뒤 잠을 자는 재실 역할도 담당했다. 정조는 수시로 이곳에 머물면서 각신, 검서들과 어울려 학문을 토론했다. 그러다 이문원이 좁다는 이유로 이문원 옆에 대유재(大酉齋)와 소유재(小酉齋)를 지어 검서 전용숙소로 내렸다.

규장각 외각은 강화도에 짓고 역대 임금과 관련된 문서와 서적, 초상화를 보관했다. 바로 1866년(고종 23년)에 프랑스 함대가 침입하여 수많은 도서를 약탈해간 그 외규장각이다.

"너희는 나의 분신들이야. 그러니 언제나 특별대접을 받을 만해."

각신들은 근무할 때 반드시 관을 쓰고 일하며, 외부인이 와도 자리에서 일어나지 말라는 규정이 있었다. 또 출·퇴근 시에는 궁궐의 말을 탔다. 실로 대단한 대접이 아닐 수 없었다. 각신의 패초(牌招)에는 임금의 도장을 찍었다. 이는 임금의 호출에 반드시 와야 한다는 뜻이었다. 또 임금이 성 밖으로 행차하면 각신과 검서가 반드시 뒤따라야 했다.

입직하는 각신은 조석으로 임금을 문안했고, 임금이 정사를 논하는 자리에 언제라도 참석할 수 있었으며, 관리들의 부정을 적발해 탄핵하는 권한도 주어졌다. 이는 조정의 청요직인 사헌부, 사간원, 홍문관, 예문관의 기능을 모두 합한 것이었고, 재상의 일에도 참여했으니 정조의 규장각신에 대한 대접은 극에 달한 것이었다.

정조는 또 명나라 만력제가 하사한 종을 규장각 기둥에 달아두는가 하면 체력단련을 위한 투호 도구, 야간근무를 위한 옥등(玉燈), 머리를 식히라고 거문고, 비파도 하사했다. 누가 봐도 과하다고 할 정도로 금이야 옥이야 총애가 대단했다. 주는 것이 있어야 오는 것도 있다. 의리만으로는 충성을 사지 못하는 법이다.

"내가 믿고 쓰는 이상 생활에 대한 근심은 하지 않게 해주겠어."

이렇게 최고의 대우가 보장된 대신 규장각 각신은 겸직이나 전임을 가리지 않고 한 달에 2, 3일, 일이 많을 때는 20~30일씩 숙직을 해야 했다. 또 규장각 소속 관리들은 수시로 시험을 치렀고, 1년에 두 차례 근무성적을 매겨 인사고과 자료로 삼았다. 특권에는 의무와 책임이 뒤따랐던 것이다.

"학벌이나 인맥은 규장각에 존재하지 않는다. 오로지 실력으로 자신을 증명하라."

인사권이 당파와 문벌에 의해 좌우되고 과거에서 부정이 일상적이던 시대에 실력만으로 발탁된 각신들의 자부심은 대단했다. 그래서 평소에도 규장각 직함을 다른 벼슬에 우선해 내세웠고, 죽어서 명정이나 지방을 쓸 때도 규장각 관직만 올릴 정도였다. 이렇듯 규장각의 체계가 바로잡히고 각신들의 면면이 드러나자 기득권층인 노론 일파에서 경계심을 갖기 시작했다.

"어, 쟤들이 언제 저렇게 컸지? 이런, 방심하다 뒤통수를 맞았네."

애초에 규장각을 별다르게 생각지 않았던 노론은 규장각 각신들이 본래의 직무와는 전혀 다른 정조의 친위정치세력으로 변질되고 있음을 알아채고 몹시 당황했다. 이들이 확실히 기반을 갖추게 되면 어떤 변화가 올지 상상조차 하기 싫었다.

"이거, 그냥 두어서는 곤란해. 뭔가 조치를 취해야겠어."

노론의 첫 반격이 시작된 것은 1782년(정조 6년)이었다. 영남의 선비 이택징이 규장각으로 인해 역대 문벌의 인재등용문이 막혔고, 규장각 출신 초계문신들의 월권이 심하다는 등의 의심에 가득 찬 상소를 올린 것이다.

"내 그럴 줄 알았어. 자식들, 반응이 꽤 느리군."

정조는 득의의 미소를 품고 당당하게 대응했다.

"너희 생각이 틀린 게 없다. 예전에 외척들이 내시들과 결탁해서 나를 죽이려고 했잖아. 그래서 똑똑한 애들을 골라 측근으로 등용하려는 거야. 너희라면 안 그러겠냐? 그리고 공부 잘하는 친구들 대접 좀 해주겠다는데 뭐가 불만이지? 앞으로 조정에서도 실력 있는 사람들을 중용할 테니 그리 알도록. 그래야 이 나라가 반석 위에 올라앉게 될 것 아니겠어?"

이 시기는 정조가 정국의 안정을 이룩하고 자신감에 충만한 시기였다. 그러므로 자신의 내심을 드러내도 크게 두려울 게 없었다.

"그래도 규장각 안에 소론이나 남인보다 너희 노론 출신들이 제일 많잖아."

정조는 이렇게 너스레를 떨었지만 노론은 의심의 눈초리를 거두지 않았다.

관료들의 재교육, 초계문신제도

규장각을 통해 당색에 좌우되지 않는 친위조직을 만들겠다는 정조의 의지는 1781년 초계문신제도의 공포로 현실화되었다. 이것은 관리들의 재교육제도로서 형식적인 과거제도를 통해 등용된 관리들의 업무능력을 신장시키고 부정부패를 방지하겠다는 명분으로 실행되었다. 하지만 이는 근본적으로 친위세력의 화력을 증강시키기 위한 방책이었음이 자명했다.

"인재의 배양이 근본을 잃어 문풍이 부진하고 과거에만 매달려 급제하고 나면 문관들이 다시 공부하지 않으니 개탄스러운 일이다. ……문신을 선발하여 기간을 정하고 선발의 폭을 넓혀 매월 경전과 사기를 가르친 후 시험으로써 근면하고 태만함을 고찰해 상벌에 반영하면 문풍을 진작하는 데도 도움이 될 것이다."

초계문신은 37세 이하의 중간관료들을 의정부에서 선발하여 3년 동안 규장각에서 특별교육을 실시하는 제도로, 현재 전해지는《초계문신

제명록》이라는 책에는 초계문신들의 이름과 본관이 자세히 기록되어 있다.

그해 2월 서정수, 이시수, 서용보 등 20명이 첫 초계문신으로 선발되었다. 이들은 업무를 보지 않고도 승진을 보장받는 등 규장각신에 비견되는 특별대우를 받았다. 그런 대신 수업은 매우 강도가 높았다.

"어영부영하지 말고 이제부터 진짜 공부를 해보자고⋯⋯."

초계문신들은 사서삼경과 사서를 익히고 논책(論策), 시부(詩賦), 공거문(公車文) 등 30가지 이상의 문체작법을 배웠다. 또 한 달에 두 차례씩 강론을 하는 시강(試講)이라는 구술시험과 시제(試製)라는 일종의 논술시험을 치러야 했다.

정조는 시강의 조목과 시제의 제목을 직접 냈고 종종 참관함으로써 무게감을 주었다. 이 두 시험에서 3회 연속 수석을 하면 승진, 3회 연속 꼴찌를 하면 벌을 주었다. 그와 함께 자유로운 경전해석과 활발한 학문토론을 권장했는데, 이는 주입식 교육에 물들어 있던 당시로서는 획기적인 교육방법이었다.

"여러분은 임금이 선생 노릇을 하니 이상한가? 싫다면 나보다 더 나은 사부를 추천해봐."

"그런 분이 별로 떠오르질 않는군요."

"그럼 허튼 생각들 그만 하고 책이나 펴."

이때 정조는 초계문신의 주군이자 스승으로서 군사(君師)의 역할을 담당했다. 정조 자신이 뛰어난 학자가 아니라면 도저히 불가능한 일이었다. 그와 함께 정조는 정약용처럼 개혁성향이 강한 인물들을 초계문신으로 발탁하고 조련하는 데 열중했다. 이렇게 선발된 초계문신은 정조치세 19년 동안 138명이나 되었다. 그들은 정조의 의도대로 막강한 국왕의 친위세력으로 성장했다.

"대과에 급제해도 대우를 못 받으니 이런 경우도 있나?"

"우리도 조정의 신료인데 주상께서 학동 취급을 하니 좀 찜찜하군."

이와 같이 초계문신제도로 인해 과거가 부실해지고 언로가 막혀 문벌들이 이전보다 더 극성을 부리는 부작용도 발생했다. 한편 내부에서는 임금이 신하들을 학생 다루듯 한다는 불만도 터져 나왔다. 그러나 이 제도는 세종대왕 때의 집현전처럼 조정 안팎에 새로운 바람을 일으켜 정조 개혁정치의 전위대 역할을 했고, 초계문신들은 정조 사후에도 정계의 중추세력으로 활약했다.

국정은 데이터로 말한다

- 왕의 일기 《일성록》 -

"이 탱화를 누가 그렸는지 아시나요?"

"글쎄요?"

"모르셨군요. 바로 단원 김홍도의 작품이랍니다."

"그럴 리가? 이 그림에는 음영에다 원근법, 투시도법도 보입니다. 이런 서양화 기법을 조선의 화원인 김홍도가 익혔단 말입니까?"

"글쎄, 저도 그 점이 몹시 궁금하답니다."

사람들은 수원 용주사의 대웅보전에 있는 후불탱화를 보면서 의혹 어린 시선을 거두지 않았다. 그것은 일반 탱화와 달리 서양화 기법을 동원한 흔적이 역력하기 때문이다. 《수원지령등록》이라는 도성과 수원부 간에 오간 행정문서의 기록에 따르면 이 그림은 분명히 김홍도의 감독 아래 도화서의 화원들이 1790년 2월 19일부터 9월 28일까지 216일 동안 그렸다.

용주사 후불탱화 김홍도는 정조의 명으로 용주사 대웅전 본존불 뒤에 탱화를 그렸는데, 우리나라 최초의 근대식 원근법을 적용했다. photo ⓒ 모덕천

 "정말 김홍도란 말이야? 어떻게 그가 서양화처럼 입체감이 있는 그림을 그릴 수가 있지?"

 이것이 오랫동안 역사가와 미술사가들이 품어왔던 의문이다. 그런데 서울대 한국문화연구소에서 《일성록(日省錄)》의 색인작업을 진행하면서 싱겁게 해답이 나왔다. 1789년 8월, 정사 이성원으로 구성된 청나라 사은사 일행에 화원 김홍도와 이명기를 추가했다는 기록을 발견한 것이다. 두 사람은 용주사의 후불탱화를 그리기 전에 정조의 명으로 북경의 동서남북 천주당에 그려진 서양화를 견학하기 위해 길을 떠났던 것이다. 필요한 자료는 원하기만 하면 금세 찾을 수 있는 책, 그것이 바로 《일성록》이다.

보라, 나는 이렇게 일했다

정조 개혁정치의 심장부라고 할 수 있는 규장각의 자산들은 일제 강점기를 거쳐 오늘날에 이르기까지 서울대학교 규장각 서고에 고스란히 보관되어 있다. 규장각에서는 정조 재위 25년 동안 무려 168종 5,000권이 넘는 책이 편찬 간행되었다. 이는 조선의 학술문화를 반석 위에 올려놓은 커다란 업적이었다. 그 가운데 국보 제153호로 지정된《일성록》이 있다.

옛날을 거울로 삼는 것은 오늘을 살피는 것만 못하고, 남에게서 찾는 것은 자신을 돌이켜보는 것만 못하다.

《일성록》의 범례 서문에 실려 있는 문장이다. 정조가 어떤 마음가짐으로 국정쇄신에 임했는지를 보여주는 증거이다. 그는 어떤 정책을 입안할 때 지난 시대의 기록보다는 현재의 각종 지표와 이전에 추진했던 정책에 대한 평가를 중요하게 여겼다. 그것을 바탕으로 실질적이고 구체적이며 일관성 있는 프로그램을 진행시켰던 것이다.

《일성록》은 사관에 의해 기록되어오던《조선왕조실록》처럼 이전부터 정례화되어 있는 문서가 아니라 정조가 세손 시절부터 하루도 빼놓지 않고 써왔던 일기에서 비롯되었다. 정조는 즉위한 지 5년이 지나자 자신의 일기를 체계적으로 정리하여 후대의 사료로 남겨야겠다는 생각을 하게 되었다.

"증자는 하루에 세 가지 일로 자신을 반성한다고 했소. 그렇듯 선비들도 날마다 자신을 반성하며 수양하는데 임금이야 더 말할 필요가 있

《일성록》 1752년부터 1910년까지 국왕의 동정과 국정을 기록한 문서. 정조의 일기로 시작한 《일성록》은 왕의 일기 형식으로 되어 있으나 실제로는 정부의 공식 기록이다. 규장각 소장.

겠소? 나는 어렸을 때부터 매일 일기를 썼는데 보위에 오른 뒤에는 내용도 많아지고 나름대로 형식을 갖추게 되었으니 이것을 모아 후대에 전하는 것이 좋겠소."

그렇게 정조는 자신의 통치과정을 세세한 부분까지 기록함으로써 자신이 얼마나 공명정대하게 정사에 임했는지를 증명하고자 했다.

"보라, 나는 이렇게 일했다."

이와 같은 정조의 뜻을 받들어 임금의 일기책 제목은 《일성록》으로 정해졌고, 그때부터 집필은 왕이 아니라 규장각 각신들이 맡았다. 그리하여 1781년 이후부터 《일성록》의 기록 끝에는 담당 신하들의 이름이 적혀 있다. 국왕 개인의 일기가 한 나라의 공식일기로 자리바꿈을 한 것이다.

당시 규장각은 처음의 도서관 기능에서 학술연구기관으로 개편되면서 초계문신에 대한 재교육을 실시하고 있었으며, 정조의 치세가 안정기에 접어들고 있었다. 그러므로 《일성록》은 정조가 개혁의 방향을 뚜렷이 하고 앞으로 개혁의 추진과정과 결과를 꼼꼼히 기록해놓겠다는 의지의 소산이었다.

조선 왕실의 공식기록문서로는 《조선왕조실록》과 《승정원일기》가 있다. 《조선왕조실록》은 사관들이 항상 배석해서 기록하지만 후세의 평가를 위한 것이라 당대의 임금은 절대로 볼 수 없도록 법제화되어 있었다. 그래서 왕조 초기에 세종대왕이 아버지인 태종의 실록을 보고자 그토록 애썼지만 실패했다는 에피소드도 전한다. 또 《승정원일기》는 왕의 비서격인 승지들이 매일 왕의 일거수일투족을 기록해놓은 책이다. 그렇다면 《승정원일기》와 《일성록》의 차이점은 무엇일까.

그것은 가정의 책꽂이와 도서관의 서가를 비교하면 간단하다. 집에서 어떤 책을 찾으려면 칸칸이 뒤져야 하고, 그래도 찾지 못할 때가 많다. 하지만 도서관에서는 목록을 찾아 순서대로 좇아가면 내용이나 색인까지도 금방 알아낼 수 있다. 《승정원일기》는 내용이 많은 반면 체계적이지 못하기 때문에 필요한 기록을 참고하는 데 비능률적이다. 한마디로 산처럼 쌓인 메모 더미라는 이야기다. 반대로 《일성록》은 일정한 체계를 갖추어 기록했으므로 업무상 참고하기에 간편하다는 장점을 가지고 있다.

"자료만 많으면 되지, 뭐가 걱정이야. 컴퓨터의 자동검색기능이 괜히 있나?"

"옛날에 컴퓨터가 어디 있어? 자료 하나 찾으려고 《승정원일기》를 뒤

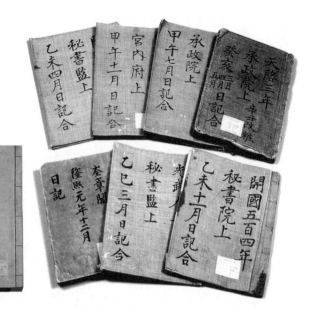

《조선왕조실록》과 《승정원일기》 조선 왕실의 대표적인 공식기록문서. 《조선왕조실록》은 배석한 사관들이 기록했으며 임금도 볼 수 없도록 법제화되어 있었다. 한편 《승정원일기》는 왕의 비서인 승지가 왕의 일거수 일투족을 기록한 문헌이다. 규장각 소장.

지다가는 날이 샐걸. 그냥 《일성록》을 펴보면 간단하잖아."

정조는 그렇게 국정상황을 단순히 기록만 한 게 아니라 '명령-보고-결재'라는 시스템으로 일원화시켰다. 가령 1781년에 충남 서산의 선비가 세금을 낮추어달라고 상언을 했다고 한다면, 그에 대한 임금의 지시, 비변사의 처리내용, 그에 관련된 지방 수령의 장계 등이 체계적으로 정리되어 있다.

그 안에는 자잘한 수치와 논의과정까지 담겨 있으므로 신하들이 조정에서 한 입으로 두 말 했다간 왕에게 커다란 곤욕을 치르게 된다. 이른바 데이터에 의한 정치라고나 할까. 실제로 정조는 항상 《일성록》을 곁에 두고 국정을 논의함으로써 신하들을 곤혹스럽게 했다.

"어제 호조 판서 김 대감이 작년에 거둔 경기도 환곡미 수량을 잘못 말하는 바람에 진땀깨나 흘렸답니다."

"나는 이번 현륭원 전배 비용을 계산하느라 꼬박 밤을 새웠소."

"어휴,《일성록》때문에 이젠 판서 자리도 함부로 못하겠군."

《일성록》의 가치는 '격쟁(擊錚)' 이란 단어 하나만으로도 충분히 증명된다. 이 책에는 1789년 한 해에만 144건, 재위기간 동안 무려 1,335건의 격쟁 기록이 실려 있는데, 양인에서 노비에 이르기까지 격쟁인의 다양한 신분과 이름, 민원내용이 세세히 기록되어 있다. 그야말로 생생한 백성들의 삶의 현장인 셈이다. 그 외에도 암행어사가 백성들에 대해 임금에게 보고하기 위해 쓴 구체적인 기록인 별단(別單), 측우기를 이용한 강우량 측정 결과, 장용영 군사들의 군사훈련 등 국가경영의 전말이 생생하게 살아 숨쉬고 있다.

왕권시대, 정부 공식문서에 이처럼 수많은 백성들의 민원을 체계적으로 기록한 나라는 조선 이외에는 찾아보기 힘들다. 지도자에게 백성에 대한 사랑이 없었다면 도저히 불가능한 기록인 것이다. 그 예로《일성록》에 가장 많이 등장하는 단어가 '소민(小民)' 이다. 그처럼 정조는 가난하고 핍박받는 양민들을 끌어안고 위로함으로써 양반 사대부가 장악하고 있던 조선사회의 본질적인 변화를 꾀했던 것이다.

《일성록》은 제22대 정조로부터 대한제국 최후의 황제인 순종 대까지 이어졌다. 150여 년에 걸쳐 기록된 분량만 해도 2,327책에 이른다. 조선왕조 500년의《조선왕조실록》이 5,300만 자인 데 비해《일성록》은 단 150년 동안 6,000만 자를 넘는다. 권수로 따지면 정조 재위기간만 해도 673권이라는 엄청난 양이다.

정치문제는 정치로 푼다

– 서학금단과 문체반정 –

조선의 유학자들은 명나라가 멸망하고 청나라가 등장하자 정통 유학은 소중화인 조선에만 존재한다고 여겼다. 당시 청나라에는 분출하는 민중의 요구에 부응하여 양명학, 고증학, 실학(實學)[36] 등 다양한 학문이 성행하고 있었지만, 조선에서는 오로지 주자학을 바탕으로 한 성리학의 정통성을 지켜나가고 있음을 자랑으로 여겼다.

"배우고 때를 맞아 행하면 어찌 즐겁지 않겠는가."

정조는 사후 공자나 맹자에 비길 정도로 학문적 깊이를 가졌던 군주였다. 그 역시 주자학을 정학으로 숭앙하면서 규장각에 수만 권의 서적을 모으고《주서백선(朱書百選)》같은 책을 편집 간행하는 데 열중했다.

당시 선비들은 당파의 노선 차이만큼이나 학문연구의 방향도 달랐다. 남인의 학풍은 경서 중심, 노론의 학풍은 주자의 저술을 중시했다. 모든 면에서 탕탕평평을 추구하던 정조는 당연히 이 둘을 절충하는 쪽으로 학문적 지향점을 삼았다.

18세기 들어 청나라에서는 성리학을 공리공담으로 여기고, 백성들의 생활에 도움이 되는 농서나 상공업 서적을 연구하는 학자들이 나타났다. 이런 변화에 발맞추어 조선에서도 실사구시를 외치는 젊은 학자들이 연경을 넘나들며 새로운 유행을 조선 땅에 퍼뜨리기 시작했다.

"고상한 시인놀음은 이제 지겨워. 요즘 중국에서는 소설과 수필이 대유행이라네."

"서양의 현미경으로 보면 깨알보다 작은 벌레들도 잘 보인다는군."

그때 이승훈이나 이가환, 정약용 등 남인 학자들은 서양의 과학기술과 학문에 심취해 《천주실의》[37] 같은 서학 서적에 몰두했고, 북학파를 필두로 노론이나 소론의 젊은 문인들은 청나라의 우수한 문물과 유행을 좇으면서 패설(稗說), 곧 소설이나 기행문 등에서 눈을 떼지 않았다. 물론 서얼과 중인들도 이런 변화의 대열에 동참하고 있었다.

그런데 이런 변화를 노론 벽파에서 정치적으로 이용하려는 움직임이 일어났다. 특히 서학은 유학의 전통을 깨뜨린다는 점에서 주요 이슈로 등장했다. 그리하여 서학금단과 문체반정이라는 정조 시대의 중요한 두 사건이 미묘한 방향에서 충돌하게 된다.

변화의 물결, 조선에 다다르다

정조의 개혁은 규장각에서 출발했지만 18세기 사회 변화의 바람은 이미 청나라에서부터 불어오고 있었다. 구한말 흥선대원군처럼 쇄국정책을 펴지 않은 다음에야 가까운 대륙의 신문명이 조선 땅에 영향을 미치지 않았다면 거짓말일 것이다.

"망원경이라는 걸 들여다보면 10리 밖도 훤하게 보인다는군."

"이 사람아, 그건 옛날 소현세자 때 이야기잖아. 뭐, 새로운 이야기 없어?"

"그렇지. 우리 임금님께서 책을 읽으실 때 안경을 쓰신대."

"뭐야? 벌써 노안이 오셨나 보군. 근데 자네 《열하일기》 읽어봤나?"

"물론이지. 연암 선생 참 기발하단 말이야. 그 안에 〈호질〉 같은 이야기를 읽다 보면 속이 다 후련해지더군."

당시 사람들은 이처럼 새로운 문화를 받아들이는 데 거침이 없었다. 그 가운데 연암 박

《열하일기》 연암 박지원이 연경을 다녀오며 경험한 것들을 기록한 여행기. 적나라한 표현과 거침없는 주장으로 센세이션을 일으켰으며, 당대 지식인들 사이에 베스트셀러로 자리 잡았다. 사진 출처_《한국민족문화대백과사전》

지원의 《열하일기》는 지식인들 사이에 최고의 베스트셀러로 등장했다. 연암은 연경에 다녀오면서 느낀 생각을 종래와는 달리 사실에 입각해 거침없이 표현함으로써 젊은 선비들에게 커다란 충격을 주었다.

"허어, 이런 격에 맞지 않은 글자를 쓰다니……."

"여기엔 욕설까지 섞여 있네. 이거참 민망하구먼."

"청나라의 한 여인이 밭을 매다가 뱀 한 마리를……. 아이고, 차마 못 읽겠다."

"정말 재미있네."

점차 조선의 선비들은 비어와 속어, 방언, 욕설, 사실적인 묘사를 넘나드는 박지원의 문체에 열광했다. 또 중국 소설이나 기행문을 통해 미

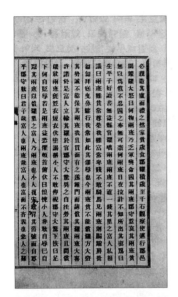

〈양반전〉 조선 양반의 허영과 특권을 신랄하게 비판한 소설. 연암 박지원이 쏟아낸 일련의 글들은 당시 진보적 지식인의 사상에 커다란 영향을 끼쳤다. 사진 출처_《한국민족문화대백과사전》

처 알지 못했던 세상을 접하게 되었다. 이런 현상을 정조는 주의 깊게 바라보고 있었다.

"문화의 다양성은 인정해주지. 하지만 맹신은 곤란해."

그는 호기심이 많은 임금이었으므로 이미 박지원의 《열하일기》를 읽어보았다. 정조는 기실 문체보다는 내용에 담긴 사회현상에 관심이 많았다. 그 안에는 가감되지 않은 백성의 진솔한 삶이 있었기 때문이다.

〈양반전〉에서 연암은 조선 양반들의 허영과 특권을 신랄하게 비판하고 몰락한 양반이 양인 신분의 부자에게 양반직첩을 팔아먹는 썩은 현실을 비판했다. 〈호질〉에서는 도덕군자인 체하는 북곽 선생이라는 학자를 통해 선비들의 허위의식을 비꼬았다. 〈허생전〉에서는 양반들이 품고 있는 북벌의 허구성을 벗기고 상업을 장려하며 매점매석을 통한 이익의 독점을 경계했다. 〈예덕선생전〉과 〈광문자전〉, 〈마장전〉에서는 보통 사람들의 착한 심성을 찬양했으며, 〈함양박씨열녀전〉에서는 조선에서 과부로 살아가는 것이 얼마나 비참한 것인지를 보여주었다. 이처럼 현실고발을 주제로 한 박지원의 작품은 제자 그룹인 북학파[38]는 물론이고 지방의 진보적 지식인들에게 큰 영향을 끼쳤다.

"구구절절 옳은 말이로고."

이 새로운 변화의 물결은 어떤 힘으로도 브레이크를 걸 수 없었다. 정조는 문장 부문에서 불만스러운 점이 없지 않았지만 그런 변화를 두려 워할 그가 아니었다. 그는 조선 최고의 개혁군주가 아니던가.

"내가 원하는 것도 변화야. 조선을 새로 태어나게 해야 해."

당시 지식인들이 중국을 배우려는 방법은 크게 네 가지로 집약된다. 첫째는 명·청의 소설과 잡서, 둘째는 서양의 수학과 천문학, 셋째는 북경 시장의 장식품과 도자기 등 사치품, 넷째는 천주교와 청조 고증학 이었다.

당시 노론의 김조순, 남공철, 심상규, 소론의 서유구, 이상황, 서영 보, 연암의 후인들인 이서구, 이덕무, 유득공, 박제가 등은 정조를 최 측근에서 보위하며 이런 변화에 동참하고 있었다. 남인 그룹의 이가환, 정약용 등은 서학을 통해 나라 밖에서 불어오는 훈풍을 쐬고 있었다.

이들이 나라 밖의 문물을 받아들이는 방법이나 태도는 달랐지만 본질 은 조선을 발전시키자는 한 가지였다. 청나라나 서양의 우수한 기술을 배우고 제도를 받아들여 이 사회에 충만한 변화의 기운을 가속화시키는 것이야말로 그들에게 주어진 사명이었다. 그런데 정조가 염려한 대로 고답적인 정치상황이 이들의 앞길을 막아서게 된다.

서학도 나쁘고 문체도 나쁘다

당시 정조는 사도세자 추숭사업을 본격화하기 위해 채제공을 필두로 남인들을 조정에 속속 들여앉히고 있었다. 그런데 공교롭게도 명례방 집회사건[39]이 터짐으로써 순조롭던 행보가 난관에 부딪치게 되었다. 노론 측 대간들이 천주교에 심취한 이가환, 정약용, 이승훈 등 남인 측 인재들을 탄핵하고 나섰기 때문이다.

"유학을 더럽히는 요사한 서학을 물리치고 그 추종자들을 벌하십시오."

"여보시오, 서학이 사학(邪學)이라면 노자나 묵자를 비롯해 제자백가의 책도 모두 사학이오. 그런 억지가 어디 있소?"

"하지만 그들은 정학을 더럽히지 않았습니다."

"정학을 바로세우면 사학은 자연스럽게 사라질 것이오."

"서학은 벌써 종교화되어 청나라에서도 문제가 되고 있습니다."

"거참, 지독한 사람들이로군. 알았소, 이제 그만 하시오."

정조는 이 문제의 처리 여하에 따라 조정의 세력균형이 깨어질 수도 있다고 생각했다. 그래서 채제공에게 해결책을 물었다.

"좀 골치 아프게 되었소. 어떻게 하면 좋을까요?"

"서학문제는 저들도 확실한 근거 없이 억지를 부리는 것이니 처벌하는 흉내만 내시지요."

"그렇게 합시다."

그리하여 정조는 천주교 문제가 남인 정파 전체의 문제가 아니라 개인적인 문제라 규정하고 사건 당사자들을 개별적으로 처벌함으로써 사태를 무마시켰다. 그렇지만 탕평정치를 안정시키려면 남인 측만 피해를 보아서는 안 된다. 그래서 정조는 노론의 후기지수들에게도 딴죽을 걸기로 마음먹었다.

"가환이나 약용이가 한 대 맞았으니 너희도 한 대씩 맞아야지."

정조는 호시탐탐 기회를 노렸다. 마침 남공철의 문서에서 패관문자를 쓴 부분을 발견했고, 김조순은 예문관에서 숙직하면서 소설을 읽다가 정조에게 들켰다. 이상황과 심상규도 규장각에서 소설을 읽다가 발각되었다. 정조는 이들을 소환한 다음 몹시 화를 냈다.

"남공철, 문서가 그게 뭐야. 공문서에 패관문자를 쓰면 어떡하나?"

"그거야 요즘 다들 쓰는 방법입니다."

"그걸 대답이라고 하나? 넌 공무원이잖아. 그리고 김조순, 이상황, 심상규, 너희는 사무실에서 그따위 소설책을 읽어도 되는 거야?"

"······."

"이래서야 너희가 서학 하는 무리와 다를 게 없잖아. 사표 써라."

정조는 그들을 파직시킨 다음 규장각에 있는 패관소설을 모조리 불태워버렸다. 또 앞으로 중국 사신은 소설류를 사오지 말라고 엄명했다. 그런 다음 정학을 선양하는 여러 가지 정책을 시행하도록 신료들에게 엄명했다.

"문체 좀 그만 더럽혀라. 정학이 울고 있잖아."

얼마 후 정조는 파직한 신하들에게서 반성문을 받고 복직시켰다. 어차피 정치적인 쇼였으므로 당연한 수순이었다. 그들이 곁에 없다면 정조의 개혁은 중심을 잃게 되기 때문이다.

"다음부터 확실히 하자."

"확실히 조심하겠습니다."

당시 김조순이 제출한 반성문은 정조를 흡족하게 할 만큼 솔직담백했다.

"김조순, 오랜만에 명문을 읽었다. 규장각 출신이라 그런지 뭔가 다르군."

"여부가 있겠습니까. 잘 봐주셔서 감사합니다."

문체반정은 이렇듯 서학금단이란 조처와 한 궤도에서 이루어졌다. 이

때 정조의 시퍼런 서슬에 모든 신하가 침묵했는데 오직 뚝심 센 이서구
만이 반발하고 나섰다.

"전하께서 문체를 가지고 왈가왈부하는 것은 너무 심하십니다."

"내 마음의 행간을 읽지 못하는 네가 더 심하다. 계속할래?"

"그만두겠습니다."

저항은 금세 끝났다. 이서구는 한 번 옳다고 생각하면 주장을 굽히지
않는 강단이 있었다. 그는 훗날 정조의 오회연교가 부당하다고 직접적
으로 따지고 나선 유일한 선비였다. 어쨌든 정조는 서학금단과 비슷한
시기에 정학인 주자학으로 돌아가자는 문체반정을 적절하게 이용함으
로써 두 당파의 갈등을 봉합했다. 이른바 이독제독(以毒制毒)의 수로 개
혁의 앞길에 놓인 돌멩이를 차버린 것이다.

물론 문체반정이 주자학에 심취한 정조의 청론에 입각한 조치란 주장
도 있다. 하지만 당시 분위기로 봐서 조정의 균형을 유지하려는 시도였
다는 데 점수를 주고 싶다. 이때 명례방 집회사건에 관련된 남인 학자
들은 정조의 온건한 대처에 감읍하며 벌을 받아들였다. 노론의 공격을
홀로 감당하려는 정조의 고충을 누구보다도 잘 알고 있던 그들이었다.

"저희가 전하께 큰 짐을 안겨드렸습니다."

"그러니까 조심 좀 하란 말이다."

달리 본다면 이 두 가지 조치는 정조의 미봉책이었다. 어쩌면 자기 발
등을 찍는 자충수이기도 했다. 정조의 개혁을 완성시키기 위해서는 외
래문물의 수용이 꼭 필요했기 때문이다. 그런데 엎친 데 덮친 격으로
몇 년 뒤 천주교도인 윤지충[40]과 권상연이 제사를 폐하고 부모의 신주
를 불사른 진산사건[41]이 터졌다.

  그때부터 노론 벽파에서는 서양에 관련된 모든 것을 사학이라며 맹렬하게 규탄했다. 그로 인해 정조는 이가환에게 중국에 가서 수학서적을 사오라고 명했다가 그만두기도 했다. 변화의 황사가 몰려오고 있는데 조선의 수구들은 정조의 발목을 붙들고 있었다.

  "찰거머리 같은 것들이 한 해 농사를 망치려 드는구나. 아, 갈 길이 멀기도 하다."

가르치고 설득한다

– 정조의 사회통합론 –

　유교국가 조선의 임금은 아무나 되는 것이 아니었다. 왕자가 세자[42]로 책봉되면 즉시 세자를 교육하는 세자시강원(世子侍講院)과 호위를 담당하는 세자익위사(世子翊衛司)가 설치된다. 세자는 이때부터 매일 시강원에서 강도 높은 제왕학 수업을 받아야 했다. 세자시강원의 관료들은 모두 문과에 합격한 참상관들로 높은 학식을 가진 인물들이었다. 세자는 그들과 함께 서연을 통해 자신의 학문적 성과를 검증받아야만 했다. 이런 하드트레이닝은 왕이 되어서도 경연이란 제도로 이어졌다.

　경연은 중국 한나라와 당나라의 어전강의에서 비롯되었고, 북송 시대에 체계화되어 명·청 대까지 이어졌으며, 조선에서도 정례화되었다. 경연관은 1품에서 9품에 이르는 관리 약 30명이었는데, 강의는 주로 홍문관원이 맡았다. 교재는 사서오경과 역사, 성리학 서적이었다. 경연은 조강과 주강, 석강 등 하루 세 차례 치렀는데 왕은 매번 참석해

야 했다. 특히 조강에는 왕을 비롯하여 의정
부 · 육조 · 승정원 · 홍문관 · 사헌부 · 사간
원 등 권력의 핵심부가 한자리에 모였으므로
국가정책을 협의하기에 안성맞춤이었다. 떡
본 김에 제사 지낸다고나 할까.

"오늘 공부가 끝나면 대동법 시행에 대해
토론을 좀 합시다."

"따로 부처 간 연석회의를 하려면 번거로
우니 그렇게 하지요."

이와 같은 경연으로 인해 17~18세기 조
선에서는 높은 학문과 품격을 지닌 걸출한
임금들이 탄생했는데, 바로 숙종, 영조, 정
조이다. 그 중에서도 정조는 스스로 학자군

《홍재전서》 정조의 시문집으로 1799년(정조
23년)과 1801년(순조 1년) 두 차례 간행되었
다. 장서각 소장.

주를 자처할 정도로 학문에 뛰어나 역사상 처음으로 문집을 남긴 왕이
다. 그의 문집인《홍재전서》는 180권 100책 10갑의 방대한 분량으로
어느 학자의 업적과 견주어도 뒤지지 않는다.

정조는 세손 때부터 항상 암살위협에 시달렸으므로 밤을 새워 책을
읽으며 자신을 지켜냈다. 또 즉위한 뒤에는 사회적 변화에 부응하고 친
위체제를 구축하기 위해 규장각을 설치한 다음 정책연구와 통치기반을
다졌다. 이후 학문이나 정치력에 자신감을 얻은 정조는 경연을 통해 신
하들로부터 교육받는 관행을 타파하고 왕이 주도적인 입장에서 학문을
가르치고 토론하는 체제로 바꾸었다.

그런 과정에서 정조는 자신의 통치에 대한 여러 가지 구상과 논리를

만들어냈다. 그 중에서도 완성된 인격을 갖추어 공적인 의로움을 실현
해야 한다는 의리론을 비롯해 명검론, 언론, 진퇴론 등으로 자신의 정
치철학을 구체화시켰다.

의리론

정조 시대의 여러 기록에는 의리(義理)에 관련된 이야기가 매우 많이
등장한다. 그 시대에 의리는 정치적으로 중요한 화두였으며 사회를 이
끌어가는 명분이기도 했다.

"대체 의리가 뭡니까?"

누군가 이렇게 묻는다면 다음과 같은 대답이 있다.

"의리란 막중하고 막대한 것이어서 차마 하지 못하고, 감히 하지 못
하며, 말하지 않는 것이 의리다. 하지만 때가 되면 말하지 않을 수 없는
것이 또 의리이다."

그러니까 함부로 의리 운운해서는 안 되지만, 때가 되면 반드시 짚고
넘어가야만 하는 것이 의리라는 것이다. 약간 모호한 해석이지만 이 말
은 당시 정치주체인 정조와 노론 벽파의 영수였던 심환지 사이의 미묘
한 상황에서 나왔다.

"우리는 의리 빼면 시체입니다. 그래서 영조대왕께서 왕이 되신 것입
니다."

노론 벽파는 경종 때 소론의 위협으로부터 죽음을 무릅쓰고 연잉군을
지켜낸 신임의리론을 최고의 의리로 선양하면서 정조를 견제하고 있었
다. 그것은 정조 치세 중반에 영남 남인들이 만인소에서 주장했던 임오
의리론과 창끝을 마주하고 있었다.

"우리는 과거 이인좌의 난이 일어났을 때 힘껏 맞서 싸웠는데 노론의 견제 때문에 차별받고 있으니 억울합니다. 사실 임오년에 사도세자께서 돌아가신 것도 의리 때문입니다."

"남인이 주장하는 의리는 정계에 세력을 넓히려는 협잡에 불과합니다. 우리 의리가 진짜입니다."

"사돈 남 말 하지 마시오. 의리도 상황에 따라 변하는 법이오."

"아, 제발 그만 좀 하시오. 당신들은 탕탕평평하자는 내 말을 벌써 잊었소?"

당쟁이 극에 달해 있던 당시에는 어느 당파의 정책이 의리에 어긋나는 것으로 결론지어지면 조정의 주도권을 빼앗기게 된다. 임금과 신하 사이에도 마찬가지였다. 시쳇말로 '의리 빼놓으면 시체'인 것이다. 정조는 조정에서 유령처럼 맴도는 이와 같은 조폭논리를 무력화시키기 위해 애썼다.

"개개인의 즐거움에 집착하면 나라를 근심하는 마음이 엷어지고, 붕당에 집착하면 임금을 만만하게 보게 됩니다. 쓸데없는 말로 상대 당파를 공격하지 말고 할 말이 있으면 나와 직접 토론합시다."

정조는 지식인이라면 학문이나 포부도 중요하지만 무엇보다 행동과 실천이 중요하다고 생각했다. 의리란 실천함으로써 발휘되는 정의라는 것이다.

"의리 명목으로 공을 세우려고 애쓰지 말라. 그게 심해지면 자신도 모르게 남의 것을 빼앗아 사욕을 채우는 지경에 이를 수도 있다."

이처럼 정조는 신료들에게 조직적으로 뭉쳐 한 건 하려 하지 말고 평소 자기계발을 통해 개인의 수준을 끌어올리라고 충고했다. 그래서 정사를 공평무사하게 처리하면 공은 자연히 따라오게 된다는 것이다. 하지만 이런 충고는 쇠귀에 경 읽기였다. 그래서 1798년 정조는 원임 제학 심환지를 앞에 놓고 이렇게 한탄했다.

"명색이 사류라는 것들이 의리조차 제대로 알지 못하는구나."

이는 조정 중신들, 특히 노론 벽파가 의리란 이름으로 다른 당의 사람들을 함부로 재단하고 비방하는 세태를 탄식한 것이었다.

한편 정조는 정치원칙에 있어 '명검(名檢)'을 매우 중시했다. 명검이란 '명분에 맞게 자신을 단속'하는 절제의 미학이다. 정치인들은 평소 자신을 제어하고 중용을 지켜야 한다. 그럼으로써 양보와 타협의 아름다운 사회를 만들어갈 수 있게 된다. 곧 분수에 맞는 행동거지를 보이라는 뜻이다.

"비가 오는데 우산 장수가 나막신 장수를 욕한다면 웃음거리밖에 되지 않는다."

누군가 반드시 함께 가야 할 상황이라면, 상대가 아무리 마음에 들지 않더라도 손을 내밀어야 하는 것이 정치다. 그게 아니라면 상대를 떨쳐낼 수 있는 합리적인 명분을 제시해야만 한다.

"나는 저 친구가 무조건 싫어."

"무슨 이유로?"

"그냥 싫어. 내 눈앞에서 사라져버렸으면 좋겠어."

이런 무책임한 적대감은 어느 누구에게도 지지를 받을 수 없다. 정의와 원칙이 강물같이 흐르지는 않더라도 최소한의 도리를 보여주어야만 정치가들이 백성들로부터 신뢰를 얻을 수 있다. 그러므로 정조는 이렇게 꾸중하고 있는 것이다.

"애들아, 제발 공부 좀 해라. 그래야 제대로 된 의리도 알고 자기 행동에 명분도 부여할 수 있는 거야."

언론

조선시대의 언론은 사간원, 사헌부, 홍문관이라는 삼사(三司)에서 담당했다. 왕조시대에 언론이 무슨 힘이 있었겠느냐고 생각한다면 엄청난 오해이다. 홍문관은 학자들의 집단이라 유순한 기질이 있다 해도, 대간(大諫)으로 불리던 사간원이나 사헌부의 간관들은 목숨을 두려워하지 않고 왕에게 직언을 올렸기 때문이다. 대간들은 여론의 대변자이며 왕조의 도덕적 파수꾼이었다. 그들은 스스로 여론의 대변자이며 법의 수호자로서 신념을 잃지 않았고, 어떤 상황이든 바른 말을 하는 것이 곧 충성이라고 여겼다.

"우리가 바로 세상의 목탁이야."

오늘날의 수다한 언론매체들이나 감사원처럼 독립적 요소가 강했던 대간은 자의적으로 활동할 수 있는 자유가 보장되었다. 때문에 비록 하위직이었어도 관료들의 지위고하를 막론하고 탄핵할 수 있었다.

조선의 역대 왕들은 대부분 대간의 말에 귀를 기울였지만 탄압하는 사례도 적지 않았다. 태종이나 세조가 대표적인 인물이다. 태종은 심복인 하륜을 공격하는 대간을 하옥하고 채찍질에 유배형까지 내렸다. 세조는 태종보다 한 걸음 더 나아가 아예 언관직을 대폭 축소해버렸다. 그러나 현군 세종은 강경한 언론에 초연하게 대처하면서 토론과 타협을 통한 조화와 균형의 정치를 전개했다.

"언론은 밟으면 밟을수록 고개를 바짝 쳐들게 마련이지. 햇볕을 쬐어

주어 천천히 시들게 하는 것이 좋아."

이처럼 조선에서는 강력한 왕권이 시행되면 언론이 탄압받고, 반대로 신권이 강해지면 대간이 활기를 띠었다. 18세기, 영·정조 대에 이르러 탕평정치와 함께 왕이 군사라는 자부심으로 군림하게 되자 언론의 기능이 대폭 축소되었다. 이론적으로 왕을 설득시킬 만한 자질을 갖춘 간관이 드물었기 때문이다. 그러자 조정에 이런 소문이 떠돌았다.

"임금이 간관들의 입을 막고 있다."

그 말을 전해들은 정조는 분개했다.

"내가 즉위한 뒤 한 사람의 간관도 처벌한 적이 없는데 무슨 소리냐."

그는 1782년 5월, 공조 참의 이택징이 규장각을 비판하면서 올린 상소문에 주목했다.

"규장각은 전하의 사사로운 조직이지 나라의 공식적 조직이 아닙니다. 또 각신은 전하의 사사로운 신하이지 조정의 인재가 아닙니다."

이 상소는 분명 노론 벽파의 주장을 담은 직접적인 공격이었다.

"이것들이 바른 말을 하라니까 엉뚱한 부분을 물고 늘어지네."

정조는 내심 속이 상했지만 꾹 참고 넘어갔다. 어쨌든 조정에 그런 생각을 하는 사람이 있다는 것으로 받아들이겠다는 뜻이었다. 하지만 친위세력인 규장각 각신들조차 자신에게 간언을 하지 않는 세태가 은근히 걱정스러웠다.

"멀리 있는 자는 법을 두려워하여 감히 말하지 않고, 가까이 있는 자는 나의 뜻에 따를 뿐 아무 말도 하지 않는다."

언론으로 걸러지지 않는 정치는 곧 독재로 치닫게 된다. 왕이라면 누구나 절대왕권을 지향하지만, 그것이 좋은 정치로 연결되는 것은 아니다. 왕은 왕으로서 신하는 신하로서 자신의 위치를 지킬 때라야 조화로운 상황이 조성된다. 그것을 알기에 정조는 언론에 관대한 임금이 되고자 했다. 그래서 1785년, 사관 윤행임에게 이렇게 말한다.

"사관의 임무는 임금의 언행을 기록하는 것이지만, 잘못도 상세히 써놓아야 책임을 다하는 것이다."

초계문신 출신으로 노론 시파였던 김조순에게는 또 이렇게 말한다.

"사람은 자신이 싫어하는 말을 즐겁게 들어야 한다. 요즘 세상에 그런 말을 해줄 사람이 몇이나 되겠느냐."

화성이 완성된 1796년, 정조는 성균관 유생들이 제 생각대로 움직이지 않고 조정 파벌의 의견대로 움직인다며 불만을 표시했다. 당시 선비들은 기개를 잃고 안락과 풍요에 길들여져 귀족화하고 있었다. 붕당정치는 이미 깨어져 당론이랄 것도 없으니 신하들은 시시비비를 가리는 일조차 번거롭게 생각했다. 그렇게 복지부동하면서 예스맨이 되어버린 신하들을 향해 정조는 이렇게 소리쳤다.

"애들아, 제발 서로 다른 말을 좀 해야 토론이 될 것 아니겠니?"

진퇴론

양반 관료제를 시행했던 조선에서는 선비가 관리로 임용되기까지 꽤나 골치 아픈 과정이 수반되었다. 음직을 받든 과거에 합격하든 간에 그들 모두를 수용할 만한 관직이 없었고, 그에 따라 승진에도 까다로운 절차와 시간이 소요되었다. 그렇지만 일단 관리가 되고 나면 일정한 특권과 함께 생계가 보장됐다.

"이 불경기에 공무원을 그만두면 무슨 일을 할 수 있겠어."

사회가 비교적 안정되었던 정조 시대에 관리들은 이런 생각으로 꼿꼿이 위치를 고수했다. 당연히 실패할 가능성이 있는 정책은 캐비닛 안에서 잠들고, 상명하복에 충실한 수동적 인간형들만 우글거렸다. 그리하여 인사는 적체되고 관례가 되어버린 부정과 비리는 고쳐지지 않았다. 정조는 이런 관료사회의 문제점들에 주목했다. 본래 조선의 선비들은 '수기치인(修己治人)'이라는 유교철학에 따라 자기 인격을 갖춘 다음에 백성들을 위해 학문을 펼치는 것을 정석으로 알았다. 그런데 이런 유교의 아름다운 전통이 깨어지고 있었던 것이다. 당시 선비들에게는 두 가지의 길이 있었다.

첫째는 관리가 되는 길이다. 사서삼경이나 기본적인 성리학 공부를 마친 다음 과거를 보아 대략 30세 전후 조정에 진출할 수 있었다. 물론 이런 정상적인 절차를 밟지 않고 음서(蔭敍)라든가 훈척(勳戚)으로 관리가 되는 길도 있었다.

둘째, 초야에서 학문을 익히며 제자를 기르는, 이른바 산림(山林)[43]의 길을 걷는 것이다. 과거 조선에서는 조일, 조청 두 전쟁을 거친 후 조정에 때 묻지 않은 선비들을 불러들여 정치체계를 가다듬고 국가 비전을 새롭게 정비했다. 효종 때 서인 송시열, 남인의 허목 등이 대표적인 산림이라고 할 수 있다. 그런데 18세기 들어와 산림은 일선에서 밀려났지만 여전히 존재하며 국정에 영향력을 행사했다.

"요즘 왜 이렇게 사이비 산림들이 설치는 거야?"

1784년(정조 8년) 경연에서 정조는 이렇게 한탄했다. 이것은 송시열의 후손으로 음직에 올랐지만 1년 전 반역죄로 처형된 산림 송덕상을 빗댄 것이다. 이는 학문적 완성도나 정치적 식견도 없이 양지를 지향하는 선비들에 대한 경고이기도 했다.

"옛날 산림들은 진퇴가 명확했는데, 요즘에는 꼭 목을 잘라야 그만두니 그러고도 선비냐?"

그렇게 정조는 줄서기와 복지부동에 빠져 있는 사대부들에게 17세기 꼿꼿했던 산림의 기상을 강조함으로써 자극을 주려 했다. 하지만 당시 직업 관료를 지향하는 선비들은 벼슬을 얻으면 냉큼 한양에 올라와 터를 닦은 뒤 꿋꿋하게 자리를 고수했다. 그들에게 공무원의 미덕이나 선비의 품격은 사치에 불과했다.

"딸린 식구가 몇 명인데 사표를 씁니까? 선비정신, 그거 개나 물어가라고 하십시오."

한 사람의 산림의 존재는 향촌사회에 지대한 영향을 미친다. 그들은 조정 관리들의 정신적 지주일 뿐만 아니라 일반 백성에게 자부심을 주기도 했다. 하지만 이제 진정한 산림은 그 어디에도 없다. 그러기에 정조는 과거의 그 아름다운 전통을 그리워하면서 한숨을 내쉬었던 것이다.

"아, 진짜 선비 어디 없나?"

3부
이것이
개혁이다

전각의 거문고에서 떠나는 곡조 울려 퍼지니
이별의 술잔 들어 깊고 얕은 정 비교하네.
덕화를 펴면 고치기 어려운 풍속 본디 없나니
근신들은 마땅히 내 마음을 알리라.

離絃初動閣中琴
別意將杯較淺深
宣化本無難化俗
近臣應自識予心

〈해서 관찰사 심염조(沈念祖)에게〉[44]

백성들의 생생한 목소리를 들어라

- 상언과 격쟁 -

1777년 2월 12일 《일성록》에는 영릉과 홍릉에 참배하러 갔던 왕이 돌아오는 길에 동구에서 숭례문에 이르는 동안 백성들의 상언(上言)을 받아 올리게 했다는 기록이 담겨 있다. 또 1786년(정조 10년) 2월 26일 기록에는 통진에 사는 장필한이란 자가 격쟁을 통해 억울한 사연을 호소한 내용이 보인다. 그 내용을 잠깐 살펴보자.

장필한의 장인인 김운상은 권 진사의 종과 양인 처의 소생이었는데, 권 진사에게 돈을 바치고 양인이 되었다. 장필한은 그 김운상의 딸과 결혼해서 산 지 50년이 지났는데 권 진사의 양자가 자기 집 종이었던 김운상의 딸이 낳은 자식이라 하여 자신의 아이들을 노비로 알고 신공(身貢)을 내놓으라고 했다는 것이다. 이에 정조는 형조에 명해 엄히 조사하여 처리하라고 했다. 일종의 노비분쟁인 셈이다.

이처럼 조선시대에는 글을 아는 사람은 상언, 글을 모르는 사람은 격쟁을 통해 왕에게 직접 억울함을 호소하는 상언·격쟁이란 제도가 있었다. 일종의 소원수리제도인 셈이다. 그런데 이 제도는 어떻게 해서 생겨난 것일까?

조선 개국 초기에는 백성들의 소원수리제도로서 신문고가 있었다. 태종 2년 궁궐 밖에 설치한 신문고는 억울한 백성들이 북을 두드리면 임금이 그 소리를 듣고 사연을 접수 처리하도록 제정되었다. 그런데 실제로는 제한이 많아서 하층민들에게는 그림의 떡이었다.

"아니, 신문고가 있으나 마나 했다니 금시초문입니다."

"그게 개국 초기에 수령들 기 살려주려고 제정한 금부민고소(禁部民告訴)란 악법 때문이지. 백성들

취중송사 촌부 두 명이 원님의 행차를 막고 넙죽 엎드려 억울함을 호소하고 있다. 김홍도의 〈평생도〉 중 부분. 국립중앙박물관 소장.

억울한 사연이야 대부분 수령들 하고 사대부들의 결탁에서 나온 건데, 그걸 고소하지 못하게 했으니 어쩌겠나."

"그럼 신문고는 폐지되었나요?"

"아니지. 그래도 그 수단이 제일 빠르니까 하층민들은 기를 쓰고 신문고를 향해 돌진하곤 했지."

"관리들이 골치깨나 아팠겠군요."

백성들의 난입이 잦아지자 조정에서는 신문고의 사용을 엄격하게 제한했다. 사건사(四件事)라 하여 정실부인과 첩에 관한 일, 자기 자신에 관한 일, 부자지간에 관한 일, 양민과 천민의 판별에 관한 일을 제외하고 자손과 조상을 위한 일, 아내가 남편을 위한 일, 아우가 형을 위한 일, 노비가 주인을 위한 일, 기타 지극히 원통한 내용에 대해서만 신문고 사용을 허가했다. 그래서 신문고는 백성들에게 점차 외면당하고 서울의 관리들에게만 사용되었다. 효용가치가 떨어진 이 제도는 연산군 때 폐지되었다가 영조 때 부활되었다. 하지만 영조 역시 신문고 때문에 골치를 앓다가 폐지시키고 말았다. 이렇게 되자 하층민들은 새로운 수단을 찾게 되었는데 그것이 바로 상언·격쟁이었다.

"우리는 글로써 승부한다."

"우리는 글을 모르니 직접 사연을 말하겠다."

양반 사대부들에게는 상소를 통해 승정원을 거쳐 임금에게 직접 호소할 수 있는 길이 열려 있었다. 하지만 사사로운 일로 상소문을 올리는 것은 불경에 해당된다. 그러기에 상언이라는 편법이 동원된 것이다. 조정에서는 한 사람에게 2회의 상언을 허용했다. 그러나 일반 백성들은 그런 은전조차 바랄 수 없었다. 그래서 임금이 궐 밖으로 행차할 때 주변에 몰려들어 꽹과리를 치고 북을 울려댔던 것이다.

"상감마마, 제발 우리 말 좀 들어주십시오."

"우리도 사람이오. 좀 살려주십시오."

나라님 지나가신다, 꽹과리를 울려라

격쟁은 명쟁(鳴錚) · 명금(鳴金)이라고도 하는데, 백성들이 꽹과리나 북을 이용한 것은 이것들이 농악에 사용되는 도구였기 때문이다. 궐내격쟁(闕內擊錚) · 위내격쟁(衛內擊錚) · 위외격쟁(衛外擊錚)의 세 가지로 구분된다. 궐내격쟁은 직접 대궐에 들어가서 왕에게 호소하는 형태이고, 위내격쟁 · 위외격쟁은 왕의 거동 시에 행한 것이다.

16, 17세기에는 백성들이 꽹과리와 북을 치며 대궐로 난입하는 궐내격쟁이 대부분을 차지했고, 18세기 후반부터는 위외격쟁이 주로 행해졌다. 그 밖에도 하층민은 어가가 지나갈 때 커다란 나뭇가지 끝에다 글자를 크게 쓴다거나 큰 소리를 질렀고, 창에 매달리거나 높은 곳에 올라가 호소하는 방법을 쓰기도 했다.

격쟁이 벌어지면 형조에서 격쟁인을 형식적으로 체포하여 곤장을 친 다음 억울한 내용을 진술하게 했다. 우선 가벼운 처벌을 내림으로써 궐내에 함부로 들어오는 일을 막아 마구잡이식 격쟁을 막으려는 뜻이었다. 그래도 백성들은 극히 사소한 문제까지 들고 나와 어가를 막아서고는 했다. 그로 인해 격쟁은 또다시 사건사에 관련된 내용으로 제한되었고, 무고죄를 저지르면 곤장 80대로 엄벌했다. 하지만 격쟁이 더욱 심해지자 1744년(영조 20년) 영조는 격쟁의 내용을 더욱 줄여버렸다.

"자손이 조상을 위하여, 아내가 남편을 위하여, 아우가 형을 위하여, 노비가 주인을 위하여 격쟁하는 것은 허가한다. 나머지는 고을 수령에게 가서 알아봐라."

이는 곧 정책의 한계를 드러냈던 신문고의 전례를 답습하는 것이었다. 또 처벌규정도 강화됐다. 취미 삼아 격쟁하는 자는 변방으로 추방시키고, 관리를 무고한 자는 장 80대, 거짓으로 격쟁한 자는 장 100대를 쳤다. 그리하여 격쟁인을 심문하다 죽이는 경우도 생겨났다.

"아이고, 한을 풀려다 도리어 한이 맺혔네. 이 한을 어찌할꼬."

"임금님 변덕이 죽 끓듯 하는구나."

18세기에 수령들의 불법과 탐학이 심해지고 화폐경제 발달에 따른 사회경제적 모순이 늘어남에 따라 기층민들의 피해가 심해졌다. 이에 영조는 종로를 지나면서 일부러 수레를 멈추고 장사하는 사람들을 불러 이야기를 들었다. 하지만 격쟁은 지나치게 자질구레한 일이 많아 달갑게 여기지 않았다. 그리하여 1771년에는 상언과 격쟁을 금지시키고 창덕궁 남쪽에 있는 진선문과 정사를 보는 돈화문 안에 신문고를 다시 설치했지만 효과를 거두지 못했다.

"아이고, 궁궐이 왜 이렇게 소란스러우냐?"

"격쟁인들이 또 대궐에 밀려들어 왔습니다."

"이런, 어리석은 백성들 같으니라고. 신문고는 그저 폼으로 달아났다더냐?"

"그게 그런 게 아니라……."

"저것들이 늙은 나를 말려 죽이려는구나."

짜증이 난 영조는 신문고를 철거하라는 지시를 했다가 다시 매달게 하는 등 여러 번 번복했다. 또 예전처럼 수령의 비리를 고발하는 일을 금하기도 했다. 그러나 요원의 불길처럼 일어난 격쟁은 끊어지지 않았다. 그만큼 당시 백성들의 수준이 높아졌다는 반증이기도 했다.

정조의 애민정책

애민정책을 내세웠던 정조는 선대에 겪었던 격쟁의 폐해보다는 긍정적인 면에 주목했다. 그는 백성들의 생생한 목소리를 통해 조선사회의 부조리를 파헤침으로써 자신이 추구하는 개혁의 명분을 확보하기로 마음먹었던 것이다. 그리하여 종래와는 전혀 다른 방법으로 격쟁에 접근했다.

"격쟁은 내가 보장한다. 하지만 반드시 행렬 바깥에서 정중하게 청하라. 몸으로 해결될 일이 아니지 않은가? 그러면 내가 책임지고 사흘 안에 처리해주겠다."

"와, 그것참 획기적인 생각이십니다."

"아직 멀었다. 이제는 어떤 문제를 가져와도 좋다. 격쟁인을 형조에서 구금하고 벌을 주는 절차도 폐지한다."

"와, 이제야 인권이 보장되는 사회가 열렸군요."

"그럼, 내가 어떤 사람인데. 형조 관리들은 격쟁이 들어오면 현장에서 조사해 내게 직접 보고해라. 내용을 빠뜨리면 엄벌에 처하겠다."

"이제야 맺힌 한을 풀 수 있게 되었다."

정조의 이와 같은 조처에 백성들은 환호성을 질렀다. 하지만 부작용이 상당했다.

"개똥이네 소가 우리 밭고랑을 무너뜨렸습니다. 손해배상하게 해주세요."

"우리 아버지가 역모에 연루되어 귀양을 갔는데 이제 그만 용서해주세요."

백성들은 이제 너도나도 격쟁에 나섰다. 임금님이 허가한 격쟁이었다. 억울한 일을 들고 관아에 가는 것보다 어가 주변에서 징을 치는 것이 훨씬 조치가 빨랐다. 이에 형조는 물론 해당 지방의 감사나 수령은 죽을 지경이 되었다. 그래서 은밀히 격쟁인에게 위해를 가하는 일이 벌어지기도 했다. 정조는 이런 관리들을 적발하면 가차 없이 처벌했다.

"너희도 내가 백성 편인 거 알지?"

"그래도 백성들이 너무합니다."

"너무하긴 뭐가 너무해. 그러니까 억울한 일이 생기지 않도록 관리짓 잘하란 말이야."

정조의 조치에 고무된 백성들은 환곡과 군포, 노비 등 사회경제적 문제들을 낱낱이 까발렸다. 정조는 이 과정을 통해 조선의 현실과 모순점을 직시하고 개혁의 방향을 바로잡을 수 있었다.

"우리 임금님이야말로 성군이야."

백성들은 환호성을 질렀다. 흡혈귀 같은 관리들 위에 천사 같은 임금이 앉아 있을 줄 그 누가 알았으랴. 1792년, 정조는 광릉을 참배하고 돌아오는 길에 축석령에서 몰려든 백성들과 이야기를 나누었다.

"올해 농사는 어떠한가?"

"농사야 풍년이지만 환곡 이자와 군포 때문에 살길이 막막합니다."

"그렇다면 올해에는 환곡 이자를 내지 말라. 부역도 1년 동안 면제해 주겠다."

"아, 정말 황공하옵니다."

"그뿐만이 아니야. 이 지역의 관리와 서인들로 70세가 넘은 노인들은 품계를 올려주겠다. 또 유생들과 무사는 곧 과거를 열어 발탁하겠다."

이렇게 인심을 쓸 대로 쓴 정조는 다락원에 이르자 난전 상인들을 불러 물었다.

"신해통공 이후 장사 좀 할 만한가?"

"그렇고말고요. 시전 상인들의 횡포가 없으니 태평천국입니다."

"음, 돈 많이 벌어서 부자 아빠 되도록 해. 재력이 국력이야."

정조는 조정에 틀어박혀 수령과 암행어사의 보고를 받는 것으로 만족하지 않았다. 때문에 격쟁제도를 강화하고 개선하여 능동적으로 백성의 소리를 직접 들었던 것이다. 격쟁은 합법적인 호소수단으로서 횟수의 제한이 없어서 똑같은 문제를 가지고 몇 번이고 반복할 수 있었는데, 서울의 이안묵(李安默)이란 사람은 1790년부터 산의 소유권 문제를 가지고 3년 동안 일곱 번이나 격쟁하기도 했다.

"지독한 사람이로군. 그러니 격쟁무용론이 나올 만하지."

"그래도 꾹 참고 들어준 임금도 대단해."

국왕의 능행이나 원행은 1년에 한두 차례가 보통이다. 정조는 재위 24년 동안 66차례 행차, 1년에 세 차례나 갔는데, 사도세자의 묘소 참배가 절반이었다. 정조는 행차 중 상언과 격쟁을 3,355건 처리했는데, 한 차례 행차 중 평균 51건을 처리했다는 뜻이다. 정조 재위기간 동안 현륭원 참배는 모두 13차례였고, 이때 처리한 상언은 1,100회에 이른다. 평균 85건의 민원을 처리한 셈이다. 실로 엄청난 업무처리 능력이었다.

그렇게 왕은 슈퍼맨이었지만 신하들은 아니었다. 정조의 상언격쟁 개방조치에 보수적인 관료들이 반발했다. 1781년, 영의정 서명선은 격쟁에 대해 상주했다.

"요즘 백성들이 성내에서 격쟁하면서 눈길을 끌기 위해 군복을 입고 나타나기도 하니 실로 망극합니다."

"그런 친구들만 잘 처리하면 별 문제가 없잖소. 내가 놀라지만 않으면 괜찮소."

"저들은 감사나 수령에게 호소해도 될 일을 궁궐에까지 알리려 합니다. 이는 나라의 체계를 무너뜨리는 것입니다."

"괜찮다니까요. 청계천이든 나이아가라 폭포든 간에 물이 잘 흐르기만 하면 되는 거 아닙니까? 백성들의 소리가 내게 전달되는 일이라면 아무래도 좋소."

그렇지만 1787년(정조 11년), 《일성록》에 나타난 형조의 격쟁보고서를 살펴보면 백성들의 격쟁은 도를 넘어 너무나 사사로운 내용에 뻔뻔스럽기까지 하다. 예를 들면 다음과 같은 내용이다.

서부 사람 박희충이 그의 아버지 박성량이 도장을 위조한 죄로 체포되었는데 용서해달라고 격쟁했습니다. 이미 심리를 거쳐 뒤바꿀 수 없는 사안입니다.

광주의 양인 이소사가 격쟁했는데 남편 구인원이 대궐문에 돌을 던진 죄로 6년 동안 구금되어 있는데 재조사해서 석방시켜달라고 합니다. 이미 구인원이 판결에 승복해 끝난 문제입니다.

이런 자질구레한 하소연에 중상모략까지 임금이 신경을 써야 한다면 정사는 마비될 것이었다. 어쩔 수 없이 1788년(정조 12년)에 이르러 정조는 도성 안에서는 격쟁을 하지 못하도록 했다.

"힘이 좀 들긴 하네. 이제부턴 백성들과 도성 밖에서 터놓고 얘기하는 걸로 하자."

"그러지 마시고요, 무식한 것들은 어쩔 수 없다는 걸 아셨으니 상언과 격쟁을 아예 전국에서 금지시키죠."

이 조치를 빌미로 관리들이 정조를 은근히 부추겼다. 그러면서 상언격쟁의 건수를 축소보고하거나 조사내용을 누락시키는 등 제도를 무용지물로 만들려고 애썼다. 그렇지만 되돌아온 것은 정조의 노성이었다.

"얘들이 장난하나? 내가 할아버지

혜정교 터 통운교, 파자교와 함께 정조가 상언격쟁을 허가했던 혜정교 터. 지금의 교보문고 광화문 지점 앞.
photo ⓒ 모덕천

같은 사람인 줄 아나 본데, 한참 잘못 봤어. 서울에서 상언격쟁 부활!"

1791년 정조는 탑골에서 북촌으로 올라오는 길인 통운교와 경복궁 앞에 놓인 혜정교, 창덕궁의 돈화문 밖에 있는 파자교 등 세 곳에 한해 상언격쟁을 할 수 있도록 했다. 이곳은 서울에서도 백성들의 통행량이 많고 어가가 자주 드나드는 곳이었다.

"내가 아니면 누가 백성들의 아픔을 함께할 수 있겠어. 약용이 정도라면 몰라도……."

이런 과정을 통해 정조는 자신이 그리고 싶은 아름다운 조선을 꿈꾸었다. 또 백성들은 점차 한 인간으로서의 가치를 깨달으면서 현실은 주어진 것이 아니라 만들어가는 것이라는 근대의식에 눈뜨게 되었다.

"인간답게 살아가려면 역시 돈이 있어야 해. 돈을 벌자."

믿음으로 이끈다

– 지방 수령들의 통제 –

정조의 개혁정책은 당파와 관련된 탕평책이나 개인적인 역사를 제외한다면 온전히 백성을 잘 살게 하기 위한 것이었다. 때문에 중앙차원의 개혁 못지않게 지방차원의 개혁을 적극 추진했다. 여기에는 수령권의 강화와 통제, 암행어사제도의 개선, 소원제도의 개선 등이 있는데, 우선 지방 수령에 대한 정조의 생각을 알아보자.

18세기, 조선에서는 조세를 이용한 지방 수령들의 가렴주구가 극에 달해 있었다. 당시 조선의 조세제도는 다양한 개선을 거쳐 백성들에게 할당된 군역과 환곡을 함께 내는 공동납제도가 실시되고 있었다. 그런데 조세징수의 실무자인 아전들이 수령과 결탁해 세금을 배분하는 과정에서 수많은 농간을 부리면서 백성들을 괴롭혔다.

"아전은 자벌레처럼 움츠리고 개미처럼 기어다니는 것이지만 응대에는 물 흐르듯 기민하다. 수령들은 아전을 벌레처럼 내려다보고 ……

마음대로 할 수 있는 것처럼 생각한다."

일찍이 지방행정의 폐단을 직시했던 정약용의 비판처럼 아전들은 신분은 낮았지만 자주 임지를 바꾸는 수령들에게 정책결정의 정보와 수단을 제공하면서 향촌사회의 실질적인 지배자로 군림했다. 그들은 타고난 처세술과 실무능력으로 수령들을 휘어잡으며 탐욕을 부추겼고 더불어 치부에 몰두했다. 그렇게 해서 독자적인 힘을 축적한 아전들은 신분의 굴레에서 벗어나려는 통청운동을 벌이기도 했다.

"우리도 정7품 이상 벼슬을 할 수 있게 해주십시오."

또 부유한 향리들로 이루어진 신향세력들은 지방권력을 쥐고 있던 양반사족과 소위 향전(鄕戰)이라는 세력다툼을 벌이기도 했다. 이런 분열적 상황에서 지방 수령들의 가렴주구는 향촌을 파탄지경으로 내몰았다.

정조 시대에 지방 수령직은 음관과 무신들이 대부분이었다. 조정의 문신들이 승지나 당상관이 되기를 바라며 지방에 내려가기를 꺼렸기 때문이다. 문신들과 무신들의 생각은 천양지차였다.

"내가 어떻게 해서 한양까지 왔는데 촌구석으로 귀양 갈 수가 있나."

"너희는 왕의 눈치나 보거라. 우리는 내려가서 한몫 챙길 테니."

당시 지방 수령직은 가난한 선비가 졸부가 될 수 있는 지름길이었다. 그래서 수령 후보들이 모이면 이렇게 수군거렸다.

"곡산 부사가 되면 1년에 집 두 채가 생긴다며?"

"그쪽은 다산이 버려놨으니 잊어버리게. 차라리 고부 쪽이 소출도 좋고 남는 게 많다네."

왕의 통치권을 대행하는 지방 수령이 엇나가게 되면 그것은 곧 왕의 실정으로 귀결된다. 이런 상황을 좌시할 수 없었던 정조는 개혁정책의 일환으로 지방 수령에 대한 통제와 암행어사를 통한 감찰을 강화했다.

"철밥통 지키고 싶으면 제대로 해라, 응?"

조선 초기부터 지방 수령으로 부임하는 관리들은 임금 앞에서 일곱 가지 사항을 준수할 것을 맹세했다. 백성들을 잘 돌보는 훌륭한 목민관이 되겠다는 내용이다. 하지만 그들은 조정을 떠나 고을에 부임하자마자 무소불위의 권력자가 된다. 조세를 비롯하여 지방군사권, 태형 이하의 사법권과 일반 행정권이 손아귀에 쥐어지는 것이다.

'그동안 이 자리를 얻기 위해 투자한 자금이 얼마인가. 이제는 본전을 찾아야지.'

때마침 아전들이 유혹의 손길을 내밀면 뿌리칠 장사가 없는 것이다.

"나리, 그동안 고생 많으셨죠? 이제 고생 끝 행복 시작입니다요."

"네가 들고 오는 게 뭐냐?"

"에이, 잘 아시면서. 사과 박스에 들어 있는 게 뭐겠습니까?"

이와 같은 부정을 방지하기 위해 정조는 포폄(褒貶)제도를 만들어 수령들을 관리했다. 이것은 전최(殿最)라고도 하는데, 각 도의 감사들에게 고을 원들의 근무성적표를 만들어 기록하게 하고 해마다 6월과 12월에 두 차례 점검하여 영전이나 좌천의 근거로 삼았다.

"너희가 심사 제대로 안 하면 죄다 모가지야."

"에구, 그런다고 쟤들이 눈이나 꿈쩍 하겠습니까? 공무원들 다 자르면 누구하고 일하시려고요."

"거참, 영이 서질 않는구먼. 쟤들이 당최 말을 안 듣는 이유가 뭐야?"

"그게 문제가 복잡합니다. 누군들 소신행정을 하고 싶지 않겠습니까

만, 그게 말처럼 쉽지가 않습니다. 약용이처럼 앞뒤 돌보지 않는 꼴통이면 모를까."

당시의 사정을 보면 이런 푸념이 나올 만도 했다. 향촌 사족들은 중앙 사대부들과 결탁해 수령을 길들이려 했고, 자칫 그들의 눈 밖에 나면 쫓겨나는 건 시간문제였으니 음관이나 무관 출신의 수령들로서는 눈치를 보지 않을 수 없었다. 때문에 지방정치는 좀처럼 개선될 기미가 보이지 않았다.

"정말 획기적인 조치가 없으면 만사 도루묵이겠는데……."

수령의 신분 보장

17세기 들어 상품화폐경제가 발달하자 지방 수령들의 수탈은 더욱 대형화되고 가혹해졌다. 아전과 결탁해 조세와 환곡을 빼돌리는 것은 기본이고, 흉년이 들어 나라에서 백성들의 조세를 감면해준다는 영을 내려도 원래대로 받아 고스란히 수중에 챙겼다.

"위에서 알 게 뭐야. 자기들도 구린 게 많은걸. 우리야 상납만 잘하면 되지 뭐."

수령들은 세금을 낼 능력이 없거나 저항하는 백성에게는 장형과 태형을 남발했다. 이런 탐학에 견디지 못한 백성들은 집을 버리고 야반도주하기 일쑤였다. 그래서 아예 한 고을이 텅 비는 경우도 있었다. 영조는 이런 현실을 바꾸기 위해 다음과 같은 네 가지 조치를 취했다.

첫째, 부정한 수령에 대한 처벌을 강화했다. 수탈이 적발되면 일정 기간 동안 근신시킨 다음 복직시켰던 관례를 바꾸어 평생 벼슬을 하지 못하거나 사형까지도 내릴 수 있게 했다.

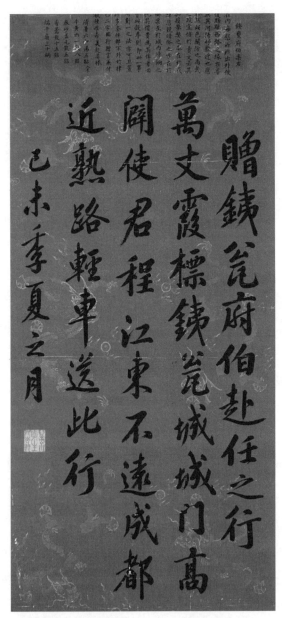

정조 어서 정조가 철옹 부사 서형수에게 내린 시. 선정을 당부하는 임금의 마음이 담겨 있다. 국립중앙박물관 소장.

둘째, 수령 추천권을 강화해 문관은 중앙 재상들과 현지 감사가 6명을 추천하고, 무관은 대장급과 현지 병사와 수사가 5명을 추천케 했다. 잘못 추천하면 천거자를 처벌하는 규정도 두었다.

셋째, 청렴결백한 수령을 우대했다. 근무평가를 높이 받으면 승급과 요직을 보장했다.

넷째, 근신을 수령으로 임명하여 다른 수령을 견제하는 정책을 썼다.

영조의 이런 강공책은 초기에는 효과를 보았지만 시간이 지나면서 원래대로 돌아갔다. 악화가 양화를 구축하는 악습 때문이었다. 그래서 정조는 여기에 몇 가지 온건책을 곁들여 수령들을 통제했다.

첫째, 아무리 바빠도 현지로 부임하는 수령을 접견하고 정사를 잘 돌볼 것을 명했다. 임금이 간곡하게 선정을 베풀라고 부탁하는데 부담감을 느끼지 않을 관리가 어디 있겠는가.

"여보시오, 변 부사. 한산 백성들이 먹고살기 힘들다는데 잘 좀 지도 편달하시오. 그래야 다음 대선에서 표가 좀 나올 거 아니겠소."

"전하, 자꾸 이러지 마십시오. 좀 찝찝합니다."

"그러니까 먹을 게 많아도 반만 먹으란 소리요. 당신 할아버지가 청백리였잖소?"

"그래서 제 신세가 이 모양 이 꼴인 걸 모르십니까?"

둘째, 최소한 15개월의 임기를 보장했다. 본래 《경국대전》에는 수령의 임기가 5년이었는데 당시에는 잘 지켜지지 않았다. 그래서 정조는 수령을 자주 갈아치우는 폐단을 없앤 것이다.

"남원 부사 변학도의 소문이 좋지 않습니다. 이번에는 춘향이란 기생을 옥에 가두기까지 했답니다."

"그 친구 부임한 지 몇 달 안 됐잖아."

"그렇죠. 가자마자 말썽입니다."

"좀 놔둬보자고. 명색이 고을 수령인데 나쁜 소문이 들려온다고 바로 인사조치하면 어떻게 소신행정을 펴겠나. 기본임기는 보장해줘야지."

셋째, 부정과 탐학을 고발당한 수령에게 관대한 조치를 취했다. 이것은 악행을 방조하려는 것이 아니라 수령들의 사기를 높이고 양반사족들을 억제하기 위한 것이었다.

"전하, 또 변학도에 대해 고발이 들어왔습니다."

"왜 자꾸 그 친구만 말썽이야? 이번에는 뭐야?"

"환곡을 받아 횡령했답니다."

"자식, 정말 못 말리겠군. 그렇다고 파직해버리면 지방 토호들이 수령을 만만하게 보겠지. 일단 벌금을 물리고 감봉 3개월 조치로 끝내도록 해. 자꾸 그러면 암행어사 보낸다고 경고장 하나 보내고⋯⋯."

이런 정조의 조치는 처음에는 별다른 효과를 보지 못했지만 수령들이 차츰 진의를 이해하게 되면서 양상이 달라졌다. 왕의 비호를 받고 있다고 확신한 수령들은 향리세력과 힘을 모아 향촌의 지배체제를 강화해나갔다. 조세와 환곡 등에 사족들이 끼어들지 못하게 하고, 군역에서 빠져나간 사족들을 견제했다. 이에 사족들이 처음에는 강하게 저항했지만 점차 힘에서 밀리게 되었다.

넷째, 측근들을 적극적으로 지방관에 임명했다. 주로 승지나 각신 출신에게 개혁의 사명을 맡겼다. 유득공을 포천 현감, 박제가를 영평 현감, 정약용을 곡산 부사, 박지원을 면천 군수로 임명했다.

"너희가 매일 나더러 경제를 살리라고 했지? 어디 한번 너희 실력을 보여봐."

"그래도 규장각에서 일하는 게 좋은데요."

"누가 그걸 모르나. 하지만 내근관리직도 영업직을 거쳐봐야 회사 돌아가는 사정을 알게 되는 거야. 펜대만 굴리고 있으면 책상물림이란 소리를 듣게 돼."

"임지가 전임 수령들이 하도 버려놓은 데라서……."

"그러니까 더 좋은 기회지. 전가의 보도인 실학을 적용해보란 말이야. 그래서 성적이 좋게 나오면 부장 자리 하나 내줄게. 그래야 주변에서 잡소리들 안 나올 거 아냐."

이렇게 왕이 측근들을 지방 수령으로 임명하면서 승진을 보장하자, 조정의 관리들도 은근히 지방 발령을 기다리게 되었다. 한편 정조는 수령들에게 백성들의 고통을 낱낱이 적어 올리게 한 다음, 승지의 손을 거치지 않고 자신이 곧바로 읽었다.

"문제가 있으면 나와 함께 해결하자고. 말만 많은 사람들은 빼고 말이야."

이것을 응지소(應旨疏)라 하는데, 기밀을 엄수하여 수령들의 부담을 덜어주려는 의도였다. 또 수령이 임기를 마치고 복귀하면 규장각으로 불러 허심탄회하게 이야기를 나눔으로써 현지 실정을 파악하는 것도 정조의 습관이었다.

"음, 그래서 전번에 암행어사가 개판을 쳤단 말이지?"

암행어사 출두요!

– 암행어사제도의 확대 –

조선시대 지방의 수령은 행정권은 물론 제한된 사법권과 군사권을 지닌 무소불위의 권력자였다. 중앙에서 일일이 이들을 통제하기란 불가능했다. 여기에 세종 2년 상왕으로 있던 태종이 금부민고소란 악법을 제정함으로써 수령들은 더욱 큰 힘을 얻게 되었다. 그것은 양반 사대부와 백성의 신분 차이는 천하의 법칙이란 전제 아래 백성들은 종사의 안위에 관련된 일이나 살인사건에 관련된 일이 아니면 수령을 고소할 수 없다는 법이었다.

"세상에 이런 법이 어디 있습니까?"

"왜? 악법도 법이라는 소리 못 들었어?"

"그렇지만 백성도 사람입니다. 수령들이 괴롭히면 비명이라도 지르게 해줘야 하잖습니까?"

"걱정 마. 종종 어사나 내관을 파견해 수령들을 감찰하니까 말이야."

이처럼 조선 초기에는 지방행정을 안정시키기 위해 중앙에서는 수령들의 힘을 강화시키는 정책을 펼치면서 어사를 보내 지방의 행정을 규찰했다. 암행어사제도가 공식화된 것은 조선 중기인 1509년(중종 4년) 때 '4월에 암행어사를 각 도에 보냈다.'는 기록이 처음이다. 조청전쟁 이후 인조 때 활발하게 파견되었고, 영조와 정조 때도 활발하게 운용됐으며, 순조 이후 뜸해졌다가 1892년(고종 29년)에 전라도 암행어사 이면상을 마지막으로 사라진다.

어사는 임금의 사자이다. 그러므로 암행어사란 임금이 수령의 부정을 캐는 임무를 주어 아무도 모르게 보내는 어사를 말한다. 어사는 수의(繡衣), 곧 임금에게 하사받은 비단옷을 입고 공식업무를 수행했다. 종종 난리를 겪거나 토지부정을 조사하거나 기근 구제, 시장 감독을 위해 특별어사를 파견하기도 했다. 이들은 통상적인 어사와 구분해 별견어사라 했다.

암행어사의 실제 벼슬은 그리 높지 않았다. 정3품 이하의 당하관 가운데 주로 승정원, 삼사, 예문관 등에서 선발했기 때문이다. 하지만 임금을 가까이에서 보필하는 신하들이었으므로 권한은 종2품 이상인 감사와 맞먹었다. 이런 조건에 가장 잘 어울리는 관리가 대간인 사헌부의 6품 감찰[45]이었다.

초기에는 왕이 직접 암행어사를 뽑았지만, 1735년부터는 왕이 극비리에 단독으로 임명하는 경우와 대신의 천거로 임명하는 방법이 병행되었다. 하지만 대신들이 당파에 사로잡히고 정실인사가 난무하면서 암행어사 선발도 난항을 겪었을 뿐만 아니라 수령들의 저항도 심해졌다.

"네가 어사라고? 난 이 동네 보스다."

중종 때 황해도 어사 조정경이 강녕현에서 어사출두를 했지만 현감 신붕년은 현청의 문을 열지 않고 버텼고, 영조 때 전라도 암행어사 홍양한은 태인현에서 불법사실을 탐지했지만 어사출두 직전에 점심을 먹다가 갑자기 죽어버렸다. 순조 때는 암행어사 임준상이 강계부에서 구토와 설사를 하다 급서하는 등 암행어사로서의 기능 자체를 마비시키려는 시도까지 있었다. 그러나 제일 큰 문제는 같은 당파인 암행어사와 수령의 결탁이었다.

"우리는 의리파인데 동료를 고발할 수는 없지."

"아무렴, 기왕 내려왔으니 한몫 챙겨서 돌아가게나. 여기는 눈치 볼 사람도 없다네."

"그리고 보니 우리 둘이 손잡으면 못할 일이 없겠구먼."

"그래서 말인데, 며칠 전 김 좌수 영감 딸이 죽었는데 정려문 하나 세워달라더군."

"그거야 누워서 떡 먹기 아닌가. 염려 마시게."

"고맙네. 이따 갈 때 자동차 트렁크 열어두는 거 잊지 말고."

이렇듯 부패한 암행어사가 자당의 수령을 비호하고 효자와 열녀를 조작[46]하는 일이 많았다. 반대로 부정이 드러난 관리가 권세를 등에 업고 반격하는 일도 일어났다. 그로 인해 암행어사의 권위가 흔들리자 어사기피현상이 일어나기도 했다.

"더러워서 암행어사 못 해먹겠네. 차라리 감방에서 며칠 썩는 게 낫겠다."

이런 열악한 풍토에서도 놀랄 만한 용기와 백성에 대한 애틋함을 바탕으로 명성을 날린 암행어사들이 있다. 영웅은 난세에 태어나고 스타

는 밤하늘에 뜨는 법이다. 그 중에도 최고의 스타는 영조 때의 암행어
사 박문수였다. 소론 온건파였던 그는 숙종과 영조 때 암행어사로 활약
하면서 8도를 암행하여 많은 공을 세웠고, 훗날 이인좌의 난이 일어났
을 때 오명항의 종사관으로 공을 세워 영성군에 봉해지고 경상도 관찰
사로 임명되기까지 했다.

"암행어사 박문수 모르면 조선 사람이 아니지."

구비문학에서는 《춘향전》의 이몽룡[47]이 최고의 인기 스타이다. 남원
부사 변학도로부터 정조를 지키려는 춘향이의 유일한 구원자인 이몽룡
은 옛날부터 방각본 소설이나 판소리, 민담 등에서 백성들에게는 탐관
오리를 벌하는 구원자요, 애인에게는 얄밉고 사랑스런 지아비의 모습
으로 나타났다. 그가 변학도의 생일잔치에서 썼다는 시[48]는 당시 수령
들의 수탈이 얼마나 심했는지를 대변해주고 있다.

금잔에 담긴 향기로운 술은 천 사람의 피요,
옥쟁반에 담긴 좋은 안주는 만백성의 기름이라.
촛대에 촛농 흘러내릴 때 백성들의 눈물 흘러내리고,
노랫소리 높은 곳엔 백성들의 원망소리 또한 높더라.

《춘향전》의 절정인 이 장면에서 암행어사 이몽룡이 어사출두를 외치
자 지방 수령들이 꽁지가 빠지게 도망치는 대목에서 백성들은 속이 후
련해지는 느낌을 받았다. 이처럼 백성들은 암행어사 기다리기를 가뭄
에 단비 기다리듯 했다. 그래서 세간에 '어사우(御使雨)'[49]란 말까지 생
겨났던 것이다.

호서 암행어사 심환지

1787년의 어느 날 홍문관 부교리로 일하고 있는 심환지가 숙직을 하고 있는데 정조가 침전으로 불렀다. 영문도 모르고 들어가 보니 왕은 말없이 봉서를 내밀었다. 봉서 겉면에는 '도남대문외개탁(到南大門外開坼)'이라고 씌어 있다. 남대문 밖에 나가서 뜯어보라는 뜻이다.

"너는 이제 암행어사로 임명되었으니 입 꾹 다물고 있어."

그와 함께 왕은 암행어사의 몸가짐과 직무 수행지침을 적은 책과 마패, 유척을 내준다. 마패는 어느 역[50]에서나 역마와 역졸을 부릴 수 있는 증명패이고, 유척은 놋쇠자로서 시체를 검안할 때나 규격에 맞지 않는 부정한 자를 적발할 때 쓴다. 이 마패와 유척이 바로 암행어사의 징표였다.

"대체 어디로 가라는 걸까?"

이제부터 심환지는 기밀유지를 위해 아무도 만나서는 안 되고 집에 들러서도 안 된다. 즉시 도성 밖으로 나가서 봉서 안에 적힌 내용을 읽어야 한다. 만일 봉서를 도성 안에서 뜯은 것이 발각되면 즉시 암행어사 임명은 취

마패 어느 역에서나 역마와 역졸을 부릴 수 있는 증명패로 암행어사의 상징처럼 되어 있다. 마패의 소지자는 마패에 그려져 있는 말의 마릿수에 따라 말을 부릴 수 있었다. 사진 출처_《한국민족문화대백과사전》

소되고 벌을 받게 된다.

"남대문 밖이라고 했으니 남쪽으로 가겠군."

과연 봉서에는 호서지방을 암행 감찰하라는 내용이 적혀 있었다. 호서지방은 오늘날의 충청남도 부여, 연기, 공주, 비인 등지이다. 당시

정조가 심환지를 호서 암행어사로 보내면서 내준 봉서의 내용을 살펴
보자.

호서는 서울과의 거리가 가까워서 소식이 빠르니 기실 어사를
파견할 필요가 없다. 하지만 고을이 쇠잔하고 가난한 데다 최근에
가뭄이 거듭되어 구휼하지 않으면 안 되겠다. 이런 어려운 때 수령
들이 도를 잃으면 시골 백성들의 시름과 원망은 하소연할 데가 없
으리라. 이에 그대를 호서 어사로 보내는 것이니 힘껏 굶주린 백성
사이에 들어가 성실과 거짓을 탐지하고, 또는 외진 마을에 잠입하
여 그들의 애로점과 고통을 알아내라.

잘한 자를 상주고 못한 자를 벌주는 일은 거울과 저울대처럼 공
평하게 시행하고, 착한 자를 표창하고 악한 자를 징계하는 일은 해
와 달이 내리비치는 것처럼 분명하게 거행하라. 위엄은 사납지 않
게 하고 은혜는 유약하지 않게 하여, 호서 한 도로 하여금 조정에
사람이 있음을 알게 하라.

그렇게 암행어사가 한번 길을 떠나면 임무를 완수하기 전까지는 부모
상을 당해도 돌아올 수 없다. 이제부터 그는 주막이나 논두렁에서 수령
들의 비행과 미담을 파악하고 부정한 자가 있으면 관아에 나가 암행어
사 출두를 한다. 그와 함께 수령의 관인을 거두어 직무를 정지시킨 다
음 봉고파직하고 창고에 있는 물건을 증거 삼아 부정을 낱낱이 파악해
야 한다.

탐학한 수령이 있으면 조정에 보고하고 선정을 행한 수령에게는 포상

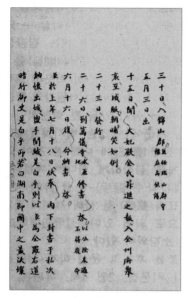

서계 암행어사의 임무수행보고서. 전체 임무수행 과정을 기록한 서계와 별도로 개별적인 사항을 기록한 별단도 함께 보고했다. 1878년 전라우도 암행어사 어윤중의 서계. 사진 출처_《한국민족문화대백과사전》

을 상주한다. 또 토호와 양반의 불법을 적발하여 징치하고 백성의 고통을 알아내 시정책을 건의한다. 억울한 송사나 부당한 곤장, 세금의 과부과, 농사철 부역, 굶주림, 노총각과 노처녀가 왜 혼인하지 못했는지 등 세세한 부분까지 조사한다.

그는 또 미담사례를 발굴하고 효자와 열녀를 찾아내며, 결말이 나지 않은 송사나 재판을 처결하기도 한다. 이는 임금의 권한을 위임받은 수령이 하지 못하는 일을 대행하는 것이다. 모든 임무를 마치면 임금에게 전체 임무수행 과정을 적은 서계(書啓)와 개별적인 사항을 적은 별단을 기록해 보고한다.

호서 암행어사 심환지는 같은 해 4월 8일 임무를 마치고 돌아왔다. 그는 서계에 병사 구세적과 부여 현감 윤득우, 공주 판관 서직수, 비인 현감 이운빈, 연기 현감 최숙, 전의 현감 황윤석에 대한 감찰결과를 보고하고 구세적과 윤득우, 서직수를 잡아다 심문하여 죄를 주고 이운빈, 최숙, 황윤석은 파직시켰다. 또 별단에는 이렇게 적었다.

제가 전하의 명을 받아 호서지방에 가보니 백성들을 구휼할 때 두서없이 너무 많이 뽑았으므로 누락된 자가 없게 하였고, 곡물은 키를 사용해 까불어 지급했고, 장리들이 소금이나 마른 물고기 또는 고깃국을 준비하여 정성껏 돌보았습니다. 이렇듯 모두가 전하의 명을 잘 따르니 전체적으로 유리걸식하는 자가 없고 괴로워하는 백성이 없습니다. 다만 너무 열심히 기민들을 돕는지라 창고가 빌까 걱정입니다.

(중략)

신이 보령 경계의 오서산에 선비 정혁신이란 자가 가난하게 50년을 살면서 고고하게 산다 하기에 찾아가 살면서 알아보았더니 《중용》과 《대학》을 읽으며 70세가 다 되었습니다. 초가집 6, 7간에서 아들은 농사짓고 며느리는 김을 매어 먹고살고 있었습니다. 실로 청백한 선비였습니다. (하략)

이렇듯 심환지가 지방 수령들의 상벌을 분명히 하고 별단을 통해 몇 사람의 인재를 추천하자 정조는 몹시 기뻐했다.

"지난번 호남 어사의 서계에 인재조항이 없어 개탄스러웠는데 이번 호서 어사의 보고를 들으니 참으로 반갑다. 그런 선비를 내 어찌 산중에서 늙도록 하겠는가. 정혁신에게 벼슬을 내려주어라."

이처럼 정조는 암행어사제도를 통해 신하들의 능력을 검증하고, 수령들의 업무파악은 물론 왕명이 잘 시행되는지 살피고, 인재를 발굴하기까지 했다. 심환지는 훗날 노론 벽파의 영수가 되는 인물이다. 당파야 어쨌든 정조는 이런 과정을 통해 그의 뛰어난 업무능력을 인정해주었던 것이다.

"짜식, 실력은 괜찮은데 이데올로기가 문제란 말이야."

정조만의 암행어사 활용법

조선시대에 과거제로 관리를 뽑고 언관으로 하여금 그들의 비리를 탄핵하게 하고, 지방 수령은 암행어사를 통해 통제하는 제도는 관료사회를 장악하고 통치권을 확립하기 위해서였다. 18세기에 강력한 왕권을 수립해 신권을 제압함으로써 정치적 목표를 달성하려 했던 정의의 사도 정조는 역대 왕들 가운데 가장 효과적으로 암행어사제도를 활용한 임금이었다.

집권 중반기부터 그는 암행어사의 감찰범위를 대폭 확대했다. 이전에는 호남이나 호서, 평안도 등 일정지역만 맡게 하던 것을 암행어사가 지나가는 모든 고을로 확대했다. 일례로 1787년 심환지보다 먼저 호남 암행어사로서 도성을 출발했던 심진현은 무주, 담양, 광양이 목적지였지만, 그 사이에 있는 경기도 과천, 광주, 용인, 충청도의 천안, 공주, 이성, 은진, 전라도의 여산, 삼례, 전주를 거쳐 무주 쪽으로 금산, 장수, 운봉, 오수, 남원, 담양 쪽으로 순창, 임실, 광양 쪽으로는 곡성, 옥과, 순천, 여수 등 무려 40개 고을을 감찰했다.

그 과정에서 심진현은 고을 수령뿐만 아니라 상급기관인 광주 부윤, 충청 감사, 전주 영장, 전라 감사까지 감찰했는데, 여기에는 일부 전임

자와 무관인 여수의 전라 좌수사를 포함해서 병사, 첨사, 만호, 찰방(察
訪)[51]까지 44명의 지방관이 포함되었다. 말이 호남 암행어사이지 실제
로는 경기, 충청, 호남의 3도 통합 암행어사였다.

"그쯤 되면 엄청난 권력이겠군."

"말도 마시게. 업무가 너무 많아 허리가 휠 지경이었다네."

정조는 또 암행어사로 하여금 백성들의 생활을 집중적으로 관찰하도
록 명했다. 과거에는 서계를 중시하고 별단을 소홀히 다루었지만, 정조
는 별단의 세부조목까지 자세히 읽었다. 수령들의 비리보다는 민생에
더욱 신경 썼다는 뜻이다.

"수령들의 비리야 셈만 잘하면 찾아낼 수 있을 게 아닌가. 물론 그것
도 중요하지만 백성들이 무엇을 요구하고 있는지 알아오도록 해. 나는
따뜻한 피가 흐르는 정치를 하고 싶은 거야."

"그러면 그럴수록 저희는 괴롭습니다."

"내 장기가 그거야. 신하들을 괴롭히는 것. 그래야 백성들이 편해지
지. 그러니까 암행어사 여러분은 내가 요구하는 시스템에 맞춰 일해주
면 돼."

그처럼 정조는 암행어사의 업무에 자의적인 판단이 들어갈 여지를 없
앴다. 감찰기준을 표준화함으로써 원칙에 입각한 감찰이 가능케 했던
것이다. 여기에 수령의 부정 탐지, 백성에 대한 구휼부문을 추가해 중
앙의 시책이 제대로 시행되는지 감독했다. 이는 본래 별견어사의 임무
였지만 암행어사에게까지 적용시킨 것이다.

"다른 데 눈 돌릴 틈을 주지 말아야 해."

정조는 암행어사의 폐단에도 손을 댔다. 암행어사가 수행군관을 스

스로 골라 데려가던 일을 금지하고 어디까지나 공적인 역졸과 함께 임무를 수행하게 했다. 다시 말하면 이몽룡이 방자를 데려갈 수 없게 만든 것이다. 그리고 어사가 칭찬한 수령이 직무 중 비리가 발견되면 어사를 처벌하는 규정까지 두었다. 암행어사가 수령과 결탁하는 부정을 막기 위해 한 지역에 다시 암행어사를 파견하기도 했다.

"암행어사를 감찰하는 암행어사라니요. 너무 의심이 많은 게 아닌가요?"

"젊은 친구들에게 너무 큰 권력이 쥐어지면 눈이 머는 경우가 많지. 그걸 방지하려고 했을 뿐이야."

정조는 재위 24년 동안 암행어사 60회, 별견어사 53회를 내보냈는데, 절반 정도가 규장각의 초계문신 출신이었다. 심진현이나 이서구, 서영보, 김희순, 정약용, 이조원 등 27명이 그들로서, 각각 한 번에서 많으면 다섯 번에 걸쳐 암행어사로 활동했다.

이렇듯 정조는 한편으로는 지방 수령들을 다독거리고, 다른 한편으로는 암행어사를 수시로 파견하는 이중 플레이를 펼쳤다. 이는 두 집단의 견제를 통해 민생의 안정을 도모하고 왕권을 강화하려는 뜻이었다.

"이게 다 백성들을 위해서야. 그래도 백성들의 비명은 그치질 않았어."

아버지를 아버지라고 불러라

- 서얼허통 -

"소인의 평생 설워하는 바는, 소인이 대감 정기를 받아 당당한 남자로 태어났고, 또 낳아 길러주신 은혜를 입었음에도 아버지를 아버지라 못 하옵고, 형을 형이라 못 하오니 어찌 사람이라 하겠습니까?"

"재상 집안에 천한 종의 몸에서 태어난 자식이 너뿐이 아닌데, 네가 어찌 이다지 방자하냐? 앞으로 다시 이런 말을 하면 내 눈앞에 서지도 못하게 하겠다."

조선의 혁명가였던 허균이 지은 《홍길동전》의 한 토막이다. 서자인 홍길동이 부친에게 자신의 신분에 대한 갈등을 토로하자 야멸치게 꾸짖는 대목이다. 이처럼 조선의 서자들은 제 아버지를 아버지라 부르지 못하고 나리나 대감으로 불러야 했고, 정실부인에게서 나온 이복형제들

로부터 가족으로 인정받지 못할 정도로 천대받았다. 서자들은 아버지
가 적자를 두지 못하고 죽어도 대를 잇지 못할 뿐만 아니라 재산상속이
나 제사는 꿈도 꿀 수 없었다.

"우리도 양반의 자식인데 왜 이런 차별을 받아야 하는 거지?"

"너희에게는 천한 피가 섞였잖아. 그쯤에서 만족하고 그냥 살아."

"왕후장상의 씨가 따로 있다더냐. 최소한의 노력에 대한 보상은 있어
야 될 것 아냐."

"바로 그런 반골기질 때문에 너희가 견제를 당하는 거야. 그걸 왜 몰
라?"

이처럼 서자들은 태생적인 신분의 한계로 인해 아무리 똑똑해도 인정
받지 못하고 평생을 고독과 절망 속에서 살아가야 했다. 통칭 서얼(庶孼)
이라 불리는 그들은 또 양인 첩의 자손인 서(庶)냐, 천인 첩의 자손인 얼
(孼)이냐에 따라 이중의 차별을 받았다.

본래 고려시대에는 서얼에 대한 차별이 거의 없었지만 1415년(태종 15
년)에 첩의 소생은 아무리 양반의 자손이라도 관직에 나갈 수 없도록 하
는 서얼금고법이 제정되면서 본격적으로 차별받기 시작했다.

1413년(태종 13년) 대사헌 윤향이 종친의 서얼 구별문제를 상소한 이래,
1415년 우부대언 서선 등 6명이 '종친과 각품의 서얼 자손은 벼슬자리
에 임명하지 않음으로써 적첩을 분별하라.'는 상소를 올리기에 이른다.
이는 당시 태종이 경쟁자였던 정도전[52]을 서류로 몰아 명예를 깎아내리
려는 분위기에 편승한 것이다.

"정도전은 아비 정운경이 우탁의 계집종을 노상에서 범하여 낳은 자
식입니다."

"그래? 역시 천출들은 뭐가 달라도 다르군. 그러니까 역모를 꾸미고 그러지. 앞으로 걔들에게는 벼슬자리를 주지 말자고."

그로부터 서얼에 대한 차별관념은 더욱 심해져 한품서용(限品敍用)이란 규정이 《경국대전》에 명시되기에 이른다.

첫째, 문무관 2품 이상 관리의 양인 첩 자손은 정3품, 천인 첩 자손은 정5품까지, 6품 이상 관리의 양인 첩 자손은 정4품, 천인 첩 자손은 정6품까지, 7품 이하 관직이 없는 사람의 양인 첩 자손은 정5품, 천인 첩 자손은 정7품까지만 오를 수 있다.

둘째, 서얼은 예전에 과거에서 죄를 지어 영구히 임용할 수 없게 된 자, 장리의 아들, 재가했거나 실행한 부녀의 아들 및 손자 등과 함께 문과, 생원 · 진사시에 응시하지 못한다.

"뭐, 첫째 사항을 보니 아주 차별한 것은 아니구먼."

"처음에는 그래도 눈치를 좀 봤지. 그러다 시간이 지나면서 대문을 꽉 걸어 잠근 거야."

따지고 보면 위의 두 규정은 똑같은 차별의식의 소산이지만, 성립의 내력이 서로 다르고 제정된 시기도 달랐다. 고려시대 초기에는 대체로 일부일처제를 지켰지만 말기에 여러 아내를 거느리는 풍습이 생겨났다. 그런데 조선왕조가 성립되면서 새로운 사회질서를 찾아가는 가운데 여러 자식들의 상속문제가 제기되었다. 그리하여 유교의 일처주의 기준이 힘을 발휘하게 된 것이다.

"조강지처(糟糠之妻)는 불하당(不下堂)이니라."

어려움을 함께했던 아내는 내칠 수 없다는 말이다. 이런 유교적 관념에서 나온 일처주의는 한 사람의 처 외에는 신분이 어떻든 모두가 첩이었다. 이 규정이 절대화되자 여러 처들 사이에 적첩(嫡妾) 구별문제로 심각한 분쟁이 야기되었다. 누가 정실부인이 되느냐가 자신은 물론 자식들의 미래를 좌우했기 때문이다.

"내가 당신과 먼저 결혼했으니까 당연히 정실이오."

"무슨 소리, 내가 장자를 낳았으니 나를 정실로 삼아주세요. 설마 아들을 서자로 키우실 건가요?"

"사랑은 움직이는 거예요. 정실도 사랑을 잃으면 아무 소용이 없잖아요. 제일 사랑하는 저를 정실로 삼아주셔야 해요."

집안에서 이렇듯 처첩들이 서로 다투니 하루도 바람 잘 날이 없었다. 하긴 왕실에서도 왕후 자리를 놓고 벌어지는 이전투구가 무릇 기하이더뇨. 지친 남편들은 해결책을 모색했다.

"첩은 신분이 천한 여자를 얻는 게 좋겠다. 그러면 골치 아픈 문제는 생기지 않을 거야."

고려 말부터 이런 풍조가 퍼지면서 첩의 신분이 양인보다 천인인 경우가 압도적으로 많아졌다. 그와 함께 자기 소유의 계집종을 첩으로 들이면서 그 소생을 천시하는 관념이 널리 퍼졌다.

고려시대에 천첩 소생은 아버지가 양반이라도 종모법(從母法)의 원칙에 따라 노비, 곧 천인이 되어야 했다. 그런데 조선시대에는 국가의 부역을 담당할 인력이 부족했으므로 1414년(태종 14년)에 이르러 공사비 신분으로 양인 남자와의 사이에서 낳은 소생은 아버지 신분을 따라 양인이 되게 하는 이른바 종부법(從父法)이 채택되었다.

"춘섬아, 너는 종이었으니까 내 첩이 된 것만으로도 좋은 거야. 알았지?"

"영감, 하지만 우리 길동이는 어쩌란 말이오?"

"아, 당연히 길동이도 천인이지. 하지만 내가 벼슬이 높으니까 양인 행세는 할 수 있을 거야."

서얼들의 은인 영조

서얼에 대한 극심한 차별 속에서도 조선에서는 《패관잡기》를 쓴 어숙권을 비롯해서 조신, 송익필, 양사언, 양대박 등 서얼 출신으로 도학·행의·문장·충의 등에 뛰어난 인물들이 많이 배출되었다. 주머니 속의 송곳은 언젠가는 밖으로 튀어나오게 마련인 것이다. 그리하여 중종 때의 대학자 조광조가 이렇게 상소했다.

"똑같은 양반의 자손인데 차별하지 맙시다. 저렇게 똑똑한 아이들을 진흙탕에 굴리는 것은 국가적으로 커다란 손실입니다."

이른바 서얼허통(庶孼許通)의 시작이었다. 명종 대에는 처음으로 서얼들이 나서서 양인 첩의 소생들에게 문무과 응시를 허용해달라고 상소했으며, 선조가 즉위한 1567년에도 서얼 1,600여 명이 허통을 요청하는 상소를 올렸다.

"따지고 보면 당신도 서자잖소? 그러니 서얼이 과거라도 볼 수 있게 해주시오."

"쓸데없는 소리, 임금은 하늘이 정하는 거야. 너희와는 차원이 달라."

사실 조선의 국왕들 가운데 선조 이후로는 모두가 서자라 해도 과언이 아니다. 선조의 아버지인 덕흥군은 중종의 후궁인 창빈 안씨 소생이다. 또 영조는 천한 무수리의 소생이다. 그렇다면 정조 또한 서자의 자손이 아닌가.

1583년(선조 16년) 이탕개의 난이 일어나자 병조 판서 이이는 서얼로서 6진 일대의 근무를 지원하는 자는 3년 만에 허통해 과거에 응시할 수 있도록 할 것을 제안했다. 이것이 채택되지는 않았지만 훗날 임진왜란 중에 재정난 타개의 한 방법으로 쌀을 받고 허통해주거나 전공에 대한 포상으로 허통해주는 데까지 발전했다. 그러나 전반적으로 서얼 차별은 변하지 않았다.

"이런 세상은 뒤집어버려야 해."

"맞아, 홍길동이가 괜히 나왔겠어."

급기야 박응서 등 서얼 출신 7명이 광해군 때 역모를 꾀했다가 발각되었다. 이른바 '칠서지옥'이었다.

"저들의 수가 꽤 많아졌는데 그냥 놔두면 안 되겠어."

"그럼 숨통이라도 좀 트이게 해줍시다."

그때부터 서얼허통에 관한 조정의 논의가 일어났지만 그 실적은 미미했다. 1597년(선조 30년)부터 1735년까지 138년 동안 문과 급제자가 42인에 불과한 정도였다. 이에 1695년(숙종 21년) 영남지방의 서얼 988명, 1724년(영조 즉위년) 정진교 등 5,000명이 서얼허통을 해달라고 상소했다.

이와 같은 서얼들의 희망은 드디어 구체적인 반향으로 나타났다. 1772년(영조 48년) 영조는 서얼을 청요직에도 등용한다는 통청윤음을 내리는 한편, 서얼도 호형호부(呼兄呼父)할 수 있게 했다. 또 학교에서 서얼들을 차별하지 못하도록 하는 서치법을 적용하라고 명했다.

"이 조치를 어기는 양반은 역모에 버금가는 형벌을 가하겠다."

"와, 이제야 우리 길동이의 한이 풀리는구나."

영조는 또 서얼도 일반 양반처럼 향안에 이름을 올리는 문제를 해결하기 위해 부심했다. 그렇지만 영조의 노력은 청요직 가운데 가장령(假掌令)·가지평(假持平) 각 한 자리 씩을 마련하는 데 그쳤다. 그만큼 수구세력의 저항이 만만치 않았음을 반증하는 것이다.

1772년, 경상도의 서얼 유생 김성천은 영조의 서얼소통정책에 힘입어 소과에 합격하고 생원자격을 얻었다. 하지만 지역 선비들은 그를 생원이라 부르지 않았고, 서원과 향교에 비치하는 향안에 등록시켜주지 않았다. 이에 김성천은 비슷한 처지의 동료 3,000명 연서로 임금에게 상소했는데, 이를 향곡통청(鄕曲通淸)이라고 했다.

"전하, 쟤들이 어명을 어기고 저를 생원 취급도 하지 않습니다."

"뭐라고? 고연 놈들 같으니라고. 당장 저들을 향안에 등록시키도록 하라."

그러자 채제공이 만류했다.

"전하, 영남 유생들은 고집이 보통이 아닙니다. 억지로 몰아붙이다간 큰일이 납니다."

"에효, 내가 왕 맞아?"

"참으셔야 하옵니다."

"제길, 하는 수 없네. 그럼 당신이 내 대신 성천이에게 미안하단 말 전해주시오."

결국 채제공은 이렇게 발표해버린다.

《대전통편》 정조 9년인 1785년에 《경국
대전》과 《속대전》을 비롯한 법령들을 통합
해 편찬한 통일 법전. 사진 출처_《한국민족
문화대백과사전》

"전하께서 조정은 조정이고 향안은 향안이
랍신다. 세월 좋아질 때까지 더 참아라."

이렇듯 오랜 관행에 젖은 양반 사대부들은 조
금도 차별의 고삐를 늦추려 하지 않았다. 영조
는 또 서얼 출신의 인재를 선전관으로 추천하라
고 명했지만 행수 선전관 백동준이 받들지 않자
그에게 곤장을 치고 군사로 강등시켜버렸다.
그런 다음 이이의 후손인 서얼 이향림과 문벌가
서얼인 서대유 등을 선전관에 임명했다.

"지방은 못해도 서울에서는 내가 왕이다, 이
놈들아. 까불고 있어."

1774년(영조 50년), 영조는 또 양반 집안에서
적자가 없는 경우 양자를 들이지 말고 서자로 대를 이으라는 명을 내리
고 《대전통편(大典通編)》에 수록하도록 했다. 이처럼 영조는 끊임없이 서
얼문제에 관심을 기울였다. 자신의 핏줄에 대한 보상심리 탓이었을까.

정조, 본격적인 서얼허통의 길을 열다

이런 영조의 노력은 서얼들에게 커다란 희망을 안겨주긴 했지만 그
성과는 미미했다. 이에 정조는 본격적으로 서얼허통의 길을 넓혔다.

"해바라기가 해를 향하는데 곁가지라 하여 다르겠느냐. 저들도 다 내
신하이니 그들로 하여금 제자리를 찾게 하라."

1777년, 정조는 이렇게 운을 떼면서 서얼에 대한 문관, 음관, 무관의
관직을 구체적으로 정하여 벼슬길을 넓히라는 명을 내렸다. 그 결과 3

월 21일, 이른바 정유절목으로 불리는 서류소통절목이 반포되었다.

이에 따르면 문반의 분관이나 무반의 첫 천거는 이전과 같이 교서관에서 관장하는 부천으로 하되, 요직 허용은 문반 가운데 호조 · 형조 · 공조의 참상, 음직으로는 판관 이하로 한정했다. 외직에서는 문무 당하관으로 부사, 당상관으로 목사를 허용하고, 음직으로 생원 · 진사 출신자는 군수를 허용해 치적이 있는 자는 부사로 승진시키며, 생원 · 진사출신이 아닌 자는 현령으로 허용해 군수까지 승진할 수 있게 했다. 문신 분관은 예문관에 한정해 직강 이하 직은 제한 없이 처리하며, 무신은 중추부 · 오위장 등을 제한 없이 하도록 했다.

"이제야 우리도 사람 노릇 할 수 있게 되었군."

정조는 이런 규정이 사문화되지 않도록 규장각에 검서관제도를 만든다음 이미 학문이 검증된 서얼들을 그 자리에 임명했다. 그 첫 혜택을받은 사람이 4검서로 알려진 유득공, 이덕무, 박제가, 서이수 등이다. 또 능묘의 제관, 지방 수령 등에 서얼을 임명하고, 이향림을 전라우수사, 이완의 서얼 후손인 이덕형을 선전관으로 임명하는 등 30여 명의서얼을 등용했다.

그의 문치를 도운 초계문신에도 다수의 서얼들을 뽑았다. 그러나 문벌 출신의 인사담당자들이 집단으로 반발하는 바람에 청요직인 사헌부나 사간원, 예문관에 서얼을 입성시키는 데는 실패했다.

"쯧쯧, 있는 것들이 제 밥그릇 챙기는 데는 더 열심이라니까."

1791년 4월, 정조는 희정당에서 초계문신들과 대화를 나누는 자리에서 성균관에 들어온 서얼들이 따로 남쪽 줄에 앉는 전례를 비판했다. 일반 백성들도 성균관에 들어오면 나이순서대로 앉는데, 서얼들은 아

희정당 1791년 4월 정조는 희정당에서 초계문신들과 대화를 나누었다. 이때 서얼들이 남쪽으로 따로 앉는 전례를 비판했다. photo ⓒ 모덕천

무리 나이가 많아도 일반 학생과 차별하는 관행을 지적한 것이다.

"쟤들은 왜 따로 줄을 세우고 있는 거야?"

"서얼과 뒤섞이면 체면이 깎인다고 생각하는 모양입니다."

"그럼 내가 쟤들하고 함께 앉으면 내 체면이 말이 아니겠네?"

"그럴 리가요. 딴에는 저래야 성균관에 질서가 선다고 믿는 모양입니다."

"당장 집어치우라고 그래라. 나이순은 좋다 이거야. 그런데 성적순도 아니고 핏줄순으로 자리를 앉혀? 저러고도 선비라고 목에 힘을 주고 있으니 한심하구나."

정조는 이제 서얼에게도 생원이나 진사가 되고 성균관에 들 자격이 생겼는데 적서의 차별로 자리를 차별하는 것은 옳지 않다고 지적했던 것이다. 그런 다음 정조는 곁에 있는 검서관 이덕무에게 물었다.

"내 생각이 잘못됐냐?"

"천만에 말씀입니다, 전하. 십 년 묵은 체증이 내려간 것 같습니다."

이와 같은 정조의 혁신적인 조치들은 후대에도 많은 영향을 끼쳤다. 1823년(순조 23년)에 이르러 9,996명에 달하는 서얼 유생들이 집단적으로 허통 요청을 상소하자, 순조는 계미절목을 통해 좌윤 · 우윤, 호조 · 형조의 참의, 병사 · 수사 등의 직도 허용했다. 또 승정원에도 가주서(假注書)를 두어 서얼의 자리로 삼게 했다.

1827년(순조 27년)에는 대리정청에 나선 효명세자가 일체의 서얼허통을 명령하기까지 했다. 이와 같이 서얼허통에 관한 중앙정부의 정책은 계속되었지만, 오랫동안 이어져 내려온 폐습은 좀처럼 허물어지지 않았다.

"천한 것들이 양반 흉내를 내려고 하네."

"세상이 뒤집혀도 첩의 자식은 첩의 자식일 뿐이야."

이렇게 고지식한 양반들의 시각은 조금도 변하지 않았다. 때문에 서얼의 집단상소는 그 뒤에도 꼬리에 꼬리를 물고 이어졌다. 1848년(헌종 14년)과 1851년(철종 2년)에 각각 9,000명이 참가하는 대규모의 상소가 있었다.

마침내 1894년(고종 31년) 갑오경장에서 적 · 첩 양쪽에 모두 아들이 없을 경우에 양자를 허용하고, 과녀의 재가도 허용하는 한편, 공 · 사 노비제도를 혁파했다. 조선의 뿌리 깊은 서얼차별은 그렇게 종언을 고했

던 것이다. 하지만 그것은 이미 망국으로 향해가던 조선의 힘겨운 몸짓
일 뿐이었다.

"그러고 보니 길동이도 서러웠겠지만 꺽정이는 얼마나 더 서러웠을
까?"

"그렇군. 서얼보다는 노비가 훨씬 더 비참한 신세였으니……."

사람 위에 사람 없다

- 노비제도의 혁파 -

"채 선생님, 우리 이제 노비제도를 없애버립시다."

"아니 전하, 그게 무슨 말씀이십니까?"

"내가 등극하던 해 미국이란 나라가 독립했잖소. 그 독립선언서에 모든 인간은 자유와 행복을 추구할 권리가 있다는 내용이 있었소. 그걸 우리가 먼저 써먹어보자고요."

"그럼 노비를 모두 양인신분으로 바꾼다는 건가요?"

"그렇지. 관노비나 사노비 모두 해방시킵시다."

"관노비로부터 받던 신공을 받지 못하면 국가재정에 심각한 문제가 생깁니다."

"내참, 그들이 양인이 되면 신역이 부과되니 그것으로 충분히 충당할 수 있잖소. 가뜩이나 양인들이 부족한 판국인데."

"관노비는 그렇다 해도 사노비를 없애면 주인들의 반발이 엄청날 텐

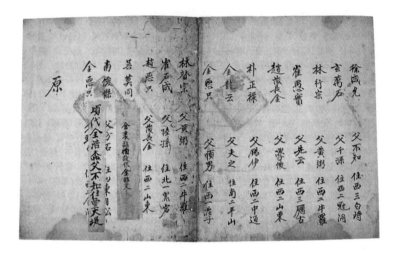

노비문서 정조는 관노비와 사노비를 모두 해방시키자는 혁명적인 발상을 했다. 그러나 노론 벽파의 벽에 부딪혀 뜻을 이루지 못하다가 정조 사후 정책이 실행되었다. 그나마 사노비는 이 혜택을 받지 못했다. 전남 장성군 필암서원 소장. 사진 출처 《한국민족문화대백과사전》

데요?"

"그래도 나쁜 제도는 바꿔야지."

"갑자기 시행하면 쿠데타가 일어날지도 모릅니다."

"그러니까 조금씩 건드리다가 어느 날 확 바꿔버리자고요. 그때 심하게 버티면 남북전쟁이라도 하지, 뭐."

《태조실록》에 기록된 노비유지론의 명분론에는 노비에 대해 이렇게 적고 있다.

　　노비는 풍교에 도움을 주고 내외를 엄하게 하여 귀천을 구분할 수 있도록 하는 존재요, 예의의 실천기반이다.

정조는 이 선언에 고개를 저었다. 그는 당대의 최하층민인 노비 역시 조선의 백성이라는 첨단 사고방식을 갖고 있었다. 대대로 불행을 대물림하고 있는 그들을 자유롭게 해줌으로써 국력을 더욱 끌어올릴 수 있음을 확신했다.

"얼어죽을 무슨 귀천, 한 줌도 안 되는 양반들이 떵떵거리고 사는 나라가 대체 무슨 나라란 말이냐?"

어쩌면 그는 박지원의 수많은 저작을 통해 나타난 양반들의 허위의식을 누구보다도 깊이 통찰하고 있었는지도 모르겠다. 그만큼 순박한 조선의 백성들에 대한 정조의 연민은 깊이를 잴 수 없을 정도였다.

"노비 이제 그만 잡으라고 해라. 걔들도 사람이다."

1778년(정조 2년), 정조는 도망친 노비를 뒤쫓는 노비추쇄도감(奴婢推刷都監)을 폐지하는 한편 내수사에서 보관하는 노비대장인 선두안(宣頭案)을 승정원을 거쳐 보고하도록 했다. 그 자신이 실정을 파악해 비합법적으로 노비를 만드는 폐단을 막기 위해서였다.

정조는 노비가 일정기간을 채우면 양인이 된다거나 과거를 통해 세상에 나올 길을 열어주는 것, 신공을 균역청에서 대신 내주는 의견 등은 미봉책에 불과하다고 여겼다. 그래서 정책의 주도권을 쥐게 된 그는 노비제도 폐지라는 획기적인 발상을 하기에 이른다.

이런 정조의 개혁정책은 매우 적극적으로 추진되었고, 노론 벽파도 크게 반대하지는 않았다. 그들도 급변하는 사회 분위기에 언제까지 눈감고 있을 수만은 없었던 것이다. 하지만 정조가 갑자기 죽자 이 문제에 대해 다시금 갑론을박이 일어났다.

"노비법안은 전번에 폐지하기로 결정했잖소?"

"여론조사를 해보니 피해를 보시는 양반들이 많았소. 그러니 재고합시다."

그리하여 정조 사후 1년 뒤인 1801년(순조1년), 드디어 내수사와 중앙 관서에 소속된 노비가 해방되었다. 이렇게 관노비는 폐지되었지만 사노비는 제외되었다. 이처럼 노비의 완전해방이란 명제가 반 토막 나버린 것은 당시 조정의 의사결정 주체가 정조의 개혁노선에 치를 떨었던 노론 벽파였기 때문이다.

"우린 노비 없이 못 살아."

경제 민주주의를 시작하자

- 신해통공 -

18세기 농촌은 이앙법의 보급으로 인해 잉여농산물이 늘어나면서 시장에 상품이 넘쳐났다. 또 호미나 낫을 만드는 철 수공업을 비롯해 각종 제조업이 발달하면서 전국에 장터가 1,000여 개 이상 생겨났다. 이에 발맞추어 화폐 사용이 대중화되자 상업의 발달은 필연적인 대세가되었다. 여기에 한양의 인구증가도 한몫을 했다. 17세기에 15만 명이던 서울 인구는 18세기에 30만 명으로 두 배가 되었다. 이로 인해 시전이라는 제한된 시장으로는 수많은 백성들의 다양한 수요를 충족시킬 수없게 되었다.

"김 사장, 이번에 급히 종이 1,000장이 필요한데 대줄 수 있나?"

"그렇게나 많이? 우리는 200장밖에 없는데."

"거참, 그래가지고 무슨 장사를 하겠나. 에이, 송파 쪽에다 알아봐야겠군."

이렇듯 사람들은 불친절하고 값비싼 시전보다는 활기찬 난전을 선호하게 되었고, 시장경제의 축은 자연스럽게 난전 쪽으로 이동할 수밖에 없었다. 난전도 우후죽순처럼 생겨나 규제 일변도의 시장정책으로는 도저히 제어할 수 없는 지경에 이르렀다. 정조의 신해통공은 이런 시대의 요구에 부응한 시기적절한 정책이었다. 이 정책은 1794년의 갑인통공과 같은 후속조치를 통해 확고하게 자리 잡는다. 정조는 이와 같은 통공을 통해 조선의 상업을 발전시키고 기득권층을 견제하며 왕권을 강화하는 등 세 마리의 토끼를 잡았던 것이다.

"경제 민주주의를 시작하자 이거야."

금난전권을 철폐하라

조선의 경제정책은 국가주도로 행해졌다. 당연히 상업활동도 국가에서 지정받은 시전 상인들에 국한되었다. 독점권을 가진 상인들은 그에 상응하는 부역과 조세를 담당했다. 그것은 농업을 장려하는 나라의 기본방침 때문이었다. 하지만 시전을 중심으로 하는 계획경제만으로는 시대 변화에 부응할 수 없다고 판단한 조정에서는 난전, 즉 자유시장을 장려하는 조치를 취하기 시작했는데, 그 구체적인 정책이 통공(通共)이었다.

통공이란 '양쪽을 모두 통하게 한다.', 곧 경제행위에서 특권 상인에 의한 독과점 행위를 폐지하는 조치이다. 생산자와 소비자 사이의 장벽을 없앰으로써 모두가 행복한 상거래 분위기를 조성하겠다는 것이다. 이 조치는 영조 때도 몇 차례 실시되었지만 권세가들의 비호와 부유한 상인들의 반발로 인해 별다른 효과를 거두지 못했다. 정조는 이런 경제

상황을 예의주시하고 있었다. 그러자 당시 독상으로 활약하고 있던 채제공이 적극적으로 나섰다.

"전하, 광에서 인심 난다고 했습니다. 가시적인 경제개혁 조치를 취해야 합니다."

"그걸 누가 모르나요. 하지만 반발이 심할 텐데 좀 부담스럽군요."

"지금 아니면 늦습니다. 시전을 견제해야 합니다."

"자칫하면 게도 잃고 구럭도 잃을 수 있는데……."

"제가 책임을 지고 나서겠습니다."

"그럼 안심입니다. 적극 도와 드리지요."

정조와 협의를 마친 채제공은 공식적으로 다음과 같은 개혁안을 상주했다.

"요즘 도성의 백성들이 시전 상인들의 횡포 때문에 고통이 심합니다. 매점매석은 물론이고 난전 상인에 대한 핍박이 이만저만이 아닙니다. 금난전권(禁亂廛權) 폐지합시다. 또 그들은 관부와 권세가와 결탁하고 있으니 그 폐해가 나라를 심히 좀먹고 있습니다. 의정부와 포도청 합동 조사본부를 꾸려 철저하게 조사합시다. 마지막으로 평시서(平市署)로 하여금 최근 생긴 시전들을 적발해 허가 취소조치를 내리게 합시다."

"채 선생님, 이거 도수가 너무 센 거 아닙니까?"

"고양이 목에 방울 달라고 하신 게 누구십니까?"

"하하, 너무 마음에 들어서 하는 말입니다."

정조는 즉시 채제공의 건의를 신하들에게 공표하고 토론에 붙였다. 채제공에게는 백성들의 살림과 중소 상인들의 이익, 저자의 번성이라는 명분이 있었다. 그러자 노론의 대표적인 반 채제공파인 평시서 제조

3부 이것이 개혁이다 |

김문순이 시전 상인들의 권리보호를 명분으로 딴죽을 걸고 나섰다.

"시전이 부실해지면 그동안 그들이 담당해온 국역은 어떻게 감당할 것이오?"

"그것은 현재 조정의 재정으로도 충분히 해결할 수 있소. 국고 열어 보여드릴까요?"

이렇듯 양측이 첨예하게 맞서자 정조는 중립적인 입장에서 문제를 처결했다.

"일단 좌의정의 건의대로 새로운 통공조치를 실시한 다음 문제가 생기면 고쳐나가기로 합시다."

"그게 좋겠습니다."

그렇게 해서 신해년인 1791년, 정조는 다음과 같은 통공조치를 취했다.

첫째, 시전 상인들은 금난전권을 빙자해 소상인들을 괴롭히지 못한다.

둘째, 수십 년 안에 생겨난 소소한 시전은 혁파한다.

셋째, 육의전 이외의 시전은 금난전권을 행사할 수 없다.

신해통공의 효과는 금세 나타났다. 이튿날 어물전의 물가가 하락했고, 5개월 후에는 장작 값이 옛날 수준으로 돌아섰던 것이다. 이처럼 물건 값이 싸지자 백성들의 씀씀이가 늘어났고 시장이 활기를 띠기 시작했다. 그와 함께 난전을 단속해 주머니를 불리던 부패한 군관들과 아전들이 힘을 잃었다. 이는 그들을 지원하던 권세가들, 곧 노론 가문의 타격을 의미했다.

이에 고무된 채제공은 5개월 뒤 육의전을 제외한 시전을 완전히 없애 버리고 이를 관장하던 평시서까지 혁파하자고 요청했다. 남인의 영수인 그는 이참에 노론의 경제적 기반을 완전히 뒤엎으려는 생각까지 하고 있었다. 하지만 정조는 이를 거부했다.

"채 선생님, 냉정을 되찾으시죠. 이건 당파문제가 아니라 국가문제입니다."

난전의 성장

조선의 상업은 숙종을 거쳐 영·정조 대에 이르러 비약적으로 발전한다. 이는 조선 후기 사회 전체의 변화를 예고하는 것이었다. 그 단초는 시전과 구별되는 난전세력, 특히 송파와 경강지역의 난전에 의해 제공되었다.

당시 한강변은 전국의 물산이 이합집산하는 상업의 요지였다. 그 중에서 한양을 돌아 흐르는 광진, 광나루에서 양화진까지를 경강이라고 했다. 경강은 다시 남산 남쪽 일대에서 노량진까지를 한강, 노량진 서쪽에서 마포나루까지를 용산강, 마포나루 서쪽에서 양화진까지를 서강이라고 구분해서 불렀는데, 그 세 곳의 교역이 제일 활발했다.

용산강은 경상도, 강원도, 충청도, 전라도 등지에서 조세로 바치는 곡물을 싣고 오는 세곡선의 종착지였고, 시탄과 목재, 소금 등이 주로 거래되었다. 훈련도감 군인들에게 월급으로 나누어주는 곡식의 창고인 별영청도 용산에 있었다. 마포나루는 한양 최대의 어시장으로 서해안과 한강 상류를 연결하면서 쌀과 채소, 새우젓, 절인 생선을 주로 취급

밤섬과 마포나루 밤섬에는 한강 최대의 조선소가 있었으며, 서해안과 한강 상류를 연결하는 마포나루는 당대 최고의 물류 시스템을 갖추고 있었다. photo ⓒ 모덕천

마포나루터 비 photo ⓒ 모덕천

했다. 또 서강의 양화진도 마포나루와 비슷한 품목을 거래했다. 그 외에 서빙고는 얼음창고로 유명했고, 옥수동 쪽에 있던 두모포에서는 땔감과 목재, 고추, 마늘 등을 취급했다.

16세기 이후 경강변의 변화 원인은 무엇보다도 인구증가에 있었다. 경강지역을 오가는 선박이 2,000여 척이 넘었고, 그에 따라 상인들 외에도 밤섬의 조선소들은 선박의 제작과 수리로 호황을 누렸다. 또 술집이 600~700개가 넘었는데, 술 빚는 데 쓰인 쌀이 1년에 수만 석이 넘었으며, 술항아리가 1,000개를 넘는 술집도 있었다.

경강지역이 상품유통의 통로로 도약하면서 삼남과 영동의 길목인 송파장[53], 동북지역으로 가는 양주의 누원점, 포천의 송우점이 함께 흥성하기 시작했다. 당시 송파는 남한산성과 가까운 군사적 요충지였으므로 조정에서는 의도적으로 백성들을 묶어두기 위해 장을 활성화시켰다. 때문에 송파장은 조선 최대의 장터로 성장했다. 날마다 미곡, 목재, 석재, 과일, 약재, 도자기, 목면, 마, 연초 등의 지방 토산물이 올라왔고, 한양의 생선, 소금, 고급 옷감 등이 전국으로 내려갔다

"송파장에는 없는 것이 없다며?"

"암, 전번에는 노새 새끼까지 팔더구면."

"그 잘난 체하던 운종가 상인들 배가 좀 아프겠네."

시전의 몰락

시전(市廛)이란 조선왕조가 개성에서 한양으로 천도하면서 국가지정 시장으로 건설된 것이다. 1412년(태종 12년)부터 조성된 시장은 2년 뒤 종루에서 남대문, 종묘 앞에서 동대문에 이르는 2,500칸이 넘는 거대한 상가로 완성되었다. 이 시전거리에는 사람들이 아침부터 구름처럼 몰려들고 흩어졌으므로 운종가(雲從街)라고 불렸다. 그리하여 운종가는 오늘날 베이징의 왕푸징 거리나 서울의 명동같이 한양 최대의 번화가로 자리 잡았다.

"김 대리, 수고 많았어. 오늘은 내가 운종가 피맛골에서 한잔 사지."

"내참, 운종가에서 뺨 맞고 마포나루에서 눈 흘기는 꼴이구면."

시전은 육의전(六矣廛)이라고도 불렸는데 가게[54]에서 비단, 면포, 명주, 종이, 모시, 어물 등 여섯 가지의 중요한 품목을 취급했기 때문이

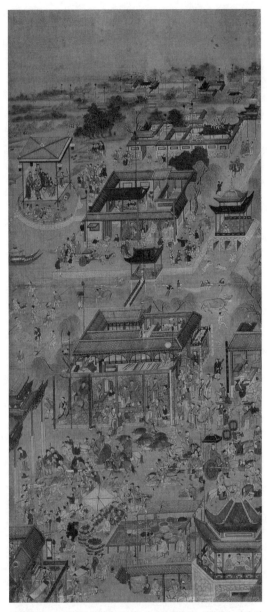

태평성시도 18세기의 번화한 도성을 묘사한 풍속화. 시전이 늘어서 있
던 운종가의 옛 모습을 연상시킨다. 작자 미상. 국립중앙박물관 소장.

다. 그 가운데 종각 부근의 선전에서는 중국 비단을 팔았고, 청진동 근처의 저포전에서는 모시, 지전에서는 종이를 팔았다. 보신각 뒤쪽에 있는 포전에서는 삼베 등을 취급했다. 이들은 나라에서 일정한 특권을 주는 대신 필요한 물품을 바쳐야 할 의무가 있었다. 시전을 관리하는 관청인 평시서에서 세금을 정해주면 시전의 대표인 대행수가 이를 거두어 바쳤다.

"조 대감, 내일 청나라 사신이 도착한답니다."

"아니, 갑자기 걔들이 무슨 일로 온답니까?"

"그야 뻔하지요. 한몫 챙기려는 심사가 아니고 무엇이겠습니까?"

"제길, 야단났군. 국고가 텅텅 비었는데 뭘로 대접을 한담."

"별 수 있나요? 이번에도 종로상회 박 행수에게 손 좀 벌려야지요."

시전은 이렇게 갑작스런 나라의 행사에 쓰일 물품을 조달하는 긴급창구의 역할을 담당했다. 이는 전란으로 인해 조정의 재정이 바닥났고, 종래의 중요한 세원인 토지세나 인두세가 잘 걷히지 않자 육의전에 전매권을 부여했기 때문이다. 그에 따라 시전은 한양에 들어오는 모든 상품에 대한 독점권을 갖게 되었고, 한양에서 거래되는 모든 상품은 시전을 통해야 했다. 이를 어기면 난전(亂廛)이라 하여 처벌되었다.

시전의 대행수에게는 난전을 적발해 물건을 압수하고 난전 상인을 체포해 평시서나 형조로 넘기는 경찰기능까지 주어졌다. 그로 인해 지방 상인들은 한양에서 물건을 팔기 위해서는 항상 시전의 비위를 맞추어야 했다.

"김 행수님, 저희가 가져온 굴비가 썩어가고 있습니다. 제발 늦기 전에 매입을 해주십시오."

"함 선장, 우리는 이달 치 전량 매입 끝냈어. 다른 가게에 알아보게."

"건어물은 김 행수님 시전에서만 취급하잖습니까?"

"물론이지. 자네 그걸 난전에 넘기면 어떻게 되는지 알고 있겠지?"

"암요. 하지만 이번에 물건을 못 팔면 저희는 망합니다요."

"그럼 내가 사정을 봐줄 테니 반값에 넘기게. 아니면 말고."

이런 식으로 시전 상인들은 지방 상인들을 괴롭히며 폭리를 취했다. 이와 같은 금난전권의 폐해는 조정에서도 잘 알고 있었다. 하지만 조정의 각 부에 필요한 물품을 대왔던 시전 상인들의 권리를 함부로 빼앗을 수 없었다. 그래서 값비싸고 긴요한 물건들만 난전을 못하게 하고 나머지는 자유롭게 거래할 수 있는 대책을 마련했지만 시전 상인들의 반발이 거셌고, 그들로부터 정치자금을 갈취해온 대신들의 반대 또한 만만치 않았다.

영조가 공시인순막이란 제도를 통해 시전 상인과 관리들의 야합을 적발해 엄벌에 처했지만 이미 관행이 되어버린 부정은 근절되지 않았다. 그러므로 정조는 예의 신해통공이라는 극약처방으로 정경유착의 뿌리를 뽑아버림으로써 시전의 횡포를 종식시키고 누구나 자유롭게 상업에 종사할 수 있게 했던 것이다.

"이젠 누구나 부자가 될 수 있어. 장사 수완만 있다면 말이지."

억울하게 맞아 죽는 이가 없게 하라

- 사법제도의 정비 -

"상감마마, 이 억울함을 제발 풀어주십시오."

어느 날 정조가 창덕궁 밖으로 행차하는데 한 여인이 징을 두드리며 소리를 쳤다. 격쟁이었다. 당황한 나졸들이 그녀를 밀어내려고 했지만 그녀는 완강하게 저항했다. 하루가 멀다 하고 어가를 기다리며 격쟁한 지 벌써 열 달째였다. 드디어 정조가 그녀를 불러 물었다.

"그래 무슨 억울한 일을 당했는고?"

"저는 창원지방의 선비 정준의 아내 유씨입니다. 남편이 탐관오리 이여절에게 억울한 죽음을 당했기에 그 억울함을 씻고자 이렇게 나선 것입니다."

이렇게 해서 사건의 전말이 백일하에 드러났다. 창원 부사 이여절은 부임하자마자 사람들을 마구 잡아들여 혹독한 고문을 자행했다. 그래서 30여 명이 물고가 나고 풀려난 이들도 장독으로 죽은 이가 많았다.

그 만행이 극에 달하자 어느 찰방이 감영에 보고하려 했지만 부사의 방해로 실패했다. 이에 찰방은 보고서를 직접 만들어 감영으로 달려갔다. 그 일로 앙심을 품은 부사는 그의 동조자 두 사람을 찾아내 집을 헐고 창원 밖으로 쫓아냈다. 이윽고 경상 감영에 불려가 조사를 받게 된 이여절은 미리 고을의 좌수와 이방을 동원해 백성들의 이름으로 서울의 비변사에게 소청을 올리게 했다.

"우리 원님이 선정을 베풀었으니 유임시켜주십시오."

그렇게 해서 이여절은 자리를 지키는 데 성공했다. 하지만 제 버릇을 고치지 못하고 조세 납부기한을 넘긴 백성들을 잡아다 매질을 했다. 이에 분개한 정준이란 선비가 좌수에게 달려가 따졌다.

"30여 명의 원혼이 구천을 떠도는데 저런 자의 유임을 청하다니 당신 제정신이오?"

"백수 주제에 감히 나를 음해하다니 괘씸하다."

이 이야기를 전해들은 이여절은 이를 갈았다. 이듬해 흉년이 들자 그는 재앙을 조사하는 일에 선비들을 동원하면서 정준을 포함시켰다. 그런 다음 조사가 부실하다는 이유로 정준에게 곤장을 쳤다.

"너는 일개 서생으로 관장을 모해하고 시비를 주동하며 관의 일을 방해했으니 죽어 마땅하다. 애들아, 매우 쳐라."

이여절은 나졸에게 곤장이 부러져 나가도록 치게 했다. 정준은 결국 혹심한 형벌을 감당하지 못하고 죽고 말았다. 이여절은 이 사실을 은폐하기 위해 경상 감영에 급히 보고했다.

"정준이 엉터리 조사를 해서 관을 능멸했습니다. 그런데 심문 도중 죽었으니 어찌 해야 합니까?"

그러자 감사는 통상 있는 일이라 하여 경고조치로 사건을 종결시켰다. 이여절의 교활한 술책이 효과를 거둔 것이었다. 유씨로부터 이처럼 억울한 사연을 들은 정조는 이여절을 위원군에 유배를 보냈다. 이는 지방 수령들에 대한 그의 일관된 정책과 백성들의 원한을 풀어주려는 선정 사이에서 고심 끝에 내린 결정이었다.

"안타깝게도 저자를 죽이면 다른 수령들을 내버려둘 수가 없게 된다. 저 수많은 미꾸라지들을 어찌하면 좋을까."

형벌을 공평하게 하라

"이런 주리를 틀 놈이 있나."

"저런 나쁜 놈은 물고를 내야 해."

"육시를 할 놈 같으니."

사람들이 보통 흉악한 범죄자를 향해 내지르는 욕설이다. 하지만 주리를 튼다든지 물고를 낸다는 말은 대단히 위험한 말이다. 곤장을 맞거나 주리를 틀리다 죽는 경우가 물고(物故)이기 때문이다. 또 육시(戮屍)란 이미 죽은 사람의 시체를 다시 목 베는 극단적인 형벌이다. 여기에 사지를 찢는 능지처참형이나 죽은 사람을 무덤에서 꺼내 토막을 내는 부관참시형에 이르면 차마 눈 뜨고 보지 못할 지경에 이른다. 끔찍하기로 둘째가라면 서러워할 증살형도 있다. 큰 솥에 물을 끓인 다음 죄인을 삶아 죽이는 형벌이다. 이런 비인간적인 형벌은 중국의《대명률》에 의거한 것으로, 사실 동방예의지국인 조선에서는 거의 행해지지 않았다. 다만 회초리로 때리거나 곤장, 주리 틀기 등의 형벌은 일상적으로 행해졌다.

죄인의 볼기와 허벅다리를 번갈아 치는 곤형의 집행을 위해 만든 나무형구를 곤장이라 하는데 조선 후기에는 지방 군사권을 쥔 감사나 부사가 있는 곳에서, 주로 군무(軍務)에 관한 범죄에 한해 사용되었다. 태형에 쓰는 작은 가시나무 회초리를 태(笞), 장형에 쓰는 큰 가시나무 회초리는 장(杖)이라고 한다. 그런데 곤장은 이보다 훨씬 길고 두껍다. 반드시 버드나무로 만들었는데 크기나 너비에 따라 중곤(重棍), 대곤(大棍), 중곤(中棍), 소곤(小棍) 및 치도곤(治盜棍)이 있다.

"저런 치도곤을 앵길 놈이 있나."

이런 옛날의 욕설에 섞여 있는 치도곤은 가장 큰 곤장으로, 국유림의 소나무 벌채범이나 정치범 등에게 사용되었다. 치도곤을 맞으면 곧 죽음에 이른다고 봐도 무방했다. 실제로 수많은 범죄자들이 곤장으로 목숨을 잃곤 했다. 《경국대전》에는 다음과 같이 형벌에 대한 명확한 규정이 있지만 거의 지켜지지 않았다.

재판을 거쳐 형이 확정되는 기간은 죽을죄를 범했을 때 30일, 유배형에 해당하는 죄는 20일, 장형, 태형에 해당하는 죄는 10일 안에 처결해야 한다. 심문을 할 때는 일정 규격의 곤장을 사용해 무릎 아래를 때리되 관절을 때려선 안 된다. 또 한 번에 30대 이상은 치지 못한다. 3일 안에는 재차 곤장을 칠 수 없다. 태형에는 회초리만 사용한다.

더불어 온몸을 난타하는 난장(亂杖)을 금하고, 죽을 위험이 있는 죄인에게는 곤장을 치지 않도록 했다. 곤장은 감영과 군영 등 군사를 지휘

하는 상급 지방 수령만 시행하고 현감이나 현령 등 낮은 수령들은 태형
50대만 시행할 수 있었다. 절도사 이외에는 발바닥에 곤장을 치지 못했
다. 또 장형과 태형이 선고된 죄인에게는 면포를 받고 형을 면제해주는
벌금형을 적용할 수 있게 했다.

역모를 꾸민 무리와 명화적, 강도, 절도죄를 저지른 자에게는 압슬,
난장, 주뢰, 낙형 등의 고문이 가해졌고, 얼굴에 강도라는 글자를 새기
기도 했다. 반대로 관리가 함부로 형을 시행하면 곤장 100대를 쳤고,
죄인을 죽이면 곤장 100대와 함께 향후 관리가 되지 못하도록 제도화했
다. 이와 같은 규정은 죄인의 인권을 보호하기 위한 최소한의 장치였다.
그러나 감사, 부사들은 수시로 규격보다 큰 곤장을 썼고, 한성부나 포
도청에서는 곤장을 마구잡이로 사용했다. 그리하여 죄인들이 물고가
나는 경우가 많았다.

"아아, 돈 없는 놈은 맞아 죽어야 하는 세상입니까?"

"제발 죄 지은 만큼만 벌을 주십시오. 좀도둑질하다 잡혔는데 곤장은
너무 심하지 않습니까? 벌금으로 안 될까요?"

"심문할 때 고문이 너무 가혹합니다. 이러다 감옥에 가기도 전에 죽
겠습니다."

이렇듯 법이 제대로 시행되지 않아 원성이 드높아지자 영조는 압슬
형, 주뢰형, 자자형, 난장형, 불로 지지는 형벌을 금했고, 유배형을 받
은 죄인의 가족이 연좌되는 조항을 없앴다. 또 심문받는 죄수를 결박하
지 못하게 했으며, 규정을 어긴 관리를 엄하게 다스렸다. 하지만 이와
같은 명령은 아래로 내려갈수록 지켜지지 않았다.

"이러다 내 백성들이 다 맞아 죽지 않으면 병신이 되겠구나."

《흠휼전칙》 형구(形具)의 규격과 품제를 정해서 실행하도록 규정한 법률서. 장서각 소장.

백성들의 억울한 사정을 알고 있던 정조는 즉위 이듬해 형벌의 도구나 형량에 대해 자세하게 그림과 글로 기록한 《흠휼전칙(欽恤典則)》이라는 책을 펴냈다. 문란해진 형벌 기준을 바로잡기 위함이었다. 정조는 형벌에도 절도가 있어야 한다고 여겼다. 관에서 하는 일은 무엇이든 공명정대하게 실행해야만 백성들의 신뢰를 얻을 것이었다.

"범죄를 처결할 때 후하거나 박해서는 안 된다. 나는 언제나 살릴 수 있는 데서 살리기를 바라지, 꼭 죽여야 할 때 살리기를 바라지 않는다. 나는 반역죄인 명단에 올라 있는 사람이 아니면 죄다 죄명을 벗겨줌으로써 조정에는 사형에 걸린 사람이 없고 세상에는 피해를 보는 집이 없게 하려는 것이다."

당시 세간에서는 양반 사대부 가문들이 백성들에게 사적으로 형벌을 가하는 사례가 많았다. 그것은 국가의 형벌권을 무시하는 행동이었다. 정조는 이런 사형을 억제하고 국가형벌권을 강화하기 위해 전력을 다했고, 그 결과물로 나타난 것이 《흠휼전칙》이다. 이 책에는 죄의 경중에 따라 다른 크기의 곤장을 쓰도록 규정되어 있는데, 이는 《경국대전》이나 《속대전》에는 없는 내용이다.

"죄수들에게 형틀을 씌우지 못하게 하라."

"신문기간 동안 감옥에서 결박을 금하라."

"범죄자 처자의 연좌제 적용을 금하며, 유
배지에 따라가 수발을 들 수 있게 하라."

정조는 그와 함께 책에 회초리나 곤장, 쇠
줄의 크기나 굵기, 너비, 무게 따위를 그림과
함께 그려 알렸고, 수시로 수령에 대한 감찰
을 통해 규격에 어긋나는 도구는 모조리 거두
어들였다. 또 1785년에는 《대전통편》을 편
찬하여 부족한 법조문을 보충함으로써 백성
들이 억울하게 처벌당하는 것을 규제했다.

《증수무원록》에서 《흠흠신서》까지

영 · 정조 시대에는 법의학에서 획기적인
발전이 있었다. 일찍이 세종은 원나라의 왕

《증수무원록언해》 중국에서 들여와 사용하고
있던 《무원록》을 우리 실정에 맞게 고쳐 쓴 법
의학서. 규장각 소장.

여가 저술한 《무원록(無寃錄)》에 주를 단 《신주무원록(新註無寃錄)》을 편
찬하여 시체검안이나 사망원인을 규명하는 데 쓰도록 했다. 그런데 이
것이 우리의 실정에 잘 맞지 않고 너무 간단해 적용하기가 어려웠다.
이에 영조는 1748년 구택규에게 명하여 내용을 보충하고 용어를 바로
잡아서 《증수무원록(增修無寃錄)》을 발간하게 했다. 1792년에는 서유린
의 주관으로 언해본을 간행해 지방 감영을 통해 널리 배포했다.

"범인은 반드시 증거를 남긴다. 과학수사를 통해 누명을 쓰는 사람이
생기지 않도록 하라."

그때부터 우리 실정에 맞는 임상과 검시의 과학적 접근이 가능해졌고
공정성을 확보했다. 과학수사의 기틀이 되었던 《증수무원록》의 실상은

영화 〈혈의 누〉나 드라마 〈다모〉, 〈별순검〉 같은 작품에서 잘 묘사되어 있다. 그 중에 기록으로 남아 있는 한 가지 사례를 들어보기로 하자.

1796년 황해도 평산의 한 마을에서 양성한이라는 젊은 양반이 시체로 발견되었는데 아버지 양계수는 아들이 천인 이춘대 때문에 자살했다고 고발했다.

"내 아들이 백주에 이춘대의 딸 족금이를 희롱한 적이 있었습니다. 격분한 이춘대가 달려와 칼을 휘두르며 위협하자 마음 약한 이놈이 집 뜰에서 자살하고 말았습니다."

"그전에 당신은 뭘 했노?"

"아들에게 꾸지람을 좀 했습니다."

양반과 천인이 연루된 사건이라 심각성을 느낀 평산 부사 유광천은 곧바로 현장으로 달려가 쓰러져 있는 양성한의 시신을 검시했다. 기록에 따르면 그의 상태는 다음과 같았다.

시신은 두 눈을 감고 입은 약간 벌어진 채였고 코에서 피가 흘러 나왔는데, 전신의 살빛이 누런색이고 배는 팽창하지 않았으며 구타 등의 상처도 없었으므로 약물사고로 추측된다. 독을 먹었는지 확인하기 위해 은비녀를 항문에 집어넣었더니 금방 검게 변했다. 변을 채취하여 가열하니 흰색의 소금결정이 나타났다. 간수를 마신 것이 틀림없다. 증거확보를 위해 양성한의 집 곳간을 뒤지니 두부를 만들기 위해 보관된 간수병이 발견되었다. 그 옆에 사발 하나가 있었다. 사망원인은 간수를 마시고 죽은 복로치사(腹鹵致死)임에 분명했다.

예나 지금이나 범죄자들은 사람을 죽인 다음 자살로 위장하는 사례가 많다. 관리들도 피의자를 함부로 심문하다가 죽으면 '책상을 탁 치니 억 하고 죽었다.'는 말도 안 되는 변명을 내미는 경우도 있었다. 하지만 이와 같이 《증수무원록》의 검시방법을 적용하면 그 진상이 백일하에 드러나게 된다.

양성한은 이춘대 때문에 죽은 게 아니라 아버지의 꾸지람 때문에 자살했으며, 양계수는 무고한 이춘대를 끌어들이려 했던 것이다.

《증수무원록》에는 계절에 따라 시체를 검안하는 방법, 뼈나 살이 상한 경우의 판별법, 매장된 시체를 꺼내 판별하는 법 등이 세밀하게 적혀 있다. 교살이나 수장, 중독사, 자상 등 다양한 범죄유형을 구분하고 검안하는 법이 적용되어 억울한 죽음을 가리는 데 요긴하게 쓰였다. 이 책은 출간하자마자 수사를 담당하는 관리들과 실무책임자들의 필독서가 되었고, 일본과 중국에까지 수출되었다.

정약용은 1822년(순조 22년), 《증수무원록》을 바탕으로 자료를 보충하고 각종 사례를 추가해 30권 10책의 《흠흠신서(欽欽新書)》를 썼다. 여기에서 그는 형벌의 의의와 시행원칙 등을 상세하게 적시하여 법률 적용의 과학적인 방법을 설명했다. '흠흠(欽欽)'은 걱정이 되어 잊지 못하는 모양이다. 곧 죄수를 심리할 때는 신중하게 심의하는 흠흠사상을 잊지 말라는 뜻이다.

병권을 잡아야 왕권이 바로 선다

- 친위부대 장용영 -

1795년, 정조는 조일전쟁 때 공을 세웠던 이순신과 김덕령, 조청전쟁 때 백마산성을 지켰던 임경업 등의 글과 행적을 모아 책으로 간행하도록 했다. 특히 이순신의 시문집은 유득공[55]에게 명하여 집(集)이 아니라 전서(全書)라 하고 교서관에서 두꺼운 종이에 화려한 장정을 하도록 했다. 그리하여 간행된 것이 《이충무공전서》이다. 그와 함께 이순신을 영의정으로 추증하고 고향 아산에 신도비를 세웠다.

정조는 이렇게 무장들을 선양함으로써 군대의 사기를 높이는 한편, 초계문신제도와 비슷한 선전관 시강을 통해 무관들을 재교육시켰다. 이는 친위부대 장용영으로 상징되는 군사개혁에 박차를 가하려는 뜻이었다.

"나는 문관뿐만 아니라 무관도 중시하고 있어."

예나 지금이나 강력한 군대의 충성심이 뒷받침되지 않은 지도자는 입

지가 흔들리게 마련이다. 하지만 함부로 군
대를 건드렸다가는 뒤통수를 맞기 쉽다. 더
군다나 군대의 수뇌부를 바꾸는 일은 더욱
조심스러운 법이다. 특히 1728년 이인좌의
난 이후 조선의 군대는 기강이 극히 문란해
지고 규율이 형편없었다. 설상가상 수령들의
치부수단이 되어버린 군역으로 인해 국방력
은 위험지경에 다다르고 있었다. 당시 백성
들은 군역을 이용한 지방 수령들의 횡포 때
문에 이루 말할 수 없는 고통을 겪고 있었다.

"아니, 어린아이에게 군포를 내라니 말이
됩니까?"

"제 남편은 죽은 지 5년이나 되었는데 무
슨 군납이래요?"

《이충무공전서》 군사개혁에 뜻을 품은 정조의 명에 따라 유득공이 편집, 간행한 이순신 유고전집. 규장각 소장.

정조는 백성들의 상언이나 격쟁을 통해서 이런 현실을 직시하고 있
었다.

"나를 위해서나 백성들을 위해서나 군대의 개혁은 필수적이다."

그리하여 정조는 근본적으로 군사제도를 고쳐 친위부대를 양성하기
로 마음먹었다. 자신에게 실질적인 무력이 주어진다면 그로 인해 파생
되는 각종 부조리를 혁파할 수 있다고 믿었던 것이다.

강병으로 조련하라

조선의 군대는 애초에 오위체제로 조직되었다. 오위(五位)는 국왕의

경위(警衛) 집단으로 전후좌우, 중앙을 의미하는 용어이다. 세부적으로는 중위인 의흥위, 좌위인 용양위, 우위인 호분위, 전위인 충좌위, 후위인 충무위로 되어 있다.

이 오위체제는 개병제 원칙 아래 병조 판서에게 병권이 주어졌다. 하지만 임진왜란 이후 이 체제가 무력하다는 판단 아래 훈련도감, 어영청, 총융청, 금위영, 수어청이라는 오군영 체제로 개편하고 각각 독립적으로 운영되었다. 병조 판서는 군사행정을 총괄하면서 오군영의 하나인 금위대장만 겸임했다. 따라서 각 군영의 책임자는 병조 판서의 지휘를 받지 않고 독립적으로 움직일 수 있었다.

정조는 오위체제였을 때는 중앙의 군사지휘권이 지방까지 미쳐 일원화되고 보병과 기병이 한 무리로 움직였지만 오군영체제로 바뀌면서 지휘권이 분산되었고, 그로 인해 군영이 정파에 소속된 장수의 의도에 따라 움직이는 가병으로 전락했다고 보았다.

"저것들이 어찌 무관이란 말인가. 저들의 군권을 회수하지 않으면 개혁은 불가능하다."

정조는 입술을 깨물었다. 당시 군영에는 장수가 있지만 대신이 관할하고 문관이 보좌하며 작은 진영까지 문무관이 교차 배치되는 상황이어서 무관의 본질이 왜곡되고 있었다. 이는 일정 정파에서 제멋대로 군사를 동원할 수 있다는 중대한 허점을 가지고 있는 것이다. 정조는 이와 같은 폐단을 없애고 군사지휘권을 일원화하여 지휘권을 무관에게 일임하는 동시에 국왕이 최고지휘관으로서 군대를 통제할 수 있는 체제를 원했다.

"나의 군대가 아니라면 저들은 언제나 암적인 존재일 뿐이다."

일찍이 영조는 1754년(영조 30년) 금위영을 병조와 분리하고 병조 판서에게 오군영의 총지휘권을 주었다. 이것은 군영의 대장에서 병조 판서, 의정부로 이어지고 최종적으로 국왕에까지 이어지는 위계질서를 확립한 것이다. 그리하여 왕은 병조 판서를 심복으로, 병조 판서는 군영의 대장을 심복으로 임명하여 병력을 사적으로 이용할 수 있는 길을 막았다. 이 역시 왕권강화의 일환이었다.

정조는 여기에 병조 판서의 인사권을 더욱 강화했다. 예전에는 군영의 대장이 휘하의 장수를 추천해 왕의 재가를 받았지만 이제는 병조 판서를 거치도록 했다. 이렇게 되자 군영의 대장은 휘하 장수를 승진시키는 데 병조 판서란 통로를 한 번 더 거쳐야 했으므로 사심이 개입될 확률을 줄일 수 있게 되었다.

"이제 병조 판서를 내 사람으로 쓰면 되겠군."

하지만 그것으로 끝이 아니었다. 당시 군대는 기강이 무너져 있는 상태였다. 임진왜란 이후 변화된 사회 분위기는 양반이라고 해서 덮어놓고 굴복하지 않았다. 기득권이 무너지고 상명하복이 무시되었다.

"왜 명령대로 화장실 청소를 하지 않는 거야?"

"서얼 주제에 무관이라고 거들먹거리지 마시오. 그래도 나는 양인 출신이오."

"뭐라고, 이놈이?"

"그래, 치고 싶으면 쳐라. 양반도 아닌 게……."

이렇듯 군졸이 상관에게 대항하고 지휘관이 모욕당하는 하극상이 도처에서 발생했다. 그야말로 오합지졸의 전형이었다.

오군영체제를 운영하기 위한 경비 또한 만만치 않았다. 세도가들과

《무예도보통지》 군사의 무예훈련을
위해 《무예제보》와 《무예신보》를 집
대성하고 보완하여 1790년 간행한
실전교육용 교재. 규장각 소장.

결탁한 수령들이 군납을 도처에서 착복하는 바람에 훈련도감의 군사들
에게 급료를 제때 지급하지 못하는 일도 생겨났다. 이에 대한 가장 좋
은 해결책은 역시 군축(軍縮)이었다. 쓸모없는 군사들을 내보내고 정병
위주로 재편성함으로써 경비를 절감하고 정예화할 수 있는 것이다.

"군제에 문제가 많으니 군영을 줄입시다."

"안 됩니다. 삼전도의 치욕을 상기하십시오!"

정조는 수어청과 총융청을 없애려 했다가 중신들의 반대로 실패하고
말았다. 하지만 정조는 집요하게 이 문제를 붙들고 늘어져 17년 뒤인
1795년에 장용영을 빌미로 두 군영을 폐지하는 데 성공했다.

군대의 개혁에는 병서 편찬도 포함되었다. 정조는 무관 이유경에게
명하여 《병학지남(兵學指南)》을 수정 보완토록 한 다음 한글번역본을 곁
들여 1787년 장용영에서 간행케 했고, 훈련도감과 남한산성, 강화도
등지에서도 출간토록 했다.

또 규장각 검서관 이덕무, 박제가 등에게 명해 우리나라 고유의 무예
서인 《무예도보통지(武藝圖譜通志)》를 간행케 했다. 이 책은 전략전술을
다룬 병서와는 달리 전투기술을 중심으로 한 실전교육용 교재로 우리나

라 무예의 집대성이었다.

주요 내용으로 우리나라와 중국에서 사용해왔던 24기의 병기와 사용법을 소개했는데, 칼이나 창, 활 등 전통적인 병기 외에도 왜검이나 표창, 곤봉 등 신병기를 그림을 곁들여 설명했다. 또 권법과 마상무예도 상세히 다루었다.

"아버지께서 못다 하신 일을 이제야 한 가지 완성시켰습니다."

《무예도보통지》의 간행은 영조 때 사도세자에 의해 추진되었던 것인데 아들인 정조 대에 완성시켰으니 실로 뜻 깊은 바 있었다. 정조는 이 책도 한글판을 만들어 널리 배포함으로써 한문을 모르는 하급 군졸들도 쉽게 익히도록 했다.

군제개혁의 완성

장용영[56]은 정조 즉위 때부터 구상되었다. 당시 군대를 확실히 장악하지 못한 상태에서 목숨까지 위협받았던 정조는 홍국영의 숙위부대만으로는 안심할 수 없었다. 그리하여 1782년, 정조는 훈련도감의 정예무사 30명을 뽑아 명정전(明政殿)의 호위를 맡기면서 장용영의 초석을 놓았다.

그로부터 3년 뒤 정조는 무사 20명을 보충해 장용위라는 새로운 부대를 편성한 다음 해마다 인원을 증원해 서울과 수원에 분산 배치했다. 서울의 장용영을 내영, 수원의 장용영을 외영이라 했다. 거기에 실무책임자로 장용영 병방을 두고 임금이 직접 군사동원이나 배치를 명할 수 있는 체제를 갖추었다. 1788년부터는 장용영 군사를 진위, 양성, 용인, 광주, 양주, 고양 등지에 나누어 주둔시켜 서울과 수원의 외곽을 지키도록 했다.

　장용영은 정조의 수원 화성 계획과 맞물리면서 몸집을 불려나갔다. 1789년 현륭원 참배에 나섰을 때 수원부를 화성으로 승격시키고 수원부사를 정2품인 유수(留守)로 두 단계나 올리면서 장용 외사를 겸임토록 했다. 그 책임자는 역시 채제공이었다.

　"제가 군대까지 지휘해야 합니까?"

　"그럼 누구에게 맡기란 말이오?"

　재상을 역임한 채제공에게 장용 외사의 직책을 맡긴 것은 정조가 얼마나 장용영을 중시했느냐에 대한 반증이었다. 또 실무책임자인 병방을 장용대장으로 승격시켜 어영대장과 동급으로 만들었다. 그리하여 장용영은 비로소 정식 직제를 갖추게 되었다. 그때부터 장용영은 실질적인 부대편성을 시작해 10여 년 만에 완전한 조직을 갖추었는데, 군사 수는 기병, 보병, 잡군을 합쳐 5,000명이 넘었다.

　이 많은 군사를 유지하자면 비용이 보통이 아니었다. 정조는 궁중의 재정을 줄이고 불필요한 인원을 삭감하는 등 낭비요소를 없앰으로써 재원을 확보했다. 또 잡다한 백성들의 부역을 덜어주고 평안도와 황해도에 새로운 둔전을 설치하는 등 주도면밀한 계획을 통해 43만여 섬의 양곡을 확보했고, 해마다 쌀 2만 6,000여 섬, 콩 4,700섬, 돈 8만여 냥, 무명 368여 동, 베 26여 동 등을 고정적으로 조달할 수 있었다.

　"이쯤 되면 내가 탄탄대로를 걷고 있는 거 맞지?"

　마음이 놓인 정조는 현륭원에 갈 때마다 장용영 군대를 대동하면서 군복을 입었고, 행차 앞에 신전(神箭)을 꽂아 위엄을 과시했다. 또 수시로 군사훈련을 실시하고 무관들과 활쏘기를 했다. 이런 정조의 행동에 노론 벽파는 눈살을 찌푸렸다.

"전하, 왜 필요 없는 군영을 새로 만들어서 경비를 낭비하십니까?"

"내 호위를 엄히 하려는 것도 아니고 변란을 막기 위한 것도 아니다. 여기에는 나의 깊은 뜻이 있다. 장차 내 뜻이 성취되는 날이 올 것이다."

장령 오익환의 항의에 정조는 아리송한 답변을 했다. 1791년의 일이다. 하지만 그는 내심 이렇게 되물었으리라.

"이놈아, 그걸 몰라서 묻냐? 이제야 내가 좀 안심이 된다."

문벌의 폐단을 일소하라

- 개혁적 인재의 등용 -

영조의 어머니 최씨는 궁녀 가운데서도 최하층인 무수리 출신이었다. 그 때문이었는지는 몰라도 문벌에 대한 영조의 혐오감은 매우 심했다. 즉위 초기에 영조는 자신을 지지한 노론을 발판으로 정국을 운용하면서도 상대적으로 약세인 소론을 적절히 등용했다.

"우리 덕으로 임금이 됐으면서 왜 소론 인물들을 조정에 불러들이는 겁니까? 이래서야 의리가 살겠습니까?"

"나도 의리 알아. 하지만 조직관리라는 게 있잖아. 탕평하자니까 그러네."

영조는 노론이 반발해도 특유의 정치력을 발휘해 그들을 무마시켰다. 하지만 영조는 내심 문벌이 생기지 않도록 경계하고 있었다.

"너희 힘이 너무 세지면 나만 불리하잖아. 그 등쌀에 아들까지 희생시켰는데 더 이상 뭘 바라냐?"

영조가 가지고 있는 비장의 무기는 공정한 인사정책이었다. 그것은 한편으로 자신의 위치를 공고히 하기 위한 생존전략에 다름 아니었다. 그는 우선 인사권을 좌우하는 낭관의 추천권을 없애버린 다음 책임자인 판서와 참판에게 추천권을 주었다.

낭관 중에서 이조와 병조의 낭관은 전랑이라 하여 관리를 임용할 때 피천자의 명단을 기록하는 임무를 맡고 있었다. 이로 인해 개인적 감정으로 명단에서 뺄 수 있는 권한도 있어 문무관의 인사를 멋대로 할 수 있는 요직이었다.

"이 망할 놈의 낭관 직책 때문에 당파란 게 생긴 거 아냐?"

영조는 또 승진의 특혜가 있는 사관직의 검열(檢閱)에 대한 특권도 없애버렸다. 다른 관리들은 순자법(循資法)에 따라 참하관은 450일, 참상관은 900일을 근무해야 한 계단 올라갈 수 있었지만 검열은 예외였으므로 당파와 문벌가는 이 자리를 차지하기 위해 싸웠다. 영조는 이와 같은 검열의 고속승진을 막기 위해 15개월 동안 재직하여 사초를 정리하는 등 의무를 다한 관리만 차례대로 6품에 오를 수 있게 했고, 승진심사 때 전형위원 전원의 만장일치로 추천하던 관례를 깨고, 전형위원 누구나 일정수로 추천된 관리의 명단에 둥근 점을 찍어 올리는 권점법(圈點法)을 시행했다. 물론 최종선발은 임금의 몫이었다. 그러면서 영조는 이렇게 지적했다.

"당파를 가르는 습성이 대신들을 어지럽히고 조정의 기강을 문란케 하고 있다. 나는 이것을 고치고자 하는 것이다. 교목(喬木)의 신하들이여, 내 말을 명심하라."

교목이란 조정에 충성한 문벌가를 지칭한다. 이처럼 영조는 탕평책을 통해 문벌의 세력확장을 막음으로써 조정이 일당독재화하는 것을 막으려 했다. 그가 한미한 경주 김씨 가문의 정순왕후를 간택한 것도 이런 생각 때문이었다. 하지만 이런 영조의 의지는 말년에 흐트러지고 홍봉한, 정우향, 김귀주 등의 척신문벌을 낳는 계기가 되었다.

"할아버지와 나는 다르지."

정조는 영조의 문벌견제책을 전혀 다른 방향에서 시도했다. 즉위 초기에 척신세력들을 일소한 그는 비교적 중립적인 인물들을 친위 그룹으로 양성하면서 노론의 반발을 잠재웠다. 그와 함께 노론의 이단아 홍국영을 중용하여 반대파의 위협에 대비하는 한편, 신분의 틀을 벗어나 문벌과 지역차별을 타파하는 방향으로 인사권을 행사했다. 노론의 김종수, 소론의 서명선 등을 전면에 내세우면서도 남인인 채제공, 이가환, 이승훈, 정약용 등 진보적이고 개혁적인 인물들을 측근에 두었던 것이다. 정조가 즉위하자마자 노론에서는 문벌의 장애요소가 되고 있는 권점법 폐지를 강력하게 요구했다. 하지만 정조는 단호하게 고개를 저었다.

"권점법은 문벌이 요직을 독점하지 못하게 하려는 것이잖소. 나는 관리를 선발할 때 문벌보다는 실력을 볼 것이오. 쓸모없이 머릿수만 채우는 인간들은 필요 없어요."

"조정에 무슨 문벌이 있다고 그러십니까?"

"그럼 선왕께서 괜히 이 제도를 만들었겠소? 나를 불효손으로 만들지 마시오."

정조의 반격에 노론은 할 말을 잃었다. 영조에 대한 의리를 지킨다는 것은 자신들의 안전에도 관계가 깊은 대목이었기 때문이다. 이런 정조의 의지를 읽고 있던 정약용은 이렇게 주청했다.

"누구나 참여할 수 있는 무재이능과(茂才異能科)를 10년마다 실시해 인재들에게 관직을 보장하면 문벌의 힘이 쇠약해질 것입니다."

"참 좋은 생각이야. 그렇지만 아직 저들의 힘이 강력하구나. 너희가 어서 커야 할 텐데……."

신분과 지역에 제한 없고 당파에 좌우됨이 없는 인재등용이란 당파와 문벌에 지쳐 있던 정조의 꿈이기도 했다. 그렇듯 조선의 혈맥에 싱싱한 피를 돌게 해줄 정책은 노론 벽파의 완강한 저항에 부딪쳐 정조의 머릿속에서만 소용돌이치고 있을 뿐이었다. 그리고 바야흐로 그 물결이 격랑이 되어 성벽을 무너뜨리려는 찰나에 정조는 목숨을 잃고 말았다.

말년에 그는 갑자년의 위세 당당한 상왕으로 군림하기 위해 풍양 조씨, 대구 서씨, 연안 이씨, 연안 김씨 등의 온건한 문중을 감쌌다. 또 노론 벽파에 대한 방패막이, 또는 자신의 친위대로서 세자빈을 김창집의 후손인 안동 김씨 문중에서 고르고, 순조를 낳은 수빈 박씨의 친정인 반남 박씨를 정치세력으로 등장시켰던 것이다.

하지만 그 묘수는 정조 자신의 죽음으로 인해 최악의 수로 바뀌고 말았다. 순조가 등극하고 5년 뒤 노론 벽파를 몰아내고 정권을 장악한 시파는 김조순을 필두로 새로운 문벌들을 창궐시켜 조선을 벼랑 끝으로 내몰았다.

이후 정조의 개혁을 보조했던 조선의 실학자들은 끝까지 문벌의 관직 독점과 특권의식을 지탄하면서 허위의식을 벗기려 애썼지만 불가능했다. 그들을 지켜줄 정조는 이미 가고 더 이상 문벌들을 이겨낼 힘이 조선에는 없었다.

주름지고 벗겨진 푸른 껍질 옥이 첩첩 쌓인 듯
고상한 절개는 분명 옛사람과 같구나.
구렁 가득 바람소리는 큰 물결이 뒤집힌 듯하고
하늘에 솟은 검푸른 빛은 긴 봄을 들였어라.
생황을 절로 연주하여 신령한 소리 더불었고
호박이 처음 엉기니 세속 티끌과 멀어졌네.
여기에 다시 산달이 두둥실 떠서 비추니
그대의 깨끗한 바탕 좋아 서로 가장 친하도다.

綠皮皺剝玉鱗峋
高節分明似古人
滿壑風聲飜巨浪
參天黛色入長春
笙簧自奏添靈籟
琥珀初凝遠俗塵
復有團團山月照
與君淸質最相親

〈솔(松)〉**57**

4부
정조 안의 사람들, 정조 밖의 사람들

'넘버 투'의 허망한 꿈

- 흑두봉조하 홍국영 -

홍국영은 세손 때부터 정조를 보위하며 초기 개혁을 이끈 공신 중의 공신이다. 성격이 호방했던 그는 어렸을 때부터 친구들과 어울려 기방에 들락거리기를 밥 먹듯이 했다. 또 흥이 나면 노래를 부르면서 덩실덩실 춤을 추었다. 특히 '나비야, 나비야, 청산 가자. 호랑나비야, 너도 또한 함께 가자.'라는 창을 잘한다는 소문이 항간에 널리 퍼졌다. 집안에서는 이런 홍국영을 몹시 창피하게 생각했다. 숙부 홍낙빈은 그의 면전에서 심한 질책을 퍼붓기까지 했다.

"네가 무뢰배와 어울린다는 소문이 장안에 파다하다. 어찌 그렇게 집안망신을 시키고 다니느냐!"

사대부 가문의 일원으로서 학문에 몰두하지 않고 게으름 피우는 것만으로도 커다란 허물이 되던 시대였다. 더구나 유서 깊은 풍산 홍씨 일문으로 왕가와도 밀접한 인연을 맺고 있던 그의 세속적인 행각은 친척

들의 눈살을 찌푸리게 하기에 충분하고도 남았다. 그렇지만 홍국영은
유들유들한 태도로 맞받아쳤다.

"너무 걱정하지 마십시오. 장차 천하가 제 손아귀에 들어올 겁니다."

홍국영은 1748년(영조 24년)에 서울에서 출생했는데 아명은 덕로(德老),
본관은 풍산(豊山)으로 도성 밖 서강에서 살았다. 그는 몹시 미남이었으
며 두뇌회전이 빨라 임기응변에 능했다. 또 여항을 돌아다니며 양반,
서민을 가리지 않고 친분을 쌓았으므로 세상 돌아가는 이치에 밝았다.

"시장바닥을 훑어봐야 민심을 알 수 있다니까요."

이런 홍국영의 기질은 그가 보위하던 세손에게 백성들의 참모습을 보
여줌으로써 개혁의 정당성을 확립하는 데 커다란 영향을 끼쳤다. 그렇
지만 왕실이나 일가붙이들은 그를 놀기 좋아하는 무식한 떠버리로 규정
하고 있었다. 그 중에 대표적인 독설은 홍인한에게서 나왔다.

"영안위(永安尉) 자손 중에 어찌 저렇듯 요망한 물건이 나왔을까? 저
놈이 반드시 집안을 망칠 것이다."

또 혜경궁 홍씨는 훗날《한중록》에서 홍국영을 이렇게 평했다.

"국영의 아비 낙춘은 약간 미친 사람이다. 그런 사람이 자식 교육을
제대로 시켰을 리 있겠는가."

일류대학을 나오지 않으면 아무리 유능한 인재라도 사람 취급을 하지
않는 요즘 세태와 하등 다를 것이 없었다. 홍국영은 노론 벽파로부터
죄인의 자식 취급을 받고 있던 정조와 찰떡궁합일 수밖에 없었다.

18세기는 조선뿐만 아니라 세계적으로 특별한 세기였다. 유럽의
계몽주의 학자들이 중세의 어둠에서 벗어나 지식의 재배치와 백과전서
식 저작에 몰입하고 있었다면, 조선의 지식인들은 주자학 일변의 문화

자장을 이탈하여 새로운 형태의 지식 경영에 몰입하고 있었다. 이런 지식관념의 변화는 양반, 중인, 서민을 불구하고 창의적인 사고방식을 가졌던 마니아들에 의해 확대 재생산되고 있었다. 그러므로 특권계급이었던 홍국영이 그들과 격의 없이 어울렸다는 것은 그가 시대상황을 제대로 읽고 있었다는 반증이기도 했다.

"나는 움직이는 보수라니까요."

홍국영은 그렇게 다양한 집단과 교류하면서 최고의 배당률을 갖춘 세손이라는 패를 소중하게 쥐고 있었다. 이런 그의 야심을 어느 누가 알아차릴 수 있었을까. 노론의 시각에서 본다면 홍국영은 태생부터 그들과 동류여야만 했다. 하지만 그 독점적인 카르텔을 박차고 나가 잡학을 즐기며 한량들과 음풍농월하는 그는 조직의 이단아임에 분명했다.

이 대목을 이해하려면 홍국영의 가계를 파악하는 것이 우선이다. 홍국영의 6대조는 선조의 딸인 정명공주의 남편 영안위 홍주원으로 충성심이 남달라 세인들의 칭송을 받은 인물이다. 정명공주는 광해군에 의해 죽은 영창대군의 친누나이다. 이처럼 홍국영의 집안은 왕실과 관계가 깊었고, 당시 권력의 중추에 서 있던 홍봉한, 홍인한과도 십촌지간이었다. 그뿐만이 아니었다. 경주 김씨인 김민주의 어머니가 홍국영의 오촌 종고모였다. 김민주는 정순왕후와 팔촌, 순조 초기 노론 벽파의 권력자 김관주와 사촌지간이다. 이렇게 다양한 가문의 배경을 정리하면 홍국영은 영조나 혜경궁 홍씨, 정순왕후 김씨 등과 모두 인척관계였고, 정조와도 십이촌지간이 된다.

오늘날 정계의 실력자들이 재계와 학계의 유력자들과 다방면으로 혼인관계를 맺음으로써 부귀영화를 영속시키려는 시도는 실로 유구한 역사의 관행이었다. 그 덕에 가문의 어른들로부터 창피하다는 말까지 들었던 홍국영이 1772년 가을, 25세의 젊은 나이로 과거에 급제했고, 그 즉시 사관인 예문관원에 임명되었으며 동궁을 보좌하는 춘방(春坊), 즉 세자시강원의 사서를 겸직했다.

그가 이런 낙하산을 타게 된 것은 역시 가문의 후광과 함께 홍봉한을 중심으로 한 탕평당이 정사를 장악했기 때문이다. 당시 홍봉한은 영민했던 홍국영을 통해 노론 영수로서의 입지를 강화하려는 의도를 가지고 있었다. 그래서 홍국영이 급제하자 실권자인 홍인한에게 좋은 벼슬을 주라고 기별했다. 하지만 홍인한은 홍국영의 백부인 홍낙순과 몹시 사이가 나빴고 평소 홍국영의 행각을 비웃고 있었으므로 들은 체도 하지 않았다.

"저 망아지 같은 녀석에게 무얼 믿고 벼슬을 내주란 말입니까?"

이후 홍인한은 형을 경멸하면서, 세손을 음해하던 정후겸, 김귀주 등과 손을 잡았다가 정조 즉위 직후 역적으로 처벌되었다. 또 홍봉한의 탕평당은 노론 청명당[58] 세력과 합세한 홍국영에 의해 와해되고 말았다.

의리주인, 천하를 쥐다

홍국영이 조정에 나섰던 1772년의 정국은 몹시 혼미한 상태였다. 당시 홍인한과 정후겸은 김귀주와 몹시 불편한 관계였다. 그들은 각자 세손을 보호한다는 명분을 내세워 권력의 헤게모니를 장악하려 했다.

"나만이 너를 지켜줄 수 있어."

이때 홍국영은 조정에서 외톨이가 되어 있었다. 탕평당의 일파인 홍

상간과 민항열 같은 인재들조차 홍국영을 따돌림으로써 야심만만했던
그의 앞날이 불투명해졌다. 남양 홍씨인 홍상간은 정조 즉위 직후 암살
을 계획했던 홍술해의 아들로 세손의 보좌역을 맡았던 인물이며, 민항
열은 여흥 민씨 명문가 출신이었다. 그렇듯 고립무원의 상태에 빠진 홍
국영에게 손을 뻗은 사람이 바로 세손이었다. 자신에게 기회가 왔음을
직감한 홍국영은 그 손을 꼭 맞잡았다. 세손과 홍국영이 함께 어울리자
금방 두 사람을 음해하는 유언비어가 퍼졌다.

"세손이 홍국영의 안내로 여항을 드나든다더라."

"두 사람이 해괴한 책을 읽고 토론한다더라."

이와 같은 소문은 세손의 왕위계승권을 흔들기 위한 노론의 책동이었
다. 당시 궐내의 은밀한 눈과 귀는 두 사람의 행동에 집중되어 있었다.
적들은 세손의 흠결을 잡아내기 위해 무진 애를 썼고, 홍국영은 그런
세손을 보호하기 위해 전심전력을 기울였다.

"우리는 의리 빼놓으면 시체 아닌가?"

"그럼요. 사나이 가는 길에 배신이란 없습니다."

세손과 홍국영은 이렇듯 의리로 똘똘 뭉친 사이였다. 공부벌레였던
세손은 한량 홍국영의 입을 통해 여항의 이야기를 전해들었고, 백성들
의 세계에 눈을 떴다. 조선을 이끌어가는 진정한 힘은 양반들의 헛기침
이 아니라 척박한 땅을 일구고 씨앗을 뿌리는 사람들의 거친 손마디임
을 알게 되었던 것이다. 또 경향 각처에 숨어 있는 기인이사의 이야기
라든지 백성들의 관심사를 가감 없이 접함으로써 새로운 각도에서 국정
을 바라보는 능력을 키울 수 있었다. 이윽고 영조가 세손에게 대리청정
할 뜻을 내비치고, 홍인한을 비롯한 여러 신료들이 반대하는 흉흉한 분

위기가 도래하자 홍국영은 어지러운 세손의 마음을 다잡아주었다.

"마음을 굳게 먹으십시오. 주상의 뜻이 한결같으니 흔들려서는 안 됩니다."

그리하여 우여곡절 끝에 권좌에 오른 세손은 즉시 홍국영을 승지로 임명한 다음 자신의 충실한 대변자이자 돌격대장의 임무를 맡겼다. 이에 화답하듯 홍국영은 김종수와 정이환 등 노론 청명당 계열 지도자들을 움직여 탕평당 계열의 홍인한, 정후겸, 윤양후, 홍계능 세력들을 제거해나갔다.

"저들은 사도세자에게 불경하고, 주상의 즉위를 방해한 역적들입니다."

홍국영이 정적을 숙청한 단서는 바로 이것이었고, 이 그물망에는 노론 정파뿐만 아니라 조재한, 이명휘, 이덕사 등 일부 소론과 남인들까지 포함되었다. 홍국영은 또 정조의 외가인 홍봉한 집안을 무차별 공격하여 멸문지경에 이르도록 만들었다.

"형님, 제가 잘 찍었지요?"

"살살 해라. 체하겠다."

이때 홍국영은 홍봉한과 경쟁하던 김귀주와 힘을 합쳤다가 이용가치가 떨어지자 같은 이유로 김귀주를 탄핵하여 흑산도로 귀양 보냈다. 이런 홍국영의 행동은 정순왕후나 혜경궁의 눈에서 피눈물을 쏟게 만들었다. 홍국영은 이에 아랑곳하지 않고 정조의 신임을 바탕으로 노론의 영수가 되겠다는 야심을 드러냈다.

"나도 잘하면 넘버 투는 될 수 있다 이거야."

한여름밤의 꿈

정조의 신임을 배경으로 정사를 주도하게 된 홍국영은 우선 노론의 주장인 '의리'를 확고히 하는 데 전력을 다했다. 정조가 즉위한 해는 과거 숙종이 노론의 정신적 지주인 송시열의 의리가 옳다고 선언한 병신처분 60주년이었다. 이때를 기화로 홍국영은 송시열을 효종의 위패 옆에 배향하도록 주청했으며, 정조로부터 노론의 신임의리가 옳다는 의견을 이끌어냈다. 그는 또 자신에게 우호적인 노론의 산림, 곧 재야학자들 가운데 충청도의 송덕상, 송환억과 경기도의 김종후 등을 조정에 불러들였다.

"우리 함께 잘 해보자니까요."

그들의 후원으로 홍국영은 자신의 지지세력을 넓히는 한편 통청권[59], 즉 이조 낭관이 스스로 후임자를 추천하고 당하관의 천거를 장악하는 제도를 복구시켰다. 이는 일찍이 영조가 탕평책[60]에 방해가 된다 하여 폐지했던 제도다. 그뿐만이 아니었다. 1776년 5월에는 송시열의 정적이었던 윤선거, 윤증 부자의 관직을 빼앗음으로써 소론에 대한 탄압국면을 조성했다. 그와 함께 2품 이상의 소론 관료들을 불러 모은 다음 이렇게 훈계했다.

"당으로는 군자와 소인을 가를 수 없지만, 의리 측면에서는 노론이 옳고 소론이 틀렸다. 그러니 붕당에 근거한 정치집단은 없어져야 한다."

그렇게 홍국영은 노론의 지도자인 체하면서 나름의 탕평책을 실현시켜 보였다. 그의 세도가 어찌나 당당했던지 이승호나 서명 등 소론계 선비들은 떠밀리듯 노론의 산림에게 학문을 배우거나 전향하기까지 했다.

그는 또 인조 이래 '산림을 우대하고 왕실과의 혼사를 놓치지 않는다.' 란 서인의 강령에 따라 외척세력으로 진입하려고 했다. 숙종 이후 청풍 김씨, 광산 김씨, 여흥 민씨 등이 모두 왕실과 혼사를 맺고 노론계 의 주도세력이 되었다. 안동 김씨의 경우 인현왕후 민씨에게 후사가 없 자 집안의 딸을 궁궐에 들여보내기까지 했다. 홍국영도 이런 전례에 따 라 1778년에 누이동생을 정조의 후궁으로 들여보냈다.

"형님, 제 여동생을 어떻게 생각하십니까?"

"나야 뭐, 너만 괜찮다면야……."

"제가 안 괜찮을 까닭이 없지요."

이렇게 해서 노론의 주도자로서, 또 왕실의 외척으로서 정국을 장악 한 홍국영은 수어사, 훈련대장 등 5개 군영의 대장을 거쳤고, 1777년 초 숙위소를 설치한 다음 도승지 겸 숙위대장으로 대장패와 전령패를 가지고 궁궐 안에 머물며 군사를 지휘했다. 얼마 뒤 그는 오영도총숙위 겸 훈련대장에 임명되어 군권까지 장악했다. 그의 권세가 어찌나 대단 했던지 동덕회(同德會)[61]의 일원인 김종수가 이렇게 탄식할 정도였다.

"홍국영과 갈라서면 역적이 되는 건 시간문제야."

정조의 전폭적인 후원을 받고 있는 홍국영의 미래는 온통 장밋빛으 로 보였다. 노론 정파의 지도자로서, 임금의 신임을 독차지한 관료로 서 정승의 자리는 확실히 예약된 것이나 다름없었다. 하지만 그는 커다 란 착각에 빠져 있었다. 바야흐로 토사구팽의 계절이 다가오고 있었던 것이다.

추락하는 것은 날개가 있다

정조는 즉위 초기에 홍국영과 함께 정권을 안정시키는 데 성공했지만 이후 그가 적극적으로 추진했던 노론 일당독재의 정국은 전혀 바람직하게 생각하지 않았다. 자신의 정치철학이었던 양시양비론이나 이열치열론이 그로 인해 한계에 봉착하고 있음을 감지하고 있었던 것이다.

"국영이가 키워주니까 너무 멀리 나가는 것 같군."

홍국영은 정조를 몰라도 한참 몰랐다. 당시 정조는 홍국영을 방패막이로 삼으면서 규장각과 초계문신제도를 통해 착실히 차기를 준비하고 있었다. 그를 통해 외척세력인 경주 김씨와 풍산 홍씨 일문을 제거했지만, 홍국영이 누이인 원빈을 통해 새로운 척신정치를 시도하려 하자 정조는 눈살을 찌푸렸다. 이쑤시개가 어느 결에 눈엣가시가 된 셈이었다. 그렇지만 이미 권력에 도취한 홍국영은 주군의 내심을 알아차리지 못하고 거침없이 액셀러레이터를 밟고 있었다.

1779년 5월, 몸이 약했던 원빈이 시름시름 앓다가 세상을 떠나고 말았다. 그러자 홍국영은 효의왕후 김씨를 의심하여 중궁의 나인들을 잡아다 마구 고문했다.

"내 동생이 갑자기 죽을 이유가 없어. 너희가 무슨 짓을 한 게 틀림없어. 빨리 자백하지 않으면 죽여버리겠다."

이런 감정적인 행동은 왕실을 적으로 돌리는 결과를 가져왔다. 정순왕후나 혜경궁, 효의왕후 등 내명부의 여인들이 들고일어섰다.

"홍국영이 분수를 모르고 날뛰니 바로잡지 않으면 안 됩니다."

그녀들의 항의에는 일리가 있었다. 본래 원빈(元嬪)은 후궁으로서는 사용할 수 없는 '원(元)'이라는 글자를 사용했다. 또 홍국영이 은언군의 아들 상계군 담을 원빈의 양자로 삼아 완풍군(完豊君)이라는 작호를 주었는데, 완(完)은 전주 이씨, 풍(豊)은 풍산 홍씨를 뜻했다. 본래 왕실에서는 작호에 모계의 관향을 사용한 경우가 없을뿐더러, 여기에는 정조의 후계자라는 암시까지 담겨 있었다. 홍국영은 그와 함께 송환억과 송덕상 등을 움직여 국세가 외롭고 고단하므로 안정적인 조치를 취하라는 상소를 올리게 했다. 이는 누가 보더라도 임금에게 세자책봉을 재촉한 것이었다.

"국영이 하는 짓이 장난이 아니네."

드디어 정조는 홍국영의 행각을 더 이상 묵과할 수 없다는 결론에 다다랐다. 홍국영은 정조의 왕위계승권이라는 역린을 건드린 것이었다. 드디어 정조가 칼을 뽑아들었다.

"국영아, 너와 나는 친구 맞재?"

"에이, 형님. 무슨 말씀을 하시려고요?"

"네가 나비 좋아하고 청산 좋아하지?"

"그거야 옛날 얘기지요. 뭐 지금도 가끔 부르기는 합니다만."

"그럼 너 이제 나비 찾아 청산 가라. 그동안 많이 해묵었다 아이가?"

1779년 9월 26일, 정조는 홍국영을 불러들여 은퇴상소를 종용했다. 홍국영으로서는 청천벽력 같은 일이었다. 거침없이 앞으로 치닫던 그의 권세가 1인자의 손가락 하나로 끝장나는 순간이었다. 그러면서 정조는 감동적인 말로 그를 달랬다.

"이전과 이후 천 년에 걸쳐 이와 같은 군주와 신하의 만남이 언제 있었고, 언제 또다시 있을 수 있겠는가."

다음 날 정조는 홍국영의 사표를 받으면서 봉조하(奉朝賀)[62]의 직함을 수여하고는 이렇게 너스레를 떨었다.

"옛날부터 흑발의 재상은 있었지만 흑발의 봉조하는 없었는데, 드디어 오늘 있게 되었구나."

사탕발림이란 본래 쓴맛을 감추려는 것, 그걸 알면서도 홍국영은 정조에게 대들 수 없었다. 감투를 썼을 때는 아첨꾼이 들썩이더니 감투가 벗겨지자마자 흉흉한 눈길이 사방에서 노려보고 있었기 때문이다. 그래서 옛날부터 도깨비감투라 했던가. 한순간에 영광의 계절이 저물어 갔다. 홍국영의 힘의 원천이었던 숙위소는 폐지되었고, 그를 추종하던 송덕상과 김종후, 김상철 등은 조정에서 쫓겨났다. 이때 정조의 의지를 간파하고 홍국영을 탄핵하는 데 앞장선 정민시, 서명선, 유언호, 이병모 등은 자신들의 위치를 굳건히 다질 수 있었다. 이듬해 그의 백부인 홍낙순까지 숙청됨으로써 조정에서 홍국영의 흔적은 완전히 사라졌다.

"전하, 홍국영이 다시 무리를 모으지 못하게 하십시오."

"그렇게까지 해야 하나?"

"썩은 그루터기에서도 싹이 트는 법입니다. 뿌리를 뽑아야지요."

얼마 뒤 홍국영은 도성 안에 들어오지 못하는 방귀전리(放歸田里)[63]의 형을 받았고 재산까지 몰수당하는 신세가 되었다. 최고권력자에서 하루아침에 버림받은 죄인으로 전락해버린 것이다. 그 후 홍국영은 방황하며 술에 취해 지내다가 강릉에서 병을 얻어 죽고 말았다.

"아, 꿈을 꾸었다. 한바탕 봄꿈을. 깨어보니 삭풍이 이는 한겨울이로구나."

주군에 대한 미증유의 충성심을 발휘하여 권력을 움켜쥐었고, 일인지하 만인지상의 야심을 불태웠던 홍국영, 하지만 그는 오늘날 자신의 욕망을 제어하는 데 실패함으로써 필연적으로 토사구팽당할 수밖에 없었던 패배자의 전형으로 기록되고 있다.

정조 개혁의 선봉장

- 번암 채제공 -

내 몸은 서남노소국을 벗어났고

내 이름은 이예호병 반열을 뛰어넘었다.

이 시구[64]에는 정치적으로 서인, 남인, 노론, 소론이라는 당파에 연
연하지 않고, 조정에서는 이조, 예조, 호조, 병조와 같은 구획을 뛰어
넘어 탕평을 완성하고야 말겠다는 채제공의 굳은 결의가 담겨 있다.

채제공은 강력한 탕평책을 주장했던 영조 대의 학자 오광운의 제자였
다. 스승의 영향을 받아 강직한 성품을 지녔던 그는 사도세자가 세자
자리에서 쫓겨날 때 부당함을 상주했으며, 임오년 뒤주사건이 벌어졌
을 때도 목숨을 걸고 막아섰다. 그래서 영조는 훗날 그를 일컬어 "진실
로 나의 사심 없는 신하요 나의 충신이다."라고 칭찬했다. 그 후 정조에
게 중용된 채제공은 노론세력의 거센 방어망을 뚫고 정조 개혁의 교두

채제공 초상 사도세자의 스승이자 정조의 스승이었던 채제공은 정조 재위기간 내내 정조의 개혁정치를 이끌었다.

보를 마련하는 데 성공했다.

"채 선생님이야말로 제 장자방이요, 소하입니다."

"무슨 말씀을, 제게 조자룡 헌 칼 휘두르게 하신 분이 누구신데요."

채제공의 호는 번암(樊巖), 본관은 평강으로 지금의 충남 청양에서 태어났다. 그의 가문은 남인 계열로서 인조 때의 충신으로 대제학을 지낸 채유후가 있고, 수찬을 지낸 채명윤과 대사간 채팽윤이 유명하다. 할아버지 채성윤은 한성 부윤, 아버지 채응일은 진사시에 1등을 한 뒤 단성과 비안 고을 수령을 지냈다. 때문에 채제공은 늘 채(蔡)씨가 나라의 저명한 성씨임을 자랑하면서 자손들에게 가문의 전통을 이어나가려면 사람을 사람 되게 하는 효도와 공손한 태도를 견지해야 한다고 가르쳤다.

《조선왕조실록》에 따르면 채제공은 정조 재위기간에 5년 동안 독상(獨相)으로 활약했다. 영의정, 좌의정, 우의정이 삼상(三相)인데 그 자리에 홀로 있었다는 뜻이다. 그것은 정조 통치 후반기에 친위체제를 강화하기 위한 방편이기도 했지만, 그만큼 조정에 중임을 맡길 만한 중량감 있는 인물이 드물었기 때문이다.

그렇듯 독상으로 활약한 인물은 세종 때 황희, 선조 때 노수신, 현종 때 김수홍 정도였다. 기실 조선왕조에서 영남 출신의 남인으로 정승을 맡은 사람은 노수신과 정탁, 유성룡, 유후조 등 손에 꼽을 정도이다. 채제공의 역량이 어떠했는지를 객관적으로 평가할 수 있는 증거이다. 노론의 일당이 조정을 장악했던 당시에 남인이라는 박약한 세력기반을 가지고 그토록 오랫동안 동료 정승의 보좌 없이 업무를 수행했다는 것은 국왕의 전폭적인 지지와 신뢰도 중요하지만 정적들의 용인이 없이는 불가능한 것이었다.

요즘에도 국무총리를 임명하는 것은 대통령이지만 국정에 조그만 문제가 생겨도 상대 정파의 국회의원들이 물러나라고 아우성치지 않는가. 하물며 파벌이 첨예하게 대립했던 그 시대에 번암이 요직에서 오랫동안 버틸 수 있었다는 것은 그의 인품이 어느 정도였는지를 대변해준다. 실제로 채제공은 앞의 시구처럼 노론과 소론, 남인 정파를 넘나들며 합리적인 조정과 화해를 통해 운신의 폭을 넓혔다. 그와 함께 당시 개혁의 선봉에 섰던 실학자들의 후원자 겸 방패막이가 되어주었다.

그렇지만 채제공 그 자신은 당시 유학자들의 일반적인 경향인 대명의리론에 속박되어 있던 것으로 보인다. 그가 청나라에 대한 반감이 얼마나 지독했는지는 1778년 59세 때 청나라에 사신으로 다녀오면서 쓴 236편의 시에 적나라하게 나타나 있다. 그 가운데 〈실승사(實勝寺)〉[65]라는 시를 살펴보자.

> 사월 정향꽃이 가지 가득 피었어도
> 나그네는 말없이 비석만 훑어본다.
> 우리는 안다네, 바다 위 저 둥근 달도

이내 그 모습 이지러진다는 것을…….

실승사는 청나라 건륭황제의 원찰(願刹)로, 황제가 손수 쓴 '해월상휘(海月常輝)'라는 현판이 걸려 있다. 바다 위에 뜬 달이 언제까지나 빛난다는 뜻이다. 그러므로 채제공은 그 구절을 빗대어 건륭황제를 비아냥거린 것이다.

"오랑캐 황제야, 지금 네가 기고만장하지만 곧 찌그러지고 말 거야."

하지만 건륭황제는 그 후로도 17년을 더 살았고, 청나라는 우리 실학자들의 눈이 휘둥그레질 정도로 선진화되어가고 있었다. 그의 세계관이 아직 전근대적인 데 머물러 있음을 보여준다. 하지만 그는 당시 선진문물을 견학하고 싶어 몸살을 앓던 박제가를 종사관으로 데려감으로써 실학의 발전에 커다란 기여를 하게 된다. 당시 사행길에 그를 보좌한 서장관 심염조는 휘하에 청장관 이덕무를 대동하기까지 했다.

어쨌든 영조로부터 시작된 탕평책은 손자인 정조가 자신의 거처를 탕탕평평실로 명명하고 결의를 다질 만큼 어느 정도 결실을 거두었다. 무엇보다도 탕평책의 핵심은 인재등용의 공평무사에 있었다. 정조는 재야의 소론과 남인 선비들을 다수 조정에 발탁했는데 그 중심에는 언제나 채제공이 있었다. 정조는 채제공을 정승의 반열에 올려놓으며 이렇게 강조했다.

"이열치열을 위해 임명하는 것이니 알아서 해주세요."

앞으로 조정에서 정파 간 다툼이 치열해질 것이니 각오하란 뜻이다. 채제공은 일찍이 사도세자의 스승이었고 정조의 스승이었다. 그 말뜻을 알아채지 못할 리가 없다. 그때부터 채제공은 사사건건 개혁에 딴죽

을 거는 노론 벽파와 때론 칼끝을 마주치고 때론 술잔을 기울이면서 정
조의 기대에 부응했다.

"개혁은 대나무를 쪼개듯이 분명해야 합니다."

그는 송나라 신종 때 신법을 동원하여 일대 개혁을 일으켰던 왕안석
을 높이 평가하면서, 그의 개혁을 되돌려놓은 사마광은 잘못된 보수정
치가라고 평가했다. 개혁은 한번 브레이크가 걸리면 다시 시동을 걸기
가 힘들어지는 법이다. 그는 정조와 함께 수시로 토론하고 연구하면서
사대부들의 놀이판이 되어버린 조선의 현실을 뒤집어 요순의 태평성대
를 만들고자 했다.

채제공은 조선이 전통적으로 농업을 장려했지만 이젠 변화하는 시대
조류에 따라 상업을 활성화시켜야 한다는 실학자들의 견해를 수긍하고
있었다. 재화가 잘 유통되어야 국가재정과 서민경제가 발전하는 것이
다. 그리하여 채제공은 1791년 1월 신해통공을 실시하는 데 주도적인
역할을 했다. 그 결과 양반 지주들의 생산물을 취급하며 성장해온 특권
상인들의 폐쇄적이고 독점적인 유통구조가 무너졌다.

그는 또 1792년, 만인소를 통하여 사도세자의 신원을 요청하는 영남
선비들의 주장에 적극 동조했다. 이듬해인 1793년에 영의정에 임명되자
채제공은 사직상소문을 통해 사도세자를 재평가하여 새로운 정치원칙을
정립하자는 임오의리론을 주장함으로써 정국을 요동치게 만들었다.

"사도세자가 죄인이라면 전하 역시 죄인이 됩니다. 비록 선왕이 그렇
게 했을지라도 잘못된 처분은 올바르게 돌려놓아야 합니다."

"아이고, 선생님. 갑자기 너무 세게 나가시는 거 아닙니까?"

"기회 있을 때 자꾸 두드려야 합니다. 그래야 나중에 충격이 덜하죠."

당시 노론 벽파는 정조가 죄인의 자식이라는 개념에서 한 발짝도 물러나지 않은 상황이었고, 정조 역시 재위 중에는 사도세자의 일을 거론하지 말라는 영조의 유훈을 저버릴 수 없는 처지였다. 채제공은 바로 이런 한계를 뛰어넘을 것을 주문한 것이다. 그러자 위기감을 느낀 노론에서 당연히 신임의리론을 들고일어났다.

"우리는 목숨 걸고 영조대왕을 지켜냈습니다. 그분이 아니었다면 당신이 어떻게 권좌에 있을 수 있습니까? 사도세자는 불효했기 때문에 죽은 것이지 정파의 이해관계 때문에 그렇게 된 것이 아닙니다. 선왕의 유훈을 지키지 않으시렵니까? 정말 불효손이 되려 하십니까? 막말을 지껄인 채제공을 벌하십시오."

이렇게 노론 전체가 들썩이자 현실적으로 세력기반이 미약한 정조는 경각심을 갖지 않을 수 없었다. 조선이란 나라는 명분의 나라였다. 왕이 불효하거나 광폭하다는 등 명분만 있다면 언제라도 반정이 일어날 수 있었다. 어쨌든 자웅을 겨뤄 이길 수도 있다. 하지만 그렇게 되면 사도세자의 한은 풀 수 있을지언정 필생의 목표인 개혁은 돌이킬 수 없는 파탄지경에 빠져들 것이다. 그로 인해 파생되는 혼란은 고스란히 백성들의 몫이 될 것이었다.

"채 선생님, 드디어 쟤들이 이판사판으로 나오네요. 한판 붙을까요, 말까요?"

"전하, 제가 조금 유난했던 것 같습니다. 잘 달래서 같이 가지요."

"어물쩍 넘어가기는 틀린 것 같은데……. 한 번 밀리면 걷잡을 수 없습니다."

"그럼 이쯤에서 비밀문서 하나 공개하지요."

"아, 그게 있었지. 그럽시다. 이렇게 쓰기는 좀 아까운데……."

정조는 그렇게 해서 영조가 남긴 금등(金縢)⁶⁶ 문서의 일부를 공개했다. 그것은 영조가 사도세자를 죽이고 나서 몹시 애통해 하며 쓴 글이었다.

"잘 보라고. 이 글을 보면 할아버지는 아버지를 죽인 것을 몹시 후회하고 계셨어. 알겠어? 따지고 보면 너희는 가정파괴범이란 말이지."

"아니, 선왕께서 어찌 그런 글을 쓰실 수가……."

"이걸 근거로 법대로 해볼까? 내가 너희를 싹쓸이해도 뭐랄 사람 하나도 없게 된다는 거야. 그러니까 그만 좀 떠들어라."

"……."

졸지에 궁지에 몰린 노론 벽파는 꼬리를 말고 물러섰다. 이 금등이 공개됨으로써 남인의 임오의리는 노론의 신임의리와 같은 무게를 얻었다. 그래서 분쟁은 종식되었고 왕권은 힘을 얻었다. 이후 채제공은 노구를 이끌고 정조의 뜻을 받들어 개혁에 박차를 가하는 한편 수원 화성 건설에 매진했다.

그는 수원을 근대적인 대도시로 만들기 위해 대상인들의 투자를 권장했고, 저수지를 만들어 농업을 활성화시켰으며, 사통팔달하는 교통의 중심지로 키우려 했다. 또 국가적으로는 인삼 재배를 권장하고, 은화와 인삼의 통용을 주장하여 국내 물자유통과 공무역을 활성화시켰다. 이처럼 채제공은 정조의 탕평정치의 요체인 백성을 위한 정치를 현실에서 완성하기 위해 애썼다.

"저 친구가 해도 너무하는군. 완전히 주상의 푸들이네."

채제공의 획기적인 정책은 양반 사대부들의 입장에서 보면 기득권의 상실을 의미했다. 주로 서울과 경기지역의 귀족층으로 이루어진 노론의 실세들은 소론과 남인으로 지칭되는 개혁세력들이 그야말로 눈엣가시였다. 그리하여 작은 꼬투리라도 잡으면 침소봉대를 일삼으며 우선 채제공부터 쫓아내려고 안달이었다. 하지만 정조는 꿋꿋하게 그를 지켜주었다. 훗날 정조는 당시의 정황을 이렇게 회상했다.

"번암과 나를 이간하는 글이 상자에 가득해도 나는 결코 의심하지 않았다."

1798년 정계에서 은퇴한 채제공은 이듬해 1월 18일 80세를 일기로 세상을 떠났다. 2년 후 정조마저 불의의 죽음을 당하고 정순왕후의 수렴청정으로 정권을 장악한 벽파들은 채제공의 관직을 몰수한 다음《실록》에 이렇게 썼다.

채제공은 상소문을 교묘하게 썼고 권모술수를 좋아했다. 외모는 당당했지만 내심은 숨기는 게 많고 술수가 많았다. 늘 웃는 얼굴이었지만 누구를 헐뜯거나 칭찬하는 데 속셈이 있었다. 임금의 총애를 빙자해 사욕을 채웠으며, 은근히 천주교를 비호해서 엄청난 변이 있게 한 사람이다.

이런 악평 뒤에 이례적으로 아래와 같은 정조의 전교가 실려 있다. 순조 때 벽파가 무너진 다음 뜻있는 사관이 끼워 넣은 것이리라.

남들은 번암에 대해 모르지만 나는 잘 알고 있다. 그는 불세출의 인물이다.

급변하는 세계 정세를 읽는 안테나

- 초정 박제가 -

1592년(선조 25년)부터 시작된 7년 동안의 조일전쟁, 인조반정을 통한 광해군 축출 이후 발발한 1627년(인조 5년)의 정묘호란, 1636년(인조 14년)의 병자호란 등 연이은 전쟁으로 인해 조선의 백성들은 회복하기 힘든 타격을 받았다. 그래도 이 땅의 권력자들은 예송논쟁과 같은 허망한 장례놀음에 휩싸인 채 백성들과 동떨어져 있었다. 그들은 '농업이야말로 천하의 근본'이라고 입으로만 떠들면서 실질적인 농민들의 아픔에는 고개를 돌리고 있었다. 그사이 지방 토호들은 토지를 점유하여 소작인들의 고혈을 빨았으며, 관리들은 세제를 악용하여 치부에만 골몰했다. 조선이 앓고 있는 종기는 악성으로 치닫고 있었다. 몇몇 뜻있는 사람들의 비분강개만으로는 치유하기 힘든 상태였다.

18세기 들어서도 사정은 전혀 변하지 않았다. 유리걸식하는 사람이 산야에 가득했고, 아사자가 길바닥에 늘어섰으며, 도처에서 견디다 못

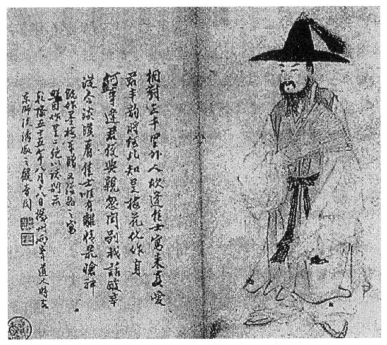

초정 박제가 유형원, 이익, 박지원의 계보를 이어 실학사상으로 무장한 박제가는 스스로를 위항의 도인이라 부르며 민중을 위해 평생을 바쳤다. 사진은 청나라 학자 뤄핀이 박제가에게 선물한 초상화.

한 백성들이 끼니를 연명하기 위해 노비가 되거나 초적으로 돌변했다. 그런 암울한 현실에서 유형원, 이익, 박지원, 박제가 등으로 이어지는 실학자들은 어둠을 밝히는 작은 등불이었다. 그들은 백성을 위한 정치를 주장하면서 위정자들에게 사고를 전환하라고 강력하게 요구했다.

"임금이 백성의 지지를 받으면 천자가 되고, 그렇지 않으면 한낱 평범한 사내가 된다. 그러므로 백성이란 임금의 하늘이다."

이런 기개를 바탕으로 태동한 실학정신은 조선의 트로이카 군주 시대와 맞물려 사회를 근본적으로 바꾸어갔다. 대동법의 시행으로 농민들의 어깨가 가벼워졌고, 상평통보 주조, 균역법에 이은 금난전권 폐지

등은 상업의 획기적인 발달을 가져왔다.

"광에서 인심이 나온다잖아. 우선 돈을 벌고 보자."

조정의 적극적인 정책으로 백성들은 사기가 올랐다. 바야흐로 농업 생산성이 늘어나고 상업이 성행하여 조선은 점차 활기를 되찾게 되었다. 하지만 곧 양반 관료 중심의 사회구조로 인해 심각한 부작용이 드러나기 시작했다. 정경유착을 통한 부의 편중현상이 심해지고, 농촌의 붕괴와 함께 인구의 대도시 유입, 유전무죄 무전유죄의 난맥상이 활개를 쳤다. 이에 영조는 청계천 준설과 같은 민생사업을 벌였고, 정조는 화성 신도시 건설과 같은 획기적인 이벤트를 계기로 민생구제와 제도개혁을 도모했던 것이다.

"이거 꼭 21세기의 대한민국을 보는 것 같군."

"맞아. 언제나 기득권이 문제라니까."

"혼자만 잘 살믄 무슨 재민겨?"

절망을 넘어서

"나는 위항[87]의 도인이야."

박제가는 늘 자신을 이렇게 표현했다. 세상의 중심에서 벗어난 떠돌이로서의 자괴감과 함께 이 땅의 민중들을 위해 평생을 바치겠다는 의지를 내보인 것이다.

승지 박평의 서자였던 그는 여느 서얼들과 마찬가지로 일찍부터 벼슬살이에 대한 꿈을 버렸다. 학문이 아무리 깊고 경륜이 아무리 높아도 사회적 신분은 천민이나 다름없었던 시절, 자칭 도인으로 초월의 삶을 사는 것도 쉬운 일이 아니었다.

시·서·화에 조예가 깊었던 박제가는 평소 중국 초나라 굴원(屈原)의 〈이소(離騷)〉를 즐겨 읊었다. 자신이 직접 지은 초정(楚亭)이라는 호는 서얼이기에 초나라보다도 못한 변방 조선에서조차 마음껏 능력을 펼치지 못하는 참담한 신세를 비유한 것이겠다.

11세 때 부친을 여의고 홀어머니를 모시고 살던 박제가의 집은 몹시 가난했다. 그렇지만 어머니는 똑똑한 아들이 반드시 성공할 것을 믿고 삯바느질을 하면서도 뒷바라지에 최선을 다했다. 집에 아들의 친구들이 오면 돈을 아끼지 않고 항상 술과 안주를 한 상 내주었다.

"네가 저애들에게 꿀릴 것은 하나도 없다. 다만 학문이 모자라지 않을까를 근심해라."

이런 어머니가 있었기에 박제가는 마음껏 읽고 싶은 책을 읽고 마음껏 여행을 쏘다니며 격변하는 18세기 조선의 부조리한 사회현실을 목도할 수 있었다.

청장관 이덕무는 그의 둘도 없는 친구였다. 박제가는 15세 때 남의 집에서 처음으로 그의 글씨를 보고 감탄하며 그리워하다가 18세 때 우연히 길에서 만나 의기투합했다. 또 그의 곁에는 유득공과 이서구 등 당대의 서얼 출신 천재들이 있었다. 그들은 어려서부터 한동네에 살았으므로 매우 절친했을 뿐만 아니라 신세도 비슷해 통하는 데가 많았다.

"우리 함께 이 세상을 뒤집어볼거나?"

"좋아, 달타냥! 우리 4총사가 모이면 뭔 일인들 못하겠냐."

19세 때 박제가는 친구들과 함께 13세 연상인 연암 박지원의 제자가 되어 실학의 기초를 배웠다. 그들은 청나라의 선진문물에 대한 이야기를 전해듣고 동경해 마지않았다. 하지만 학문이 아무리 높아도 쓰일 데가 없는 몸, 네 사람은 술과 시로 세월을 보냈다. 그런데 절망을 희망으로 바꾸게 된 사건이 일어났다.

"너희가 시를 좀 쓴다며? 이리 가져와 봐라."

27세 때인 1776년 유득공의 숙부인 유탄소가 그들 네 사람의 시문을 엮어 연경에서 《건연집(巾衍集)》을 간행했다. 그 책을 보고 청나라의 문인 기전, 이조원 등이 감탄했다.

"이것 참 대단한 실력이오. 해동에도 이런 문장가들이 있었소?"

"내 조카와 친구들인데 넷 다 서얼 출신이오."

"대가들에게 무슨 신분 타령이오? 정말 한번 만나보고 싶구려."

이 일화가 조선 땅에 널리 퍼지면서 네 사람은 시문사대가(詩文四大家)로 불렸다.

"청나라에서는 서얼도 문사로 대접해주는구나."

감격한 박제가는 이조원에게 이렇게 편지를 썼다.

'연행 사절의 한 마졸로서라도 중국의 산천 인물과 모든 제도를 보고 배우고 싶습니다. 그럴 수만 있다면 귀국한 다음 이름 없는 산야의 농부로 늙어도 한이 없겠습니다.'

이와 같은 박제가의 의지는 마침 규장각을 세우고 인재를 찾던 정조의 안테나에 걸려들었다. 박제가의 뛰어난 재주를 알게 된 그는 채제공에게 명했다.

"선생님, 티 나지 않게 쟤들 청나라 구경 좀 시켜주시오."

"서얼 출신을 어디에다 쓰려고요?"

"허어, 이제 우리도 그런 구태에서 벗어날 때가 되지 않았습니까?"

그렇게 해서 1778년 3월 박제가는 유득공과 함께 사은사 채제공의 수행원으로 꿈에 그리던 연경에 들어갈 수 있었다. 청나라에 도착한 박제가는 이조원, 반정균 등을 찾아가 신학문을 배우고 중국의 선진문물을 견학했다.

"역시 백문이 불여일견이다. 실제로 보고 들으니 우리 조선 사람들이 우물 안 개구리였음을 알겠다."

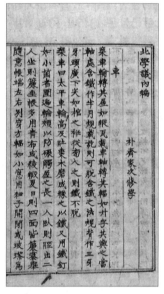

《북학의》 박제가가 청나라의 발전된 문물을 보고 와서 지은 책으로 정조가 세상의 흐름을 읽는 안테나가 되었다. 규장각 소장.

박제가는 청나라의 발전된 면모를 보고 조선의 개혁이 발등에 떨어진 불임을 알게 되었다. 그래서 귀국하자마자 《북학의》 내외편(內外篇)을 쓰는 데 혼신의 힘을 기울였다. 책의 제목은 '맹자 때 진양의 말을 취하여 북학의라 했다.'라고 밝혔다. 진양이란 사람은 전국시대 맹자가 활약하던 당시 남방에 살았던 농본주의자의 이름이다. 박제가는 당시 진양이 남쪽의 미개한 현실을 극복하기 위해 북방에서 성행하던 유교를 공부했던 일화를 들어 자신 역시 조선의 암담한 현실을 개혁하기 위해 북방의 앞선 청나라 문물을 받아들이겠다고 선언한 것이다.

"모르고도 배우지 않는다면 야만인과 다를 게 무엇인가."

정조는 박제가가 연행을 마치고 돌아오자 이듬해 3월 유득공, 이서구, 서이수와 함께 규장각 검서관으로 불러들였다. 서얼로서는 생각지도 못한 벼슬이었다.

"공부 많이 했느냐? 이제 내 곁에 좀 있어줘야겠다."

검서관이란 직책은 본래 각신들을 보좌하며 《어제일력(御製日曆)》이나 《일성록》 등을 등사하고 편집 간행하는 임무였다. 하지만 그들은 규장 각의 수많은 장서를 마음껏 펼쳐볼 수 있고, 언제나 임금을 보좌하고 독대할 수 있는 특권까지 주어졌다. 당대의 천재들과 교류하는 기회는 소박한 덤이었다. 박제가가 자신보다 12세 어린 정약용과 교분을 쌓은 것도 이때였다. 당시 규장각을 통해 친위관료를 키우려는 정조의 지극 한 배려로 박제가는 생활에 대한 근심을 잊고 학문과 토론으로 밤을 지 새웠다.

"선비는 자신을 알아주는 이를 위해 목숨을 바친다며?"

박제가는 그 후에도 진하사·동지사를 수행하여 두 차례 청나라에 다 녀오면서 북학에 대한 견해를 가다듬었다. 1794년 춘당대(春塘臺) 무과 에 장원하여 오위장(五衛將)에 오르고, 이듬해 영평 현감을 제수받았다. 그가 무과에 응시한 것은 서얼이라는 신분의 한계 때문이었다.

이것이 개혁이다

《북학의》 내편에서 박제가는 차선, 성벽, 궁실, 도로, 교량, 목축 등 39항목을 통해 우리 생활 주변의 기구와 시설을 근대화하자고 주장했 다. 외편에서는 전분, 상, 농잠총론, 과거론, 관론, 녹제, 장론 등의 17 항목을 통해 농업기술의 개량과 무역 등에 관한 조선의 후진성을 신랄 하게 비판하고 개선책을 제시했다.

1차적으로 그는 백성들의 삶과 관련된 분야에 주목했다. 경제를 살리 려면 우선 길을 크게 닦아 수레가 다니기 쉽게 해야 한다. 그래야 농산 물이나 공산품의 유통이 원활해지고 지방은 물론 도시의 상업이 발달한다는 것이다.

"영남에서는 새우젓을 모르고, 관동에서는 조로 장을 담근다. 서북인들은 감과 감귤을 구별하지 못하고, 바닷가에서는 물고기로 기름을 만드는데 서울에서는 물고기 한 줌에 한 푼이나 한다. 이게 말이나 되는 일인가."

박제가의 주장은 신랄하기 그지없었다. 쟁기나 보습 같은 농기구는 삼국시대부터 변한 것이 없으니 한심하다, 저수지를 파고 수차를 이용하면 가뭄이 들어도 근심할 필요가 없다, 씨앗을 개량하여 소출량을 늘려야 한다……. 이른바 선진농법을 시행하자는 뜻이다. 이와 같은 제안은 고스란히 정조에게 받아들여져 화성 신도시에서 시범적으로 행해졌고, 전국적으로 전파되었다.

가옥에 관한 대목을 살펴보면 가난한 백성들에 대한 그의 염려가 알알이 맺혀 있다.

"양반 사대부들의 저택이야 이름난 목수가 번쩍이게 지은 고대광실이지만, 서민들의 집은 대부분 깎지도 않은 나무토막을 고르지 않은 땅 위에 세워놓고 새끼로 묶으며, 기울기를 감안하지 않은 채 손으로 문질러놓았을 뿐 흙손질을 하지 않으며, 방바닥은 기울고 연기는 가득하니 사람이 거처할 곳이 못 된다. 중국에서는 집을 지을 때 최소한의 규격을 정해주어 초가는 적어도 15년에 한 번은 이엉을 잇도록 법제화되어 있다. 심지어 우리가 미개인이라고 침을 뱉는 일본에서도 창의 크기가 일정해 어느 곳에 가서 사더라도 쉽게 갈아 끼울 수 있다. 소위 문명화된 나라에서 이런 정도의 정치가 되지 않는다면 창피할 뿐이다."

박제가는 그 밖에도 생활에 꼭 필요한 기와, 종이, 화살, 인장, 도료,

교향, 금, 은, 쇠 등 수많은 분야에서 개선책을 제시했다. 이와 같은 박제가의 섬세하면서도 매운 지적은 서민의 삶에 무관심한 조정 대신이나 수령들에 대한 일갈이기도 했다.

"너희는 정말 백성들에게 관심이 있기나 한 거냐!"

그의 탁견은 외편에서 자연스럽게 국가정책과 제도의 개선책으로 이어진다. 그 중에서 과거제도 쇄신에 대한 견해가 눈에 띈다.

"과거공부나 하면서 무위도식하는 양반들을 퇴출시켜라."

당시 과거장의 부정행위는 극에 달하고 있었다. 소위 '커닝'은 애교에 불과했다. 관리들과 결탁해 시험문제를 훔치기, 글 잘 쓰는 사람을 동원한 대리시험, 여러 명이 상의해서 답안을 작성하기, 그도 모자라 시험지 바꿔치기, 합격자 미리 정해놓기 등 가능한 모든 작전이 동원되는 것이 과거장의 풍경이었다.

그렇게 합격했다고 해서 벼슬자리를 얻는 것도 아니어서 또다시 인맥과 금맥, 학맥이 총동원된다. 그만한 능력이 없는 양반은 과거공부를 핑계로 무위도식하면서 세월을 보낸다. 게다가 운이 좋아 한자리 꿰찬 관리는 그동안 들인 비용을 뽑아야 하고 고위층에 상납까지 해야 하니 피해를 보는 것은 고스란히 백성들 몫이다. 이런 판국에 나라꼴이 제대로 돌아가기를 기대하는 것은 죽은 나무 아래서 감이 떨어지기를 기다리는 꼴이었다. 박제가는 양반 사대부계층에 대한 정화가 기본이라고 설파했던 것이다.

"오늘날 과거준비만 하는 선비가 10만 명이 넘는데, 양반붙이들까지 합치면 수효가 인구의 반을 차지한다. 이들이 무위도식하면서 '너희는 어찌 힘껏 일하지 않고 빈둥거리는가.'라고 농민들에게 큰소리를 친다.

이런 헛것들에게 강제로라도 땅을 파게 해야 한다."

물론 박제가에게도 한계는 있었다. 청나라는 이미 러시아는 물론이고 서방과 교류하는 단계에 접어들고 있었는데, 그는 청나라를 세계의 중심으로 보고 대외교역 분야에서 일본이나 여타 국가는 배타시하는 경향을 보였다. 그래도 박제가의 주장은 거침이 없었다.

"서양 선교사를 초빙하여 청년들에게 천문, 역학, 건축, 채광, 조선, 무기제조, 벽돌제조 등을 배우게 하자."

1786년, 박제가는《북학의》를 대폭 간추린《북학론》을 정조에게 바쳤다. 정조는 그것을 바탕으로 수원 화성 계획을 추진했다. 당시는 명례방 집회사건 등의 여파로 서학이 공식적으로 금해졌을 때였다.

그렇듯 왕의 총애를 받으며 자신의 학설을 발전시켰던 박제가는 정조의 급서로 인해 더 이상 뜻을 펼칠 기회를 잃고 말았다. 허무한 결말이었다. 정조 사후 노론 벽파가 정국을 장악한 1801년, 그는 규장각 각신 출신인 시파 윤행임의 배려로 사은사를 수행하여 네 번째로 청나라에 다녀온 것이 마지막이었다. 노론 벽파에 의한 대숙청작업인 신유사옥으로 윤행임이 실각한 뒤 박제가는 이른바 동남성문(東南城門)의 흉서사건에 사돈 윤가기가 주모자로 지목되자 연좌되어 북방의 오지인 종성에 유배되었다. 4년 뒤 정순왕후의 교지로 풀려난 그는 고향에 칩거하며 외로운 말년을 보냈다.

"위항의 도인이었으니 위항으로 돌아왔네. 그뿐이라네."

'가문의 영광'을 위한 여인의 한

- 정순왕후 -

정순왕후는 경주 김씨 김한구의 딸로, 15세 때인 1759년(영조35년) 66세의 노인이었던 영조의 비로 간택되었다. 영조의 정비인 정성왕후가 죽은 지 2년 뒤의 일이다. 당시 그녀는 영조의 며느리인 혜경궁 홍씨보다 열 살이나 아래였고 손자인 정조와는 겨우 일곱 살 차이였다. 지금으로 치면 중학생 정도의 어린 나이에 왕실 최고의 어른이 된 것이다.

평소 거대문벌에 반감을 품고 있던 영조는 가세가 한미한 김한구의 여식을 왕비로 맞이함으로써 외척의 발호를 미연에 방지하고자 했다. 당시 경주 김씨 가문에서 이름 있는 선비로는 인조 때 관찰사를 지낸 김홍욱 정도였다. 김홍욱은 효종에게 소현세자의 비인 강빈이 친청파인 김자점에 의해 조작된 사건으로 옥사를 당했으니 신원하자는 상소를 올렸다가 목숨을 잃은 강직한 선비였다.

"이 정도의 가문이라면 조정에서 설치지는 못하겠지."

원릉 정순왕후 묘. 구리시 인창동. 가문의 영광을 위해 몸과 마음을 다 바쳤던 여인. 정순왕후는 정조가 죽자 순조의 수렴청정을 하면서 정조의 개혁정책을 원점으로 되돌려놓았다. photo ⓒ 모덕천

"천만의 말씀. 뿌리가 엷으면 가지를 많이 키우는 법이랍니다."

당시 경주 김씨 가문에는 영조의 탕평책을 비판하는 호서지역 산림인 한원진의 문하생들이 많았다. 그 영향으로 정순왕후 역시 노론과 소론, 남인 등을 아우르는 영조의 정책을 변화시키려 노력했다. 그러기 위해서는 가문에 힘을 실어주는 것이 우선이었다. 그래서 정순왕후는 영조에게 부탁했다.

"제 오라비가 똑똑하니 벼슬자리 하나 내주세요."

"그럽시다. 새신부가 청하는데 늙은이가 뭘 못 들어주겠소."

"고마워요. 그리고 우리 집안도 며느리 집안만큼은 키워주세요."

"허허, 벌써 본가에 사람들깨나 모여들었을 텐데."

"그게 아니라 조정에서 맞부딪쳤을 때 힘을 좀 실어달란 말이에요."

"알았소. 하긴 홍씨 가문이 요즘 너무 컸단 말이야."

이처럼 정순왕후가 적극적으로 후원해주자 부친 김한구와 오빠 김귀주는 금세 세력을 모아들였다. 그들은 곧 외척당인 남당을 만들어 당시 실권을 장악하고 있던 홍봉한의 북당과 경쟁하기 시작했다. 두 사람은 또 화완옹주의 양자인 정후겸과 함께 차기 대권주자인 사도세자를 공격하는 데 앞장섰다.

"소론을 후원하고 있는 세자를 제거해야 우리 세상을 만들 수 있어."

이렇게 해서 사면초가에 몰린 사도세자는 방황하기 시작한다. 그로 인해 정신이상 증세까지 생겼다. 한번은 궁궐 안에서 칼을 휘둘러 사람을 상하게 하기도 했다.

"도처에 나를 노리는 사람들뿐이다. 무섭고 두렵다."

정순왕후가 입궐하고 2년 뒤, 사도세자는 한 달 동안 평안도를 여행한다. 기록에 따르면 기생과 어울렸다고 하지만 분명한 행적은 아직도 미궁에 빠져 있다. 일부 연구자들은 사도세자가 당시 평안도에서 쿠데타를 모의했던 것은 아닐까 하는 드라마 같은 추리를 하고 있다. 역사를 되짚어보면 왕위를 놓고 벌이는 부자상쟁은 그리 낯설지 않다. 어쨌든 이때 김귀주는 영조에게 밀서를 보내 홍봉한, 정휘량 등 영조 측근의 탕평파들을 싸잡아 공격했다.

"세자가 수상한 무리와 움직이는 것이 매우 의심스럽습니다."

영조는 그 내용을 보고 정순왕후에게 주의를 주었다.

"당신의 오라비가 쓸데없이 훈수를 두는군. 제발 나서지 말라고 만류해 주시오."

"정말 그럴까요? 조금만 기다려보시지요."

얼마 후 그들은 본격적으로 세자 제거작업에 돌입했다. 1762년(영조 38년), 형조 판서 윤급의 청지기 나경언이 영조에게 세자의 비행 10여 가지를 고변했다.

"세자가 혜경궁 홍씨를 죽이려 했고, 비구니를 궁중에 끌어들였으며, 부왕의 허락도 없이 평양에 다녀왔습니다. 또 북성에 마음대로 나가 놀았습니다."

"뭐라고? 세자가 그토록 망나니였단 말이냐?"

당시 영조는 소론의 주장에 동조하는 세자에 대한 감정이 별로 좋지 않았다. 나경언의 고변은 마른 장작에 기름을 부은 격이 되었다.

"네가 내 눈을 열어주었구나. 무슨 상을 주랴?"

그러자 같은 무리였던 남태제, 홍낙순 등이 말렸다.

"저놈을 죽이십시오. 본래 고자질한 놈이 더 나쁜 놈입니다."

이른바 살인멸구였다. 노론의 음모는 그렇게 착착 진행되어 곧 영조로 하여금 세자와 양립할 수 없는 상황으로 몰고 갔다. 결국 영조는 아버지로서 도저히 해서는 안 될 결단을 내리기에 이른다. 세자에게 자결을 명했던 것이다. 하지만 세자가 눈물로 무죄를 호소하자 영조는 뒤주 속에 가두어 8일 만에 죽게 했다. 이른바 임오화변이었다. 그런데 아들의 비참한 시신을 본 영조는 가슴을 치며 후회했다.

"내가 왜 그랬을까? 내 눈에 뭐가 쓰인 게야."

영조는 죽은 세자에게 사도(思悼)라는 시호를 내렸다. 매우 애달프게 생각한다는 뜻이다. 세손은 이 비극적인 사건의 배후를 낱낱이 파악하고 있었다. 그리하여 즉위하자마자 홍인한과 홍계희, 김귀주 등을 가차 없이 제거했던 것이다. 그러자 정순왕후가 정조에게 따졌다.

"우리 오빠가 무슨 잘못을 했다고 귀양을 보내신 거요?"

"아, 예. 그놈이 어머니께 방자한 짓을 해서요. 글쎄 궁궐에 들어와 문안도 드리지 않았답니다. 정말 괘씸하지 않습니까?"

"아니, 그게 무슨 큰 죄라고?"

"무슨 말씀이세요. 그럼 제가 할머니께 불효해도 괜찮다는 말씀이세요? 동방예의지국 조선에서 불효는 큰 죄인데, 김귀주의 불충은 더하지요."

"그게 어찌 불충까지 된단 말이오?"

"말을 좀 새겨들으세요. 제가 지금 아버지의 원수를 갚는 중이란 거 아시잖아요."

"그래도 내 오빠잖소. 한번 봐줘요."

정순왕후가 김귀주의 석방을 호소했지만 정조는 뜻을 굽히지 않았다. 이때부터 정순왕후는 앙심을 품고 정사에 참견하면서 정조를 괴롭혔다. 그래도 정조는 그녀를 깍듯이 자전(慈殿)으로 모시며 예를 잃지 않았다.

"할머니, 누가 뭐래도 저는 할머니의 손자입니다."

음모의 꼬리

그 후 정순왕후의 행보는 예사롭지 않았다. 우선 김귀주를 몰아내는 데 앞장섰던 정조의 심복 홍국영을 공격했다. 홍국영이 은언군의 아들 상계군을 누이인 원빈의 양자로 들이자 트집을 잡았다.

"건방지게 신하로서 왕실 후계문제에 개입하다니 삼족을 멸할 일입니다. 이들을 모두 죽여야 합니다."

"아, 할머니, 왜 그렇게 살벌하게 그러세요. 그건 제가 알아서 할 문제입니다."

"그러니까 귀찮으면 우리 오빠 풀어달란 말이야."

"그럴 수는 없습니다. 아버지의 원수를 풀어주면 제가 뭐가 됩니까?"

정조의 태도는 완강했다. 그러자 정순왕후는 한발 물러서 새로운 기회를 엿보기로 했다. 당시 정조의 정비인 효의왕후는 깊은 병에 들어 후사가 불가능한 상태였다. 그로 인해 후계자 문제가 수면 위로 떠오르자 정순왕후는 1778년에 언문교지를 내려 신하들을 닦달했다.

"당신들 대체 뭐하고 있는 거야? 어서 비빈을 간택하여 후사를 도모하시오."

"이크, 할머니가 나 결혼도 시켜주시네. 무슨 생각으로 저러실까."

"무슨 생각은, 미운 놈 떡 하나 물려주는 거지. 후사가 없어서 상계군 같은 애가 세자가 되면 곤란해지잖아."

"제 생각도 마찬가지예요. 잘되었군요."

정조는 그녀의 뜻을 받아들여 의빈 성씨와 수빈 박씨 등을 후궁으로 맞았다. 1786년 7월, 정순왕후의 친정오빠인 김귀주가 유배지인 흑산도에서 숨을 거두었다. 이로 인해 정순왕후는 커다란 충격을 받았다.

"결국 우리 오빠를 죽이고 말았구나. 산아, 그러고도 네가 성할 듯싶으냐."

여자가 한을 품으면 오뉴월에도 서리가 내린다고 했던가. 어린 나이에 구중궁궐에 들어와 젊은 날을 독수공방해야 했던 정순왕후의 눈에 독기가 뻗쳤다. 그해 왕실에서는 유난히 의문의 죽음이 이어졌다. 5월에는 다섯 살배기 문효세자, 9월에는 그의 생모인 의빈 성씨, 11월에는 상계군이 목숨을 잃었다. 궁궐 안팎에서 흉흉한 소문이 맴돌았다.

"분명히 정순왕후의 짓일 거야."

"아니 땐 굴뚝에 연기 날 리 없잖아."

12월이 되자 정순왕후가 언문교지를 내려 세 사건에 대한 공개적인 수사를 촉구했다.

"왕실에서 의문의 사건이 일어나고 있는데 혹시 독살이 아닐까 싶소. 관계기관에서는 하루빨리 범인을 찾아내 궐내에 유언비어가 떠돌지 않게 하라."

이와 같은 명이 떨어진 지 5일 만에 죽은 상계군의 외조부 송낙휴가 훈련대장 구선복을 용의자로 지목했다. 구선복의 오촌 조카 구명겸의 여동생이 상계군과 결혼했고, 아들 구이겸이 자식이 없어 구명겸의 아들을 양자로 들였는데, 이런 복잡한 가정사가 누명의 빌미가 되었다. 결국 혹독한 국문을 견디지 못한 구선복이 자복하고 말았다.

"홍국영 축출에 불만을 품고 내가 문효세자와 의빈 성씨, 상계군까지 독살했소. 당신들은 정말 이 말을 믿소?"

"당연하지. 그게 우리가 원하는 대답이니까."

결국 구선복은 역모의 굴레를 뒤집어쓰고 죽음을 당했다. 정조는 이쯤에서 끝내길 원했다. 사랑하는 아들 문효세자와 의빈 성씨의 죽음은 자신에게도 커다란 충격이었기 때문이다. 그런데 정순왕후는 더 많은 피를 원했다.

"상계군의 아비 은언군도 연루되었으니 죽이시오."

"아니, 할머니. 제 형제를 다 죽일 작정이십니까?"

이미 즉위 초기에 홍계능 일파의 삼대모역사건으로 이복동생 은전군을 잃었던 그였다. 더 이상 물러설 수 없었다. 그러자 대신들이 대궐 문

앞에 엎드려 은언군의 처단을 요구했다. 그러다 보니 이 사건은 아직 기반이 부실한 임금과 신하 사이에 헤게모니 쟁탈전 양상으로 바뀌었다. 화가 난 정조는 대궐문을 닫아걸고 사흘 동안 단식하며 맞섰다. 그러자 영의정 김치인이 대표로 나와 사태의 해결책을 제시했다.

"전하, 협상합시다. 은언군에게 유배형을 내리십시오."

"자식을 잃은 아비에게 죄를 준다는 게 말이 된다고 생각하시오?"

"그래도 조정의 중론을 따르셔야 합니다."

"그게 무슨 중론이오? 억지지."

"그럼 사형으로 끝까지 밀어붙일까요?"

"좋시다, 유배형. 단 가까운 강화도로!"

"역시 전하는 협상의 대가십니다. 좋습니다, 강화도."

정조는 이미 심복을 시켜 은언군의 가족을 강화도에 이사시켜놓은 뒤였다. 그런 다음 정조는 종종 말을 타고 강화도로 달려가 은언군과 형제애를 나누었다.

"인마, 여기서 그냥 죽은 척하고 조용히 살아라. 곧 좋은 날이 올 테니까."

"덕분에 나는 살았지만 실은 형이 걱정이구려. 새할머니 등쌀을 어찌 견디시려오?"

"지금 내가 멀쩡한 걸 보면 모르냐? 치열한 생존본능. 이제 나는 곧 절대 카리스마로 갈 거야."

"믿습니다, 형. 부디 성공하길 바라요."

그렇게 해서 강화도에 유배된 은언군은 영영 풀려나지 못했고, 훗날 그의 손자 원범이 철종으로 등극하게 된다. 이후에도 정순왕후는 정사가 마음에 들지 않는다고 음식을 끊거나 불평불만을 늘어놓는 등 정조를 괴롭혔다. 또 내관들과 궁녀들을 매수하여 왕의 일거수일투족을 감시했다. 이에 정조는 내관들을 철저하게 통제했고 대비전 궁녀들의 대전 출입을 엄금하는 예방조치를 취했다.

"거참, 손자에게 너무 심하시네요. 여자는 시댁에 뼈를 묻어야 하는 거 아닙니까?"

"오해하고 있었구나. 난 가문 중흥의 역사적 사명을 띠고 노인네에게 팔려온 거야. 그걸 여태 몰랐니? 그런데 네가 우리 집안을 망쳤잖아."

질긴 권력의 뿌리, 외척

영조 대에 홍봉한의 북당과 김귀주의 남당은 치열하게 대립했지만 큰 충돌은 벌어지지 않았다. 홍봉한은 영조의 업적인 균역법, 청계천 준설사업 등을 주관하며 노론과 소론의 중심에 있던 소위 탕평당의 거물이었다. 김귀주는 정통 노론을 자처하는 송환억, 정이환 등과 가까이 지내면서 노론의 반 탕평파인 구상, 김상묵, 심환지 등을 끌어들여 남당을 구성했는데, 이들이 훗날 노론 핵심세력과 결합해 벽파로 발전했다.

"홍봉한이 세손을 협박해 자신의 당파로 끌어들이려 한다."

영조 말년에 김귀주는 홍봉한 일파를 맹렬히 공격했다. 신임의리를 지키기 위해서는 가족관계도 끊어야 한다는 대의멸친(大義滅親)을 바탕으로 한 공세였다.

"당신 외손자라도 죄인의 아들이니까 절대 왕이 될 수 없어. 그러니까 세손을 끌어들여 조정을 장악하겠다는 음모를 버려."

김귀주는 그렇게 북당세력을 몰아붙임으로써 정조의 왕위 계승을 무력화시킨 다음, 자신들이 지지하는 왕족을 정순왕후의 양자로 삼아 등극시키려는 것이었다. 그러기 위해서는 우선 사도세자의 자식들을 모두 제거해야 했다.

"이 작전이 성공하면 마마의 자손으로 왕을 삼을 수 있습니다."

"오빠, 그러면 우리 집안이 활짝 피어나겠군요?"

"이를 말씀이십니까. 세손만 잡으면 이 승부는 금방 끝납니다."

이때 김귀주는 마침 형 홍봉한과 사이가 나빠진 홍인한에 소론의 정후겸까지 끌어들였다. 이와 같은 노론 벽파의 정권장악 음모는 정순왕후가 죽고 난 1806년에 낱낱이 밝혀져 벽파 침몰의 계기가 되었다. 이 사실을 죽은 정조가 미리 알았다면 실로 간담이 서늘했을 것이다.

"내가 초기에 척신들을 잡지 않았으면 어쩔 뻔했어?"

"맞습니다. 홍계능, 홍술해 등은 칼을 들고 설쳤는데, 저들은 조금 떨어진 데서 맹독을 뿌릴 준비를 하고 있었군요."

"아버지의 자손들을 모두 죽이려 했다니 믿을 수가 없군. 정말 내가 어떻게 25년 동안 왕위에 붙어 있었을까?"

"벽파의 정권욕, 정말 대단하네요. 아무리 정순왕후가 뒤에 있다 해도 정도가 심했어요."

"그게 다 의리란 놈 때문이야. 그 지독한 조폭 의리!"

그랬다. 노론 벽파들은 영조가 사도세자를 죽음으로 몰고 간 것을 개인적인 사건으로 치부하면서, 이전에 영조를 등극시키는 계기가 된 자신들의 신임의리를 최고의 가치로 쳤다. 그들은 또 정순왕후를 배경으로 하는 노론계 척신들의 정치 간여를 당연시하는 입장을 견지했다. 그러므로 우현좌척(右賢左戚), 즉 현인을 가까이하고 척신을 배타시하는 정책을 펴면서 사도세자의 죽음을 새로운 의리로 해석하는 정조와는 대척점에 설 수밖에 없었다.

"할머니와 저는 양립할 수 없는 사이였군요."

"그래, 우리는 아마 전생에 원수였는가 보다."

정조 최후의 시간, 정순왕후는 임금의 병실에 들어가서는 안 된다는 전례를 무시하고 영춘헌으로 들어갔다. 과연 그때 무슨 일이 있었을까. 혹시 영화 〈브레이브 하트〉에서 죽어가는 잉글랜드의 왕 롱생크스의 귓가에 대고 이사벨라 공주가 그랬던 것처럼 낮은 저주의 목소리를 흘려보냈던 것은 아닐까.

"산아, 너는 그동안 헛수고했어. 이제 내가 다 되돌려놓을 거야."

기록에 따르면 정조가 최후에 남긴 말은 '수정전', 바로 정순왕후의 거처였다. 그로 인해 정순왕후는 훗날 정조를 독살했다는 의심까지 받지만, 그게 무슨 대수란 말인가. 권력은 이미 그녀의 손아귀에 쥐어졌는데…….

정조 사후 심환지 등 노론 벽파는 세자의 어린 나이를 들어 정순왕후의 수렴청정을 주장했다. 그 후 정순왕후는 3년 반 동안 수렴청정하면서 정조가 이룩했던 개혁의 성과를 완전히 백지화시켜버렸다. 정조 개혁의 상징이었던 화성은 잊혀지고 장용영은 혁파되었다. 단순한 사학 (邪學)으로 치부되던 서학을 국가반역집단으로 몰아붙여 시퍼런 칼날을 휘둘렀다. 남인의 핵심 멤버인 이가환과 권철신[68], 홍낙민 등을 죽이고 이미 배교한 지 오래인 정약용까지도 귀양을 보냈다. 또 혜경궁 홍씨의 동기 홍낙임, 박제가, 윤행임, 서유방, 이면응 등 정조와 관계된 인물들은 깨끗이 제거했다. 그야말로 나라 안에 피바람이 불었다.

"산아, 너를 추억할 수 있는 건 이 땅에 하나도 남겨두지 않겠다."

정순왕후는 그렇게 정조의 치적을 깨끗이 지워버림으로써 조선의 희망까지 지워버렸다. 노론 벽파는 회심의 미소를 지으며 자신들의 권력을 강화시켜나갔다. 그리하여 경기지방의 노론 문벌을 끌어들이기 위해 이미 정조에게 세자빈으로 간택되었던 김조순의 딸과 순조의 혼인을 받아들인 다음, 안동 김씨의 김달순, 반남 박씨의 박종경 등을 조정에 끌어들였다. 하지만 그것은 커다란 실수였다. 벽파의 강력한 후원자인 정순왕후가 수렴청정을 마친 이듬해인 1805년(순조 5년)에 파란만장했던 삶을 접은 것이다.

"나는 가문에 대한 의리를 다했어요. 그렇지만 참으로 힘든 세월이었어요."

정순왕후, 사실 그녀 역시 치열한 권력투쟁의 희생자였다. 15세의 꽃다운 나이에 왕비가 된 그녀, 정조에 의해 친정이 풍비박산나자 그 원한으로 꾸려온 인생이 아니었던가. 그 안에 여인으로서의 행복이 과연 있었을까.

그녀의 죽음과 동시에 노론 벽파에 대한 반남 박씨, 안동 김씨, 풍양 조씨 일파의 연합공격이 개시되었다. 그리고 김이영이 십육자흉언을 폭로함으로써 노론 벽파의 주역들은 역적이 되어 형장의 이슬로 사라졌다. 화무는 십일홍이었다.

그녀가 흘린 눈물의 진실

- 혜경궁 홍씨 -

1800년 여름, 정조가 세상을 떠나자 화성에는 황량한 바람만 맴돌았다. 정권을 잡은 정순왕후와 벽파들은 화성 건설을 정조의 개인적인 사업 차원으로 폄하한 다음, 신도시에 대한 모든 지원을 끊어버렸다.

"편견이 지나치면 저렇듯 심한 결과를 낳는다. 귀한 세금을 엉뚱한 곳에다 펑펑 쏟아부은 탓에 백성들이 가난해지고 나라가 궁핍해졌다."

그들은 화성에 주둔하고 있던 장용영의 군사력과 재정까지도 모조리 다른 곳으로 이관시켜버렸고, 사도세자 추증에 관련된 그때까지의 모든 정책도 백지화시켜버렸다.

"선왕의 독불장군식 개혁을 우리는 인정할 수 없다."

화성행궁과 현릉원에는 잡초가 무성해지고, 일찍이 정조가 눈물을 흘리며 씹어 삼켰던 송충이들이 송림에 들끓어도 아무도 돌보는 이가 없었다. 그렇게 위대한 조선을 꿈꾸며 진행되었던 정조의 개혁사업은 세인들의 뇌리에서 잊혀져갔다. 1806년, 병인경화로 김조순을 위시한 시파들이 득세한 뒤에도 사정은 마찬가지였다.

"그분은 황제의 꿈을 꾸셨던 거야. 말도 되지 않는……."

정조가 고대하던 갑자년은 아무 일도 없었다는 듯 무심코 스쳐 지나갔다. 그 허무한 잔해 끝에 남아 있는 것은 젊은 날 남편을 먼저 떠나보내고, 이제 자식까지 잃어 홀로 늙어가는 칠순 노인 혜경궁 홍씨의 피맺힌 기억뿐이었다.

오늘날 수많은 드라마와 영화를 통해 비극적인 왕실의 여주인공으로 사람들의 심금을 울리는 혜경궁 홍씨. 그런데 과연 그녀는 우리가 아는 것처럼 애달픈 삶을 살았을까? 정말로 억울하게 남편 잃은 비통한 마음을 달래며 어린 정조를 키웠던 것일까?

진실과 기록 사이

혜경궁 홍씨의 《한중록》은 일종의 회고록이다. 이 책은 여성 특유의 섬세한 필치로 자신의 삶을 솔직하게 묘사함으로써 조선시대 궁중문학의 백미로 일컬어진다. 여기에는 또 치열했던 당쟁의 현장이 생생하게 드러나 사료적 가치를 더한다.

《한중록》은 크게 두 차례의 집필과정을 거쳐 완성되었다. 첫 번째 시기는 아들 정조가 조선 최대의 원행인 을묘원행을 통해 사도세자의 무덤인 현륭원 전배를 마치고 화성행궁에서 회갑잔치까지 벌여주었던 1795년경이다.

"내가 언제 이렇듯 인생을 한가하게 즐긴 때가 있었던가."

혜경궁은 그처럼 기꺼운 마음으로 환갑을 맞이하면서 지난날을 돌이

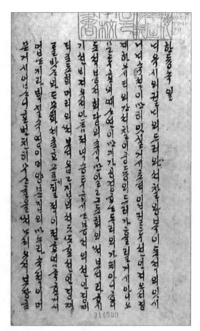

《한중록》 혜경궁 홍씨의 회고록. 모두 4편으로 되어 있는데, 제1편은 자신의 회갑해에 썼고, 나머지는 정조 사후 5년 동안 썼다. 사실적이고 박진감 있는 문체는 궁중문학의 백미로 꼽기에 손색이 없지만, 기록과 역사적 진실의 틈새를 짚어가다 보면 가문의 영광을 되살리고자 하는 혜경궁 홍씨의 몸부림을 읽을 수 있다. 규장각 소장.

켜보며 붓을 들었다. 그러기에 처음에는 이 책의 제목이 '한가한 가운데 썼다.'라는 뜻의 '한중록(閒中錄)'이었다. 여기에서 혜경궁은 임오화변에 대해 비정상적인 영조와 정신질환에 걸린 사도세자에게 문제가 있었다면서, 그로 인해 야기된 모든 갈등은 정조에 의해 극복될 수 있다고 역설했다. 그만큼 혜경궁은 정조에게 모든 것을 걸었다는 얘기다.

두 번째 집필은 정조가 죽은 지 1년 후인 1801년, 정순왕후에 의해 그녀의 동기인 홍낙임이 죽고 많은 친척들이 유배형에 처해지면서부터 시작됐다. 기대했던 가문의 신원은 고사하고 오히려 핍박이 가중되자 혜경궁은 피를 토하는 듯한 비통한 심정이 되어 붓을 들었고, 제목은 '읍혈록(泣血錄)'이 되었다. 그녀는 이 책을 순조의 생모인 가순궁에게 맡겼다. 훗날 순조가 친히 정사를 관장하게 되면 정순왕후 일파를 벌하여 집안의 억울함을 풀어주기를 바랐던 것이다. 그러므로 《한중록(恨中錄)》은 1795년의 《한중록》과 1801년의 《읍혈록》이 합쳐진 책이다.

그녀를 믿지 마세요

혜경궁 홍씨는 1735년에 홍봉한의 차녀로 출생했다. 사도세자와 동갑이었던 그녀는 10세 때 세자빈으로 간택되었다. 현재로 치면 초등학교 3학년 정도의 어린아이가 아는 사람 하나 없는 구중궁궐에 들어가야 했던 것이다. 당시의 심정을 《한중록》에서 이렇게 표현하고 있다.

"집에 머물 날이 점점 줄어들자 내 마음은 갑갑하고 슬프고 서러워 밤이면 어머니 품에서 잤다. 두 고모와 숙모께서 나를 어루만지면서 이별을 슬퍼하셨다. 부모님께서도 아침저녁으로 나를 어루만지며 어여삐 여기시고, 궁으로 들어가는 나를 불쌍히 여겨 여러 날을 못 주무셨다."

인생의 대사를 앞두고 잠 못 이루는 어린 딸과 이를 측은하게 여기는 부모의 마음. 여느 가정에서나 볼 수 있는 따스한 풍경이다. 하지만 진실은 저 언덕 너머에 있다던가. 당시 홍봉한은 큰딸의 혼수를 둘째딸의 세자빈 간택에 몽땅 쏟아부을 정도로 총력전을 펼치고 있었다.

"이거 꽤 확률 높은 로또 아닌가. 한번 도전해보자."

봉건시대에 양반이 왕의 사돈이 된다는 것은 곧 인생역전을 의미했다. 일찍이 음직으로 세자익위사 세마라는 직책에 있었던 홍봉한의 노림수는 보기 좋게 성공했다. 딸은 소원대로 세자빈이 되었고, 그의 앞길에는 탄탄대로가 펼쳐졌다. 하지만 어린 혜경궁은 사고무친한 궁중에서 잠도 제대로 이루지 못했다.

"궁중에 들어온 후로 어른들께 문안드리기를 감히 게을리 하지 못했다. 궁중의 법도가 지극히 엄하여 예에 맞춰 옷을 입지 않으면 감히 뵐 수 없었고, 날이 늦으면 모실 수 없었다. 그래서 나는 새벽에 문안하는 때를 어기지 않으려고 잠을 편히 자지 못했다."

이렇듯 지엄한 궁중의 예법을 지키면서도 혜경궁은 행복했다. 동갑인 남편 사도세자는 다정다감한 성격으로 그녀를 사랑했고, 장인이 이듬해 별시에 합격하자 자신의 일처럼 기뻐했다. 20세 무렵 혜경궁은 첫 아이를 잃고 슬픔에 잠겼지만 곧 정조를 낳음으로써 안정을 되찾았다.

"비록 20세 전의 나이였지만 떳떳하고 흐뭇한 마음이었다. 이 아들에게 훗날 몸을 의탁하리라 생각하니 어찌 기쁘지 않았겠는가."

딸이 원손을 낳자 신이 난 것은 아버지 홍봉한이었다. 그는 어영대장, 비변사 당상, 좌참찬 등을 역임하며 초고속 승진을 거듭해 영의정에까지 이르고, 노론 외척당인 북당의 영수로 군림하게 된다. 그런데 당시에 영조 대신 대리청정하고 있던 사도세자는 소론의 정치적 견해에 동조함으로써 장인과 등을 돌리게 되었다. 이로 인해 곤란한 처지에 빠진 사람은 혜경궁 홍씨였다.

"이 양반들이 도대체 날더러 어쩌란 거야?"

아버지를 따르자니 남편이 울고, 남편을 따르자니 아버지가 운다. 혜경궁의 행복은 그렇듯 정치적인 갈등과 함께 파랑새가 되어 저 멀리 날아가 버렸다.

1755년, 나주벽서사건이 터졌다. 나주 객사에서 '간신이 조정에 가득해 백성의 삶이 도탄에 빠졌다.' 란 벽서가 발견된 것이다. 이 벽서의 주범은 소론 강경파였던 윤취상의 아들 윤지였다. 그로 인해 이듬해 소위 을해옥사가 벌어졌다. 윤지, 윤광철, 박찬신 등 수많은 소론 인사들이 죽음을 당하고, 직접 관련이 없던 소론의 영수 조태구, 유봉휘, 이사상 등에게도 역률이 적용되었으며, 이미 죽은 이광좌, 조태억의 관작도 삭탈되었다.

엎친 데 덮친 격으로 을해옥사 이후 역도를 토벌한 기념으로 실시한 '토역경과(討逆慶科)'에서 다시 조정을 비난하는 글이 나왔다. 범인은 이인좌의 난으로 사형당한 심성연의 아우 심정연이었다. 그로 인해 윤취상의 동생 윤혜, 김일경의 종손 김도성 등 소론 인사가 죽음을 당했다. 연이은 두 사건으로 소론은 붕당의 기능을 거의 상실했다.

"큰일이군. 이제 노론의 세상이 되었으니 내가 기댈 곳이 없구나."

이때 사도세자는 완전히 고립무원의 상태에 빠졌다. 기호지세(騎虎之勢)가 된 노론은 사도세자를 제거하기로 결정하고 구체적인 행동에 돌입한다. 이때 홍봉한은 혜경궁에게 노론의 입장을 알리며 말했다.

"딸아, 이게 다 가문을 위한 일이다. 네가 이해해라."

"안 돼요. 어떻게 아버지가 딸을 과부로 만들려고 하세요?"

"당이 결정하면 따라야 한다. 대신 세손은 꼭 왕으로 세워줄게."

"다른 길은 없나요?"

"어쩌겠니? 세자가 너무 멀리 나가버렸다. 그러니 네가 도와줘야 해. 자칫하면 우리 집안은 물론이고 수많은 당인들이 피를 흘리게 된다."

'그래, 적어도 불효자식이 되어선 안 되겠지.'

결국 그녀는 남편 대신 아버지를 택했다. 그리하여 혜경궁은 중국의 서시나 초선처럼 스파이 노릇에 충실했다. 영조의 말을 사실과 다르게 전달하는 등 정보를 조작함으로써 세자의 판단을 흐리게 하기도 했다.

'당신이 죽어야 우리 아들을 살릴 수 있어.'

안팎으로 고립된 세자는 죽은 효장세자의 처남인 소론의 영수 조재호에게 의지했다. 그러자 노론 측에서는 나경언 고변사건을 조작해 결정적인 공세를 취했다. 이때쯤 세자는 장인은 물론 아내조차 자신의 반대편에 서 있음을 알게 되었다.

"이놈아, 네가 그러고도 사람이냐! 이런저런 절차 거칠 것도 없다. 차라리 자결해라."

영조의 최후통첩이 내려지자 세자가 학질에 걸린 것처럼 벌벌 떨면서 버텼다. 이제 마지막으로 방법은 혈육의 정에 호소하는 길뿐이었다.

'설마 손자를 아비 없는 자식으로 만들지는 않겠지.'

그래서 세자는 혜경궁에게 부탁했다.

"여보, 세손의 방한모를 좀 가져다주구려."

"당신 방한모가 옆에 있는데 왜 세손의 것을 찾으세요?"

금방 혜경궁의 싸늘한 대답이 돌아왔다. 그러자 세자는 쓸쓸한 표정으로 말했다.

"자네 참 무섭고 흉한 사람이군. 세손과 오래 살려고 나를 버리는가."

세자는 그 말을 남기고 밖으로 나갔다. 그리고 영조에게 호된 꾸지람을 들은 뒤 뒤주에 갇히는 신세가 되었다. 그 후 세자가 뒤주 안에서 신음하다 굶어죽은 8일 동안 혜경궁은 남편을 구하려는 어떠한 시도도 하지 않았다. 세상에 이토록 모진 아내가 어디에 있단 말인가. 그런데《한중록》을 보면 그녀의 표현이 무척이나 비통하고 애절하다.

> "서글프고도 서글프도다. 모 년 모 월일의 일을 내가 어찌 차마 말할 수 있으랴. 하늘과 땅이 맞붙고, 해와 땅이 어두운 변을 만났으니 내가 어찌 잠깐이라도 세상에 머물 마음이 있었겠는가. 칼을 들어 목숨을 끊으려 하였지만 옆에 있던 사람이 빼앗아 뜻을 이루지 못했다. …… 참고 참아 모진 목숨을 보전하며 하늘만 부르짖었다."

도대체 무엇이 혜경궁의 진실이란 말인가. 8일 동안 기절해 있지 않았다면 그녀는 소설을 쓴 것이 아닐까? 부창부수라는 유교의 아름다운 부덕(婦德)은 그때 어디에서 잠자고 있었던 것일까?

어쨌든 사도세자가 죽고 나자 관심의 초점은 세손이 되었다. 이제 영조나 혜경궁은 노론으로부터 세손을 지켜야 했다. 한 사람은 자식을 죽인 데다 손자까지 죽일 수는 없는 노릇이었고, 또 한 사람은 남편을 죽인 데다 아들까지 죽일 수는 없는 노릇이었다. 이윽고 홍인한을 필두로 하는 노론이 세손까지 제거하려 하자 혜경궁은 강력하게 저항했다.

"세손은 왕이 되면 안 됩니다. 제거합시다."

"약속과 다르잖아요. 세손은 절대로 내줄 수 없어요."

"남편도 버린 사람이 무슨……. 가문을 생각합시다."

"나는 어머니예요. 남편은 몰라도 아들은 절대로 버릴 수 없소."

이때쯤 영조는 영조대로 홍인한과 한판 승부를 벌이고 있었다.

"의리를 지키세요. 세손은 사도세자의 아들입니다."

"이놈아, 나를 아들에 손자까지 죽인 몹쓸 인간으로 만들려느냐?"

그처럼 갖은 우여곡절을 거쳐 왕위에 오른 정조는 제일 먼저 아버지의 원수인 외가를 정조준했다. 홍국영의 사주에 따라 동부 승지 정이환이 홍봉한과 홍인한을 벌하라는 상소를 올리자 성균관과 사학의 유생들이 벌떼처럼 가세했다.

"홍봉한의 한 가닥 목숨이 끊어지기 전에는 군신상하가 편히 먹고 잘 수 없습니다."

친정 집안이 이처럼 맹공을 당하자 혜경궁도 가만히 앉아 있지 않았다. 단식투쟁은 물론이고 밤에 잠도 자지 않는 등 시위를 거듭했다. 그녀 역시 가문을 지키기 위해 정조와 치열하게 맞섰던 정순왕후와 크게 다르지 않았던 것이다.

"어머니의 눈물은 언제라도 씻어드릴 수 있지만, 아버지의 눈물은 때를 놓치면 영영 씻어드릴 수 없어."

이때 정조는 단호했다. 늙은 외조부 홍봉한과 외삼촌 홍낙인은 제외하고 홍인한을 비롯한 외가 일족에게 모조리 사약을 내렸던 것이다.

"나를 우습게 보았더냐? 우리가 어찌 한 하늘을 이고 살겠느냐."

그리고 세월이 흘러갔다. 치세 후반 자신의 개혁정책이 실체를 찾아가고 왕권이 어느 정도 안정된 모습을 보이자 효자였던 정조는 어머니가 칠순이 되고 아들 순조가 성인이 되는 갑자년에 수원으로 물러나 함

께 살게 되면 사도세자를 신원시킨 다음 외가를 복원시켜줄 것을 약속
했다. 그러므로 혜경궁은 《한중록》에서 아들 정조의 심경을 이해하는
방향으로 붓을 옮겼던 것이다.

"이런 고로 선왕은 이를 데 없이 미워하며 후일을 별렀다. 중부
를 여산으로 귀양 보낼 때에 전교하시기를 여러 가지 죄목으로 논
란하여 다시는 세상에서 사람 노릇을 못하게 죄어 매었다. 선왕은
본래 외가에 불편한 마음이 있어서 한번 풀고자 하셨지만, 차마 노
모를 두고 어찌 외가를 망하게 하실 뜻이 있었겠는가."

여러 가지 사실로 미루어볼 때 《한중록》은 혜경궁이 말년에 자신을
미화하고 가문을 살리기 위해 쓴 기획서로 보인다. 이렇게 진실과 기록
의 틈새를 짚어가다 보면 우리는 말년에 정조가 수시로 경모궁에 나가
왜 그토록 통곡했는지 이해할 수 있게 된다. 사랑하는 어머니가 보이고
있는 아버지에 대한 이중적인 행태, 그러나 자식만은 끝내 지켜주려 했
던 지극한 모성애 사이에서 정조는 얼마나 고통스러웠을까.
"어머니, 많이 힘드셨죠? 저도 참 힘들었어요."
"그래, 나도 미안하구나. 네가 그렇게 떠나지만 않았으면 얼마나 좋
았을꼬?"

원칙주의자의 딜레마

- 몽오 김종수 -

김종수(金鍾秀)는 노론 벽파이면서도 정조가 세손이었을 때 세자시강원에서 보좌하면서 강력한 왕권을 구축하는 데 일조한 인물이다.

"하·은·주 3대와 같은 정치를 하고 싶다면 군주가 신하보다 유식해야 합니다. 공부하십시오."

"네, 스승님. 공부야말로 제 전공입니다."

정조는 그의 조언에 따라 학문을 게을리 하지 않았고, 그 결과 즉위 초기에 군주이며 스승이라는 군사 이미지를 완성할 수 있었다.

김종수 초상 정조는 세자시강원 시절부터 김종수의 지도에 따라 학문에 매진하여 신하를 뛰어넘는 학자군주가 될 수 있었다.

정조가 노론세력과 대치하면서 개혁을 밀어붙일 수 있었던 것도 학문으로 그들을 압도할 수 있었기 때문이다. 주자학을 국가이념으로 신봉하던 당시에 정조는 어떤 학문토론에서도 주도적인 위치를 고수했다. 그 힘을 바탕으로 신하들이 군왕을 재교육하는 경연을 폐지하고 거꾸로 군왕이 신하를 재교육하는 초계문신이라는 전례 없는 제도를 창조하기에 이르렀던 것이다.

"외척세력의 발호는 막아야 합니다. 안 그러면 나라가 망합니다."

"알고 있습니다. 난 본래 외척 자체를 싫어합니다."

이른바 우현좌척이라는 정치원칙의 출발이었다. 김종수의 충고에 공감한 정조는 처음부터 홍봉한, 김귀주 등 외척들을 축출했고, 김종수는 노론 내에서 입지를 강화할 수 있었다. 이 기준은 매우 강력한 파괴력을 가지고 있었다. 상계군을 통해 외척이 되어 노론을 장악하려던 홍국영이 일거에 거꾸러진 것도 바로 이 기준이 적용되었기 때문이다.

"내 앞에서 함부로 돈 콜리오네 행세를 하려 해선 곤란해."

그렇게 차근차근 자신의 기반을 닦은 정조는 8년 뒤 중도보수파인 윤시동과 함께 보수, 진보를 아우르는 탕평책을 펼쳤고, 또 8년 뒤에는 개혁진보파인 남인 채제공을 재상으로 삼은 다음 실학자들의 아이디어를 받아들이면서 개혁에 박차를 가했다.

"이건 오회연교에서 이미 다 밝힌 내용이야."

김종수는 이와 같은 정조의 개혁을 때론 떠밀고 때론 막아서면서 주도권을 쥐고 있던 노론과의 불필요한 충돌을 제어해주었다. 또 정조가 영조 시대의 폐단을 답습하지 않도록 적시에 브레이크를 걸어주곤 했다. 그렇지만 김종수는 본질적으로 노론의 정치원칙을 견지했던 인물이다. 그러기에 정조 초기 홍국영과 함께 소론과 남인이 조정에 뿌리를 내리지 못하도록 노력했으며, 송시열을 종묘에 배향해달라고 요구하기까지 했다.

"나도 그분을 존경하오. 대학자를 높이자는 데 내 어찌 반대하겠소."

정조는 순순히 그의 뜻을 받아들여 효종의 위패 옆에 송시열을 배향했으며, 그와 반목했던 소론 영수 윤선거와 윤증 부자의 관직을 박탈했다. 그러자 김종수는 한술 더 떠서 노론계 산림인 송덕상과 송환억, 김종후 등을 조정에 불러들이고, 영조가 혁파했던 이조 전랑의 관리추천권까지 회복시켰다. 이것은 영조 이래 노론이 거둔 최대의 정치적 승리였다. 이런 김종수의 활약을 지켜본 그의 형 김종후는 편지를 보내 경고했다.

"동생, 달이 차면 기우는 법이야. 임금을 너무 몰아세우지 말게."

과연 그의 우려대로 정조는 이때 김종수의 요구를 들어주면서 노론의 방심을 유도했다. 그와 함께 규장각을 확대하고 초계문신들을 키우는 등 취약한 정권기반을 다지기 위해 은밀히 움직이고 있었다. 1792년, 영남만인소로 인해 임오의리 문제가 불거지자 김종수는 소론과 남인 정파에 대한 처벌을 주장하며 정조를 압박했다.

"인륜이 무너지는 정도의 변고를 당하고도 올바름을 잃지 않아야 순이나 주공 같은 옛 성인의 경지에 이를 수 있습니다. 효도는 효도로서하고 정치원칙은 정치원칙대로 하는 것이 맞습니다."

이는 정조의 대에서는 사도세자의 일을 논하지 말라는 영조의 유훈을 바탕으로 노론이 줄기차게 주장해온 내용이었다. 김종수는 그와 함께 임오의리를 표면화시킨 채제공을 처벌하라고 주장했다. 정조의 화성 건설과 맞물려 남인 채제공이 재상이 되자 본격적으로 견제할 필요성을 느꼈기 때문이다.

더 이상 물러나서는 안 되겠다고 직감한 정조는 채제공과 협의한 뒤에 영조가 은밀히 남긴 금등문서의 일부를 공개했다. 이 문서에는 사도세자가 부친을 위해 스스로 죄를 입었음을 암시하는 영조의 친필이 담겨 있었다. 드디어 정조는 김종수를 위시한 노론 벽파들을 불러놓고 목청을 높였다.

"이게 무슨 뜻인지 알겠습니까? 아버지께서는 할아버지를 위해 스스로 희생하셨다는 소리입니다. 그러고도 당신들 입으로 계속 의리를 떠들 겁니까? 조폭 의리와 부자간의 의리 중에 뭐가 소중하다고 생각하십니까?"

"대체 이걸 언제 쓰셨답니까?"

"뭘 자꾸 캐려고 하십니까. 어쨌든 내가 한 번 더 참을 테니까 자꾸 의리 거론하지 마십시오. 내 개혁정책도 막을 생각하지 마시고요. 대신 조정인사는 탕탕평평하게 해드리겠습니다."

"이런, 제가 너무 원칙만 주장했군요. 깍듯이 사과드립니다."

그처럼 김종수는 깔끔한 성격을 가지고 있었으므로 정조의 신임을 받았다. 사실 김종수는 조정에 여러 당파의 사람들이 모여 떠드는 것을 좋아하지 않았다. 원칙을 가지고 정책을 집행하려면 한 정파가 강력하게 정사를 주도하는 것이 효율적이라는 생각이었다. 하지만 정조는 그의 장점은 취하되 노론의 영수로서 주장하는 당론에는 결코 동의하지 않았다.

"그건 당신 생각일 뿐입니다."

김종수는 매우 노련한 정치가였다. 그에게는 수단방법을 가리지 않고 목표를 관철시키는 집요함이 있었다. 그래서 채제공을 필두로 남인들이 중용되자 그들을 견제하기 위해 은퇴했다가 다시 출사하기도 했다. 하지만 그는 군주의 안위를 위해서는 친지라 해도 문제가 있는 자는 제거하겠다는 충성심이 있었다.

"내가 바로 정통파 노론의식을 가진 신료야."

순조 때 병인경화로 시파가 득세한 뒤 그는 노론 벽파의 실질적인 지도자라 해서 심환지, 김관주, 김달순 등과 함께 역적으로 규정되었다. 하지만《정조실록》에 따르면 그는 말년에 정조의 뜻을 이해하고 벽파의 견해를 철회했다고 한다.

정조와 김종수는 스승과 제자로서, 또 왕과 신하로서 오랜 세월 동안 쌓인 깊은 신뢰감이 있었다. 그러기에 김종수가 정계에서 은퇴한 뒤에도 정조는 지속적으로 교분을 나누며 그의 안부를 살폈다. 언젠가 정조는 김종수가 칠순의 나이로 금강산에 오르고 철원 등지를 여행한다는 소식을 듣자 다음과 같은 시[69]를 써 보내 그리움을 표하기까지 했다.

옛날 춘사일에 낙양에서 함께 노닐었더니
훌륭한 군자들 지금은 모두가 백발일세.
푸른 들판에 한가로움 찾는 김 상국이요,
푸른 산에 약속 남겨라 철원 고을이로다.
숨은 용은 누워서 삼부연 비를 희롱하고
나는 학은 일만 구렁 가을을 이루었네.
붉은 누각 금 연촉 아래 담소가 더디리니
다시 시구 읊어서 화답해주길 바라노라.

김종수는 정조가 죽기 2년 전에 세상을 떠났다. 혹자들은 만일 김종수가 살아 있었다면 노론 벽파에 의해 자행된 신유사옥과 같은 피바람은 불지 않았을 것이라고 주장한다. 실제로 그는 노론 일당의 정치를 지향하기는 했지만 정조의 탕평정치를 반대편에서 지탱해주는 역할을 했던 것이다.

"알고 보면 김종수는 정조의 구멍이었던 거야."

거꾸로 가는 시계추

- 만포 심환지 -

심환지는 김종수의 뒤를 이어 노론 벽파의 영수로서 영의정까지 지낸 인물이다. 그는 홍국영의 몰락 이후 김종수, 유언호 등과 함께 정치일선에 뛰어들었는데, 1787년 호서 암행어사로서 괄목할 만한 성과를 거둠으로써 입지를 다졌다.

그는 평소 원칙에 어긋난다고 생각되면 목에 칼이 들어와도 굽히지 않았다. 왕이라도 원칙을 지키지 않으면 강력하게 비판했다. 언젠가 정조가 교서에 '명에 따르라.' 란 말을 쓰자, '나라를 망치게 하는 말' 이라고 따지고 들다 왕의 화를 돋우기도 했다.

심환지 초상 철저한 원칙주의자로 사사건건 개혁을 추진하는 정조의 발목을 잡았다. 결국 정조 사후 정순왕후와 함께 개혁정치를 무(無)로 돌리는 주역이 되었다.

"이봐, 아무리 옳은 말이라도 표현은 가려야 할 것 아냐!"

"솔직히 말 때문에 문제를 일으키는 것은 전하입니다. 전 정확한 말만 합니다."

"그 정확하다는 게 노론의 그 의리 말하는 거 아냐?"

"그게 정답이니까 제가 주장하는 겁니다."

"그럼 너희가 추구하는 일당독재가 정답이란 말이냐?"

"어느 한 당이 정책을 수립하고 추진하는 것은 정치의 기본입니다. 그러니까 다들 정권을 잡으려는 것 아니겠습니까? 백 년 뒤에도 이런 진리는 변치 않을 겁니다."

"물론 그 말도 일리가 있어. 하지만 그 때문에 인재를 썩히면 국가적인 손실이잖아."

"그런 사람들은 나름대로 살게 되어 있습니다. 다산처럼 열심히 책이나 쓰게 하면 됩니다."

이렇게 투철한 심환지의 의지는 정조의 개혁을 수시로 가로막았다. 그러나 정치력이나 정사 면에서 그를 뛰어넘을 수 있는 인물이 드물었으므로 중용할 수밖에 없었다. 때문에 정조는 그를 정승으로 발탁하면서도 경계심을 보였다.

"이봐. 한쪽의 날개로는 날 수가 없는 거야. 경륜을 펼치려면 좀 더 세상을 넓게 보란 말이야."

"그건 제가 전하께 드리고 싶은 말씀입니다. 갑작스런 개혁은 양극화만 조장한다는 것을 왜 모르십니까?"

"그건 내 소신이야. 신하인 당신은 그걸 보좌해줘야 할 책임이 있어."

"물론 제 책임은 다합니다. 그렇지만 제 소신까지 바꾸려 들진 마십시오."

이처럼 심환지는 자신의 뜻을 숨기지 않았다. 그 역시 한 정파의 리더로서 지켜야 할 입장이 있었기 때문일 것이다. 그는 정조가 지향하던 하·은·주 3대의 정치적 이상은 수긍하면서도 만천명월주인옹과 같은 강력한 왕권에는 결코 동의하지 않았던 것이다. 그러기에 우의정이었던 1798년, 그는 다음과 같은 상소를 올리기도 했다.

"가벼운 죄를 짓고 유배당한 자들의 늙은 부모들이 생계를 꾸려가기 어렵습니다. 그들에게 동정을 베푸십시오."

"야, 당신에게도 이런 면이 있었어? 감동인데."

"본래 제가 그런 사람입니다."

"나도 잘 알고 있어. 그렇지만 지독하게 벽파 짓을 하니까 문제지."

"그것 역시 제 소신입니다. 분명한 것은 제가 딴 나라 사람이 아니라는 겁니다."

실제로 그는 나름의 혁신적인 정책을 건의하고 실현시켰다. 선비들이 너무 빨리 과거에 합격해 출세지향적인 행보를 보이는 것을 비판하면서 40세에 조정에 들어와 50세쯤에 고위직을 거치는 《예기》의 전례를 법제화하자고 주장하기도 했고, 과거시험에 문장뿐만 아니라 경전 암기능력도 시험하자고 건의하기도 했다. 이는 정학을 되살리고자 하는 정조의 뜻과 일치하는 부분이기도 했지만 실현되지는 못했다.

"서학은 나라를 망치는 학문입니다. 우리는 소중화를 지향해야만 합니다."

노론의 핵심분자로서 심환지는 남인의 정계진출을 막기 위해 서학을 공격하는 데 앞장섰다. 그러나 지나치게 정파적인 시각으로 접근했으므로 진정성이 의심스러웠다. 정조는 이런 그를 억누름으로써 남인들을 보호할 수밖에 없었다.

"무식하게 색깔론으로 밀어붙이면 곤란해. 아무리 이단의 학설이라도 그렇게 된 까닭을 명확히 한 다음에라야 배격하고 물리칠 수 있는 법이야. 안 그러면 어떻게 그 사람들을 감복시킬 수 있겠냐?"

"천주쟁이들은 설득한다고 해서 바뀔 무리가 아닙니다. 비틀어진 싹은 도려내야 합니다."

"정말 못 말리겠군. 저들도 다 짐의 백성이야. 너처럼 흑백논리로만 본다면 살아남을 자가 누가 있겠어?"

물론 심환지는 이런 정조의 주장을 결코 받아들이지 않았다. 오히려 그는 서학에 대한 감시의 눈초리를 강화했다. 때문에 정조는 서학에 빠져 있던 이가환이나 이승훈, 정약용 등 남인 측근들에게 늘 자중하기를 명했던 것이다. 하지만 명례방 집회사건이나 진산사건처럼 한번 지펴진 서학의 불길은 맹렬하게 타올랐고, 정조는 이로 인해서 골머리를 앓았다.

"너희는 정말 학문을 할 거야, 종교활동을 할 거야?"

"전 서학이란 학문을 했는데 알고 보니 종교였습니다. 그래서 깨끗이 버립니다."

정약용은 이렇게 선언하고 돌아섰지만 이승훈은 아니었다.

"저는 종교활동을 합니다. 알고 보니 하늘나라가 훨씬 좋습니다."

"그것 보십시오. 서학 신봉자들은 국가를 부정하는 무리입니다. 삭초제근해야 합니다."

심환지는 그렇게 보수적인 시각으로 세상을 바라보면서 개혁이란 이름으로 강력한 왕권을 지향하던 정조의 발목을 움켜잡았다. 변화는 그에게 타락이고 망조였다. 그런 면에서 오랑캐의 학문을 전파하는 실학자들 역시 문제아들일 뿐이었다. 특히 박제가와 같은 인물이 조정에서 어깨를 펴고 다니는 것은 인내하기 힘들었다.

"서얼 주제에 감히 사대부 흉내를 내고 다니다니 괘씸하다."

이런 심환지에게 정조의 화성 건설이나 장용영 같은 개혁사업이 올곧게 보일 리 만무했다. 그리하여 정조가 급서한 뒤 정순왕후와 연계해 정조의 모든 업적을 파괴하고 과거로 되돌리는 데 앞장섰던 것이다.

"지난 역사는 정상이 아니었어. 본래대로 되돌려놓아야 해."

심환지는 1802년(순조 2년)에 정조 개혁의 파괴자로서 임무를 성공적으로 완수한 다음 천수를 다하고 죽었다. 그리고 불과 4년 뒤 벽파가 몰락하면서 시파에 의해 역적의 괴수로 단죄되었다.

"나는 한 번도 원칙을 어기지 않았어. 그런데 대체 뭐가 잘못됐다는 거야?"

조선 최고의 교정 편집자

- 이이엄 장훈 -

《택리지(擇里志)》에서 이중환은 사농공상의 네 부류를 신분으로 보지 않고 직업으로 보았다. 그러므로 과거에서 낙방해 벼슬을 하지 못한 선비는 농·공·상 가운데 하나의 직업을 선택해 일하며 살아야 한다고 강조했다.

"혹시 사대부라고 해서 농·공·상을 업신여기거나 농·공·상이 되었다고 하여 사대부를 부러워하면 무식한 사람이다."

그는 노비에서 지방 아전까지가 하인이고, 서얼과 잡색이 중인이며, 품관과 사대부를 양반이라고 규정했다. 여기에서 중인은 서얼과 장교, 역관, 산원, 의관 등의 전문직업인들이었다.

중인들은 18세기 세계의 변화를 제일 먼저 꿰뚫어본 집단이었다. 그들은 신분의 굴레에서 벗어나기 위해 활발히 움직였고, 송석원시사와 같이 양반들과 차별되는 독특한 문화를 즐겼다. 정조는 이런 중인들이 자신의 역량을 발휘할 수 있도록 규장각을 통해 적극적으로 인재를 스카우트했다. 그 가운데 가장 눈에 띄는 인물이 장혼(張混)이다.

그는 규장각 서리로 근무하면서 홍석주, 김조순, 김정희 등 당대의 문사들과 교유하며 수많은 책들을 교정했다. 또 은퇴한 뒤에는 서당 훈장을 하면서 과거의 경험을 토대로 목활자를 만들기도 하고, 독창적인 조선의 교과서를 제작하기도 했다. 《완당전집》에는 추사 김정희가 쓴 〈이이엄 장혼에게 부치다(寄而已广張混)〉[70]란 시가 실려 있다. 그가 중인이었음에도 선비들에게 얼마만큼의 대접을 받았는지를 알 수 있는 좋은 증거이다.

> 그대는 칠십 년을 다리 병 앓았는데
> 이 몸은 그 병을 앓은 것이 겨우 이 년,
> 칠십 년을 앓은 이는 앓지도 않은 듯이
> 그 걸음 구애 없어 자연스런 그대로인데
> 이 년을 앓은 병은 그 병 바로 고질이라.
> 막대 짚고 일어나다 넘어질까 근심하네.
> 비바람에 문을 닫고 감히 나질 못하는데
> 그대의 탄 가마는 훨훨 날아 신선 같네.
> 온조성 꼭대기에 봄조차 한량없어
> 꽃 사이에 술 마시고 꽃 사이에 조는구나.
> 꽃 하나에 시 하나라 그 시가 만에 또 만,
> 화신이 필경에는 시신에게 얽히었네.
> 화신은 괴로움을 견디다 못해

녹장[71] 올려 하늘에 하소연하니

하늘 또한 장건[72]에겐 어찌 할 수 없는 거라.

화신이여, 화신이여, 속절없이 가련하네.

전문가의 전성시대

"낙양성 십 리 허에 높고 낮은 저 무덤은……."

한양의 중인 장우벽은 날마다 인왕산에 올라가 커다란 바위에 자리를 잡고 노래를 불렀다. 그는 박식한 사람이었지만 양반의 세상에서는 아무 짝에도 쓸모가 없었다. 그러기에 모든 희망을 접은 채 세월을 죽이고 있었던 것이다.

"쯧쯧, 저 사람은 하루도 빠지지 않는군."

산에 오르는 사람들은 장우벽이 노래 부르는 곳을 가대(歌臺)라고 부르며 혀를 찼다. 그의 아들 장혼은 천재였지만 서당에 보내지 않았다. 중인 신분에 학문이란 고통일 뿐이라는 것을 잘 알고 있었기 때문이다. 더군다나 아들은 여섯 살 때 개에게 물려 절름발이 신세였다.

"그래도 사람은 배워야 사람 노릇을 하는 거야."

장혼의 어머니 곽씨는 삯바느질을 하면서 책을 빌려와서 어린 장혼을 가르쳤다. 총명했던 장혼은 금방 《천자문》을 떼고 사서삼경을 줄줄 외웠다. 그는 걸어다니는 경전과 같았다. 때문에 사람들은 모르는 글자가 있으면 제일 먼저 그를 찾았으며, 시사(詩社)에 나가면 그를 능가하는 사람이 없었다. 그러나 아버지의 한탄처럼 세상에서는 그 놀라운 재주를 쓸 데가 없었다.

1790년 정조는 옛 홍문관 터에 감인소(監印所)를 설치한 다음 교정을 볼 만한 인재를 찾았다. 그때 대제학 오재순이 장혼을 추천했다.

"여항에 장혼이란 자가 있는데 문학이 뛰어납니다."

"아, 그런 사람이 있었습니까? 어서 데려오세요."

그렇게 해서 장혼은 규장각 정9품 사준(司準)이 되었다. 기술직 중인들이 맡는 말단 중에 말단 벼슬이었지만 그는 만족했다. 규장각에는 당대의 내로라하는 인물들이 모여 있었다. 장혼은 그들과 격의 없이 토론하면서 비로소 학문하는 자의 기쁨을 누렸다. 그의 주요 업무는 원고와 활자를 일일이 대조하여 바로잡는 일이었다. 그 과정에서 누락되거나 잘못 배열된 활자를 바로잡고, 간혹 비슷하지만 틀린 글자를 찾아내야 했다. 그런데 장혼의 눈을 거쳐 간행된 책에는 그와 같은 오류가 하나도 없었다.

"이봐, 이건 미(微) 자를 써야 하는데 징(徵) 자로 박혀 있구먼."

"아차, 실수."

"허어, 적(籍)과 자(藉)를 구분하지 못하면 어쩌나? 이게 일단 인쇄되면 골치 아파진다고."

"이런, 죄송합니다. 어찌 그렇게 눈이 정확하세요?"

"조금만 집중하면 돼. 한두 글자야 그렇다 쳐도 전번처럼 한 문장을 송두리째 빼먹으면 곤란해."

이와 같은 장혼의 열정과 정확성은 사람들의 혀를 내두르게 했다.

"허튼 공부로는 도저히 감당할 수 없는 일인데, 저 사람은 신안(神眼) 같구나."

규장각은 왕실도서관이면서 나라에서 필요로 하는 서적의 간행을 책임지고 있었다. 때문에 학자군주인 정조는 장혼이 맡은 일에 깊은 관심을 기울였다. 당시 규장각에서는 책 한 권을 만들고 나면 품계를 올려주는 것이 상례였다. 하지만 장혼은 늘 승진을 거부했다. 그래서 정조가 물었다.

"너는 왜 당연히 올려야 할 품계를 내버려두는 거냐?"

"승진한다고 해서 봉급이 오르는 것도 아니고, 제가 하는 일이 달라지는 것도 아니니 구태여 명예에 연연할 필요가 없다고 생각했습니다."

"그럼 봉급을 올려주는 것은 거절하지 않겠느냐?"

"물론입니다. 어버이를 모시려면 반드시 필요한 게 돈입니다."

"일리 있는 말이다."

정조는 고개를 끄덕이고 봉급을 올려주었다. 이후 장혼은 1816년까지 《이충무공전서》,《규장전운》,《홍재전서》 등 수많은 책의 교정을 보았다.

"장혼의 눈을 거치면 활자를 손볼 데가 없다는군."

서울 장안에 이처럼 소문이 날 정도로 기능인으로서 장혼의 명성은 매우 높았다. 때문에 민간에서도 교정 의뢰가 밀려들었다.

당시 조정에서는 금속활자를 사용했지만 민간에서는 비용문제 때문에 목판이 주종을 이루었다. 그런데 값비싼 금속활자를 제작해 자기 문중의 책을 인쇄한 다음 다른 문중에 임대해주는 가문이 나타났다. 초기에 투자비용이 많이 들지만 한 번 만들어두면 집안의 책을 간행하려는 다른 문중의 요청이 쇄도했으므로 많은 수익을 올릴 수 있었다. 그러므로 장혼과 같은 전문가가 필요했던 것이다.

장혼의 능력을 제일 높이 평가하고 일을 맡긴 인물은 순조의 생모인 수빈 박씨의 오빠 돈암 박종경이었다. 그는 정순왕후가 수렴청정을 할 때부터 출세가도를 달렸다. 그는 새로운 세도가로 등장한 가문의 명성을 드높이기 위해 5대 이하의 유고를 모아《반남박씨오세유고(潘南朴氏五世遺稿)》를 간행했고, 1816년에 금속활자를 직접 제작해 아버지의 문집인《금석집(錦石集)》을 간행했다. 20만 개로 이루어진 활자는 그의 호를 따 돈암인서체 활자라는 이름을 붙였다. 이 활자로 인쇄된 책자는 대부분 장혼의 교정을 거쳤다.

교과서를 만들다

규장각에서 물러난 이후 장혼은 인왕산 기슭에 서당을 짓고 아이들을 가르쳤다. 그 과정에서 아이들에게 알맞은 교과서를 만들어야겠다는 생각을 하게 되었다.

"《천자문》은 중국의 역사와 인물 위주로 되어 있어 우리 실정에 맞지 않아."

"《통감절요》나《소학》도 중국 것이긴 마찬가지잖아."

"그래서 율곡도《격몽요결(擊蒙要訣)》같은 교과서를 만들어 썼지."

"맞아, 우리도 현대의 시대정신을 담은 교과서를 만들어야 해."

1803년, 장혼은 아이들이 쉽게 이해할 수 있는 글을 모은《아희원람(兒戱原覽)》을 편집

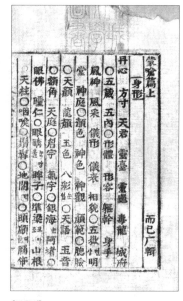

《몽유편》
전문 편집자였던 장혼은 사재를 털어서 필서체 목활자를 만들고는, 이 작고 정교한 활자를 이용해《몽유편》,《근취편》,《당률집영》등 세 권의 교과서를 만들었다. 사진 출처《한국민족문화대백과사전》

한 다음 정리자체 철활자를 빌려 인쇄했다. 그런데 남의 활자를 임대해

쓰려니 비용이 만만치 않았다. 그래서 장혼은 사재를 털어 필서체(筆書體) 목활자를 만들었다. 그의 목활자는 크기가 작지만 정교하면서도 글자 모양이 부드럽고 예쁘다는 평가를 받고 있다.

1810년, 장혼은 이 목활자를 이용해《몽유편(蒙喩篇)》과《근취편(近取篇)》,《당률집영(唐律集英)》등 총 세 권의 교과서를 만들었다. 그는 또 송석원시사의 중심인물로 활동하면서 천수경과 함께 위항시인 333명의 시 723수를 모아《풍요속선(風謠續選)》을 간행했고, 우리나라의 역사를 요약한《동사촬요(東史撮要)》등 24종의 책을 간행했다. 18세기에 인쇄문화가 얼마나 발달했는지를 보여주는 좋은 예라고 할 수 있겠다. 당시에는 방각본[73] 소설이 유행할 정도로 민간의 문화수준이 높아졌고, 조정에서도 민간문화계가 자율적으로 작동할 수 있는 여건을 만들어주었던 것이다.

"한 가지 일만 잘해도 대접받는 세상이야. 그러다 보면 재미는 덤으로 붙어오게 마련이지."

'리틀 정조'의 행운 혹은 불운

- 다산 정약용 -

다산 정약용은 정조와 비교할 때 학문적인 재능이나 성과 면에서 조금도 뒤지지 않는 면모를 발휘했을 뿐만 아니라 도탄에 빠진 조선을 일으켜야 한다는 개혁의 당위성에 있어서도 일치된 생각을 가지고 있었다. 두 사람은 정치적으로 노론 벽파라는 거대한 상대 앞에서 일관성 있게 자신의 길을 걸었고, 그로 인해 육체적으로나 정신적으로 고통을 받았다는 공통점도 있다.

역사에 만일이라는 가정이 통용될 수 있다면, 우리는 개혁이란 명제 앞에서 정조와 정약용이야말로 환상의 복식조가 되었을 것이라 추측할 수 있다. 하지만 그들은 극단적인 정치상황으로 인해 번듯하게 호흡 한 번 제대로 맞춰보지 못했다. 정조는 말년에 자신을 보위하던 채제공이나 김종수 등이 사라진 가운데 고집스럽게 왕권강화책을 펼치다 허무하게 세상을 떠나고 말았다. 어떻게 보면 개혁이라는 자동차가 고속도로를 달리다 한순간에 브레이크가 고장 나서 중앙분리대에 충돌한 것과 다름없었다.

그것이 과연 정약용에게 불운이었을까, 행운이었을까. 정조가 꿋꿋하게 살아남아 정약용을 등용했다면 그는 채제공과 비슷한 수준의 인물로 머물렀을지도 모른다. 하지만 정조의 급서는 정약용을 고립무원의 상태로 내몰았고, 결국 남인 사냥에 혈안이 된 벽파의 먹잇감이 되었다. 그 결과 정약용은 18여 년의 오랜 유배생활을 거치며 무려 500여 권이 넘는 엄청난 저술을 남겼다. 그리하여 정약용은 오늘날 정조와는 전혀 다른 차원의 인물로 역사에 자리매김할 수 있었던 것이다. 돌이켜보면 빅 브라더 정조의 실패가 리틀 정조 정약용에게는 엄청난 행운이었을지도 모르겠다는 얘기다.

스승과 제자

정약용은 1762년 6월 16일, 경기도 광주의 마재에서 정재원의 넷째 아들로 태어났다. 그의 집안은 전통적인 남인 가문이었는데, 이조삼재(李朝三才)[74]의 한 사람인 윤두서[75]가 그의 외조부였다. 그 덕에 정약용은 어렸을 때부터 외갓집에 들락거리며 수많은 책을 읽었다.

1776년, 정조가 탕평책의 일환으로 남인들을 조정에 기용하면서 아버지 정재원을 호조 좌랑에 임명했다. 이때 정재원은 공정하고 성실한 자세로 정사에 임해 어린 정약용에게 관리의 전형을 보여주었다. 정약용은 16세 때 당대의 천재로 이름을 떨치던 이가환, 매부 이승훈과 함께 성호 이익[76]의 글을 읽으며 실학에 눈 뜨게 되었고, 이벽(李檗)을 통해 서학을 만나게 되었다.

"아아, 이제야 학문의 넓음을 알겠다."

정약용은 세계의 다양한 학문에 접하고 놀라움을 금치 못했다. 주자학이 최고의 학문으로 숭앙되던 시대에 실학이나 서학은 그야말로 혁명적인 사고에 다름 아니었다. 그때 조선의 선각자들은 혁명적인 경향을 띤 중국의 새로운 사상을 받아들여 정체되어 있던 조선사회를 변화시키고 비틀어진 현실을 바로잡으려 했다. 정약용은 그 변화의 바람을 유연하게 받아들여 조선을 개혁하려 애썼다.

조선 최고의 개혁군주와 조선 최고의 학자 정약용, 두 사람은 대체 어떤 과정을 통해 만나게 되었을까. 그것은 1783년 여름의 일이었다. 그때 정조는 32세, 정약용은 22세. 정약용은 진사시에 급제한 뒤 성균관 유생으로서 임금인 정조와 첫 대면을 가졌다.

당시 정조는 즉위 초기의 난관을 헤치고 적극적인 개혁의 행보를 내딛고 있었다. 친위신료들을 육성하기 위해 초계문신제도를 실시하고 규장각을 친위세력의 참모본부로 육성하면서 그는 손수 인재를 발굴하기 위해 발 벗고 나섰다. 그 과정에서 성균관 유생들을 시험하던 도중 정조는 정약용의 존재감을 느끼게 되었다.

"내가 《중용》을 읽었는데 궁금한 사항이 70가지나 된다. 너희가 이 의문을 좀 풀어줄 수 있겠느냐?"

"어휴, 그렇게 많은 문제를 당장 어떻게 풉니까?"

"그럼 일주일이면 충분하겠지? 그때까지 마음껏 답을 만들어오기 바란다."

정조는 성균관 유생들에게 오늘날의 논술시험처럼 논리적인 사고력을 요구하는 논제를 제시한 것이다. 정약용이 문제를 펼쳐보니 무척이

나 심오하고 철학적이었다. 가령 '인간의 본성은 무엇인가?', '중용의
정신으로 살아가는 데 필요한, 때를 맞추는 중용인 시중(時中)과 중용을
지켜내는 집중(執中)의 의미는 무엇인가?' 하는 식이었던 것이다.

"전하에게는 대제학도 꼬리를 내린다더니 정말이었구나. 나 혼자서
애쓴다고 풀릴 문제가 아니다."

정약용은 그날로 친구 이벽에게 달려갔다. 그는 남인 중에서도 매우
지적이고 개방적인 인물이었다.

"이 문제를 너는 어떻게 생각하나?"

"정말 괴롭게 생각한다. 이게 임금이 성균관 유생들에게 낸 문제라
고? 내참, 이걸 보면 아인슈타인도 울고 가겠다."

이렇게 해서 두 사람은 며칠 동안 갑론을박하면서 답변을 만들었다.
이윽고 유생들의 답안지를 점검한 정조는 신하들 앞에서 정약용을 침이
마르도록 칭찬했다.

"정약용이란 친구 참 대단하네. 일반적인 용례를 피해 독특한 관점으
로 설명했어. 자기 견해에 대한 논증에 군더더기가 하나도 없군."

"전하께서 그 정도로 칭찬하는 건 처음 봅니다. 그렇게 마음에 드십
니까?"

"최근에 내가 인간성을 주제로 글을 쓴 게 하나 있는데 이 친구가 그
걸 몰래 훔쳐본 것 같아. 생각하는 게 나와 판박이란 말이지. 기특해 죽
겠어."

이렇게 두 사람은 첫 만남에서부터 서로의 영혼이 통하고 있음을 알
았다. 그 후 정조가 문제를 낼 때마다 정약용은 우수한 성적으로 보답
했다. 그러면 정조는 규장각에서 구입한 《팔자백선(八子百選)》, 《대전통

편(大典通編)》,《국조보감(國朝寶鑑)》,《병학통(兵學通)》등의 귀한 책을 상으로 주며 격려했다. 그러니 대과만 통과하면 정약용의 요직 등용은 시간문제처럼 보였다. 하지만 정약용은 과거시험에 연연하지 않았고, 정조 역시 그를 재촉하지 않았다. 노론이 장악하고 있는 조정에서 남인 꿈나무는 천천히 자라야만 살아남을 수 있다는 것을 두 사람은 잘 알고 있었다.

"잘 키우면 채제공 이상의 인물이 되겠어."

정약용은 그 후 네 차례의 과거에서 낙방했다. 천재이자 꿈나무인 그가 자꾸 고배를 마신 이면에는 그의 집안이 남인의 영수 채제공 집안과 사돈관계였기 때문이다. 채제공의 서자인 채홍근의 부인이 정약용의 누이였다.

"괜히 사돈 손 들어주었다는 오해는 피해야겠지."

"채 선생님, 그래도 인재를 너무 썩히면 곤란해요."

그렇듯 오랜 침묵 끝에 정약용은 1789년 3월에 실시된 식년시에 2등으로 급제했다. 1등에서 밀려난 것도 앞서와 같은 이유였다.

어쨌든 정약용이 조정에 들어오자 정조는 기다렸다는 듯 그를 초계문신으로 뽑았다.

"어서 와. 정말 오래 기다렸다."

"정말이세요? 몇 년 더 늦어도 아무 말씀 없으실 줄 알았는데."

정약용은 초계문신으로 선발된 첫해, 규장각에서 치른 시험에서 다섯 차례나 장원을 차지했을 뿐만 아니라 혁신적이고 창의적인 정책을 발표해 정조를 기쁘게 했다.

"내가 사람 보는 눈이 있단 말이야. 그런데 요즘 문단에 이상한 기류가 흐르던데, 잘못된 길로 빠지지 않을까 걱정이네."

언젠가 정조는 그런 우려를 넌지시 표명했다. 그러자 정약용은 단호하게 자신의 소신을 밝혔다.

"저는 허목에서 이익으로 이어지는 학통을 계승했습니다. 제 학문의 바탕은 분명히 육경고문입니다. 북학이나 서학은 정학의 참고자료일 뿐입니다."

"그래, 그래야지. 정학을 중심으로 창조적인 자기 세계를 개척해나가는 것이 학문의 바른 길이야."

천진암 시대

조선에서는 18세기 후반부터 본격적으로 천주교를 신봉하는 사람들이 등장했다. 주로 서울과 경기도 일대에 살던 젊은 남인계 학자들로 권철신, 이가환, 정약전, 정약용, 권일신, 이벽 등이었다.

그들은 여주군 금사면 앵자산에 있는 주어사와 광주군 퇴촌면 한강가에 있는 천진암에서 강학회를 열고 학문을 토론하며 천주교 교리를 배웠다. 강학회란 향교나 서원, 산사에서 스승을 모시고 강의와 토론을 병행하던 조선시대 선비들의 보편적인 학문 연구방식이었다. 《여유당전서》에 실려 있는 녹암 권철신의 묘지명에는 강학회의 하루 일과가 나타나 있다.

새벽에는 일찍 일어나 얼음을 깨고 냉수로 양치질과 세수를 하고 숙야잠(夙夜箴)을 외운다. 해가 뜨면 경재잠(敬齋箴)을 외우고 정오에는 사물잠(四勿箴)[77]을 외우며, 해가 지면 서명(西銘)을 외운다. 숙야잠, 경재잠, 사물잠, 서명은 유학자들이 공부할 때 몸과 마음을 경건한 상태로 유지하기 위해 외우는 일종의 잠언이다. 이렇듯 처음 분위기는 엄숙하지만 뒤에는 자유로운 토론이 이어졌다. 요즘의 세미나와 비슷하다고 보면 된다.

그들이 모임장소를 폐찰인 천진암으로 선택한 것은 첫째, 지리적 이유였다. 마재 정약용의 집과 가까웠고 다른 사람들도 가까웠다. 둘째, 모임의 취지나 성격으로 보아 다른 사람들의 구설에 오르고 싶지 않았기 때문이다.

"우리가 서학의 정수를 한번 끄집어내보자고."

이런 열정은 오래가지 못했다. 정약용은 1785년 명례방에 있는 김범우의 집에서 이가환, 정약전 등과 함께 천주교 집회에 참석했다가 발각되었던 것이다. 당시 조정에서는 천주교를 사교(邪敎)로 지목하고 배격하려는 움직임이 구체화되고 있었다. 그런 판국에 정약용을 비롯한 측근 남인들이 연루되자 정조는 몹시 곤란한 처지가 되었다.

"너희 왜 엉뚱한 짓을 하고 돌아다니는 거야?"

"서학은 나름대로 연구할 만한 가치가 있습니다. 정학 연구에 도움되는 부분이 적잖습니다."

"그거야 나도 알지만 조정에서 시빗거리가 되고 있으니 문제잖아."

"그건 죄송하게 됐습니다."

"털어서 먼지 안 나는 사람 없으니까 조심들 해."

궁리 끝에 정조는 좌장 격인 이승훈에게 척사문을 쓰게 하여 사태를 가라앉혔다. 그 후 정약용은 이승훈과 함께 과거공부를 핑계로 성균관 아래 반촌에 방을 얻은 다음 서학에 더욱 몰두했다. 그런데 하루는 친구 이기경이 놀러왔다가 그들의 책을 훔쳐보고는 충격을 받았다.

"조상에게 제사를 지내지 말라니, 이거 장난이 아니군."

이기경은 즉시 이 사실을 적어 조정에 고발했다. 이를 반회(泮會)사건이라고 한다. 이 사건을 계기로 천주교 금지령이 내려졌고 동시에 남인을 주 타깃으로 하여 천주교[78]를 공격하는 공서파가 등장했다. 당시 노론 벽파는 정조가 채제공을 비롯해 이가환, 이승훈, 정약용 등 남인들을 총애하자 적잖이 불안감을 느끼고 있었다. 그러기에 천주교 문제를 물고 늘어져 그들의 요직 진출을 사전에 차단하려 했다.

"천주교도들은 나라의 근본을 무너뜨리는 자들입니다. 그들을 엄히 벌하십시오."

"알았으니까 너무 큰 소리 치지 마시오. 난 시끄러운 게 싫소."

사태의 심각성을 직감한 정조는 1년 뒤 청나라에서 천주교 책자를 들여오지 못하게 하고 국내에 반입된 관련서적을 찾아 불태우게 했다. 이런 조치를 취했음에도 남인들에 대한 벽파의 공세는 시들 줄을 몰랐다. 1790년 정약용이 또다시 천주교 문제로 공격당하자 정조는 쓴웃음을 지으며 그를 불렀다.

"서학이 네 발목을 꼭 움켜쥐고 있구나."

"자꾸 죄송합니다. 서학을 그만 끊을까 합니다."

"좋은 생각이야. 어쨌든 조정이 시끄러우니 며칠 푹 쉬어라."

그를 아끼는 정조의 눈가림 조치였다. 그래서 정약용은 훗날 천주교도들이 무참하게 학살되었던 바로 그 해미에 유배되었다. 열흘 뒤에 귀양이 풀린 정약용은 서울로 올라오는 길에 온양행궁에 들렀다. 그곳은 역대 임금들이 온천욕을 하기 위해 지어진 행궁이었다. 그런데 행궁 한쪽에 홰나무 한 그루가 돌보지 않은 채 방치되어 있었다. 그는 관리를 불러 물었다.

"왜 나무를 이 지경으로 놔두는 건가?"

"예전에 사도세자가 심은 나무인데 죄를 받아 죽었으니 아무도 돌보지 않게 되었습니다."

"이런 괘씸한 인사를 봤나. 그분은 지금 전하의 부친인 걸 모르는가? 앞으로 가지도 치고 물도 잘 주도록 해."

정약용은 그렇게 야단을 친 다음 서울로 돌아와 저간의 사정을 정조에게 고했다. 그러자 정조는 몹시 감동하며 정약용을 더욱 사랑하게 되었다.

"아버지가 심은 나무는 나도 미처 생각지 못했는데, 내 불효를 네가 대신 갚아주었구나."

정조와 함께, 백성들과 함께

자연과학 분야에 관심이 많았던 정약용은 그 시대 선비들이 잡학이라 하여 천시하던 천문·기상·물리·화학·농학·지리학 등 백성들의 삶과 직접 관련되는 분야에 적극적으로 뛰어들었다. 또 명말청초에 활약했던 고염무 등 중국 경세학자들의 저술과 서학 서적을 통해 민생을 회복시킬 방법을 찾았다.

"천연두로 수많은 아이들이 희생되고 있어. 이를 퇴치할 수 있는 방법은 없을까?"

당시 민간에서는 천연두에 걸리면 별다른 처방이 없어 굿이나 하면서 요행을 바랄 뿐이었다. 정약용 역시 세 아이를 천연두로 잃은 아픈 기억이 있었다. 그리하여 규장각에 틀어박혀 박제가와 함께 종두법을 연구했다. 그 결과는 훗날 곡산 부사 시절에 《마과회통》이란 저술로 귀결된다. 그는 또 노안(老眼)이 오는 이유를 발견했고, 가뭄을 예방하기 위한 아이디어를 찾아내기도 했다. 이런 정약용의 실력을 익히 알고 있던 정조가 그에게 배다리를 만들라고 명했다.

"영우원을 수원으로 이전하는데 아버지의 시신을 배로 옮겨야 하는 일이 마음에 걸린다. 배다리를 놓아 편히 모시고 싶으니 실력 발휘를 좀 해봐라."

"그게 뭐 어렵겠습니까. 기다리십시오."

정약용은 1789년(정조 13) 겨울 배다리 설계도를 작성한 다음 본격적인 공사에 착수했다. 그러자 조정 신료들이 벌떼처럼 일어나 반대했다.

"갑자기 물이 불어나 떠내려가면 큰일입니다."

"배다리 가설비용이면 배를 100번은 띄우고도 남습니다. 백성의 혈세를 그런 식으로 낭비하면 안 됩니다."

하지만 정조는 단호했다.

"나라의 큰 행사에 필요한 일이오. 배다리 가설은 중국에서도 오랫동안 시행된 일인데 우리나라에서는 그동안 흉내조차 내지 못했으니 참으로 부끄러운 일이오. 지금 그와 같은 공사경험을 쌓아두면 나중에 요긴하게 쓸 수 있습니다."

그렇게 해서 정약용이 설계한 배다리는 처음 뚝섬에 가설되어 사도세자의 유골을 옮기는 데 일조했다. 정조는 그 경험을 바탕으로 이듬해인 1790년 주교사를 신설해 설계도를 보완하고 기술수준을 끌어올림으로써 1795년 을묘원행 때가 되면 공사기간을 대폭 단축하게 된다.

"네가 잘 해낼 줄 알았다. 정말 멋진 결과였어."

"전하께서는 늘 정약용만 예뻐하시니, 우리 꼴이 말이 아니군."

정조는 정약용의 실력을 인정하고 칭찬을 아끼지 않았다. 그러자 조정에서는 '리틀 정조'라는 말이 나돌 정도로 정약용을 경계하기 시작했다. 게다가 남인들 사이에서도 질시하는 사람들이 생겨났다. 그 가운데 홍낙안[79]은 1791년 진산사건에 그를 연루시키기까지 했다.

"정약용은 천주교도입니다. 정말 나쁜 놈입니다."

"나는 천주교 끊은 지 오래야."

"저렇게 거짓말을 하니 더욱 악질입니다. 용서할 수 없습니다."

이런 공서파의 모함에 절친했던 친구 이기경까지 합세했다. 정약용은 실로 참담한 심정이었다.

그로부터 2년 뒤인 1792년, 부친상으로 마재 집에 내려와 있던 정약용에게 정조는 수원 화성 설계도를 맡겼다.

"문제는 역시 시간과 돈이야."

그는 공사비용과 기간을 줄이기 위해 유형거와 거중기 등을 발명해 엽전 4만 냥 이상을 절약할 수 있도록 했고, 임금노동자인 모군(募軍)만으로 공사를 마무리할 수 있게 했다. 정조는 정약용의 설계도를 바탕으로 화성 건설에 박차를 가했다.

"이왕 고생한 김에 좀 더 해라. 이번에는 암행어사 해봐라."

정약용은 1794년 경기도 암행어사에 제수되어 연천지방을 감찰했다. 그 무렵 경기도 관찰사 서용보의 문객 하나가 마재에서 문제를 일으켰다. 그는 풍수설[80]을 내세우며 명륜당을 헐어내고 향교를 다른 곳으로 옮기게 한 다음 그 땅을 서용보에게 바쳤다. 한편에서는 서용보가 환곡을 통해 폭리를 취한다는 소문이 돌았다.

"다른 건 몰라도 백성들을 괴롭히는 건 눈 뜨고 볼 수 없다."

정약용은 서용보와 문객의 죄상을 낱낱이 조사해 정조에게 보고했다. 이때부터 서용보는 정약용을 미워하게 되었고, 훗날 그의 오랜 귀양살이에 일조하게 된다.

"흥, 너라고 평생 깨끗할 줄 아느냐? 두고 보자."

정약용은 암행어사로서 궁핍한 백성들의 삶을 돌아본 다음 현실적인 학문에 더욱 매진한다. 그가 적성의 한 농가에서 지은 시[81]에는 어려운 농민들의 삶과 썩어빠진 행정의 난맥상이 적나라하게 나타나 있다.

시냇가 찌그러진 집 뚝배기와 흡사한데
북풍에 이엉 걷혀 서까래만 앙상하다.
묵은 재에 눈 덮여 부엌은 차디차고
체의 눈처럼 뚫린 벽에 별빛이 비쳐드네.
집 안에 있는 물건 쓸쓸하기 짝이 없어
모조리 다 팔아도 칠팔 푼이 안 된다오.
개꼬리 같은 조 이삭 세 줄기 걸려 있고
닭 창자 같은 마른 고추 한 꿰미 놓여 있다.
깨진 항아리 뚫린 곳 헝겊으로 발랐고
찌그러진 시렁대는 새끼줄로 얽매었네.
놋수저는 지난날 이정에게 빼앗기고
쇠 냄비는 엊그제 옆집 부자가 빼앗아갔지.
닳아 해진 무명이불 오직 한 채뿐이라서
부부유별 그 말은 가당치도 않구나.

어린것들 입힌 적삼 어깨 팔뚝 나왔거니

태어나서 바지 버선 한번 걸쳐보았겠나.

큰아이 다섯 살에 기병으로 등록되고

작은애도 세 살에 군적에 올라 있어

두 아들 세공으로 오백 푼을 물고 나니

어서 죽길 원할 판에 옷이 다 무엇이랴.

갓난 강아지 세 마리 애들 함께 잠자는데

호랑이는 밤마다 울 밖에서 으르렁거리네.

남편은 산에 가 나무하고 아내는 방아품 팔러 가

대낮에도 사립 닫혀 그 모습 참담하다.

아침 점심 다 굶다가 밤에 와서 밥을 짓고

여름에는 솜 누더기 겨울에는 삼베 적삼

들 냉이 캐려 하나 땅이 아직 아니 녹아

이웃집 술 익어야만 찌끼라도 얻어먹지.

지난봄에 꾸어 먹은 환자가 닷 말이라.

이로 인해 금년은 정말 살길 막막하다.

나졸놈들 문 밖에 들이닥칠까 겁날 뿐

관가 곤장 맞을 일 걱정일랑 하지 않네.

어허 이런 집들이 온 천하에 가득한데

구중궁궐 깊고 깊어 어찌 모두 살펴보랴.

직지사자[82] 그 벼슬은 한나라 때 벼슬로서

이천 석 지방관도 마음대로 처분했지.

어지럽고 못된 근원 하도 많아 손도 못 대.

공황⁸³ 다시 일어나도 바로잡기 어려우리.

아서라, 옛날 정협⁸⁴ 유민도를 본받아

이 시 한 편 그려내어 임에게나 바쳐볼까.

"전하, 오늘날 백성들의 삶이 이렇듯 처참한데 그냥 내버려두시렵니까?"

이 시를 통해 정약용은 국가 최고지도자인 정조에게 강력히 문제를 제기하고 있다. 18세기 농촌의 자화상과 같은 이 시에서 정약용은 태중의 아이에게까지 징포를 받아가는 흉포한 지방 수령과 아전들의 악랄한 수탈행위를 묘사하면서, 그런 모리배가 날뛰는 이상 정조, 당신이 주장하는 개혁은 궤변에 불과하다고 항의하고 있는 것이다.

"먼저 부정부패를 일소해야 정의사회 구현이 가능합니다. 아시겠습니까?"

서학의 그늘 아래

1795년 7월, 주문모 신부와 관련해 조정에서 천주교 문제가 불거지자 정약용은 또다시 공서파의 공격을 받았다.

"정약용이 정말 천주교도라니까요. 정말 나쁜 놈이에요."

"천주교 끊었다니까 그러네. 너희도 잘 알잖아?"

"알아도 몰라. 우리는 네가 싫어."

"아, 정말 미치겠군."

그가 이렇듯 지속적으로 공격을 받은 것은 조정에서 남인세력을 몰아내려는 정치공세의 일환이었다. 정약용이 요직에 기용되면 수많은 남

인들이 그 뒤를 따를 것이다. 때문에 어떻게든 미리 흠결을 만들어보겠다는 시도였다.

"보검을 만들려면 많이 두들겨 맞아야 해."

정조는 정약용이 이런 시련 속에서 더욱 단련되기를 바랐다. 때문에 그를 충청도 금정 찰방으로 좌천시켰다. 1796년에 중앙무대에 복귀한 정약용은 규장각에서 유득공, 이가환, 이만수, 박제가 등 여러 실학자들과 함께 정조를 보위했다. 그 와중에 '자명소(自明疏)'라는 일종의 반성문을 써서 자신이 오래전에 천주교에서 발을 뺐음을 증명했다.

"서학에 대한 관심은 서양의 과학기술에 대한 호기심 때문이었습니다. 그런데 조상의 제사를 금한다고 해서 오래전에 놀라서 뛰쳐나왔습니다. 천주교는 패륜의 종교입니다."

"거봐, 발을 담그기는 담갔다잖아. 그러니까 빨갱이지."

공서파는 그렇게 정약용을 모함하며 화살을 쏘아댔다. 이에 정조는 그를 황해도 곡산 부사로 내려보냈다.

"약용아, 이번 기회에 네가 직접 수령이 돼서 고을을 다스려봐라."

"저도 실전경험을 쌓고 싶었습니다. 말로만 떠들자니 뭔가 허전했거든요."

당시 민본주의에 충실했던 정약용은 수령들이 사리사욕을 채우기 위해 농민들을 괴롭히는 사회현실을 통렬히 비판했다.

"백성들은 흙으로 밭을 삼는데 관리들은 백성으로 밭을 삼아서 살과 뼈를 긁어내는 것으로 농사를 하고 있다. 백성의 재산을 빼앗는 것으로 추수를 한다."

그런 의식을 가지고 곡산에 부임한 정약용의 활약은 눈부셨다. 그때까지 농민들을 괴롭히던 제도를 모조리 고치거나 폐기했고, 억울한 재판을 찾아내 시정했다. 그 와중에도 천연두 치료방법 연구에 몰두한 끝에 《마과회통》을 펴내기도 했다.

이와 같은 정약용의 치적을 높이 산 정조는 그를 다시 불러들여 정3품 형조 참의에 임명했다. 그것이 정약용의 평생에서 제일 높은 벼슬이었다. 조정에 돌아와 보니 변한 것은 아무것도 없었다. 관료들은 여전히 당파의 이익에 몰두하고 있었다.

"정말 지겨운 화상들입니다. 머리가 어지러우니 잠시 쉬었다 오겠습니다."

"그래, 큰 일이 곧 다가오니 푹 쉬고 오게."

세월의 가치

1798년 7월, 37세의 정약용은 벼슬을 내놓았고, 2년 뒤인 1800년 가족과 함께 고향 마재로 돌아갔다. 그곳에서 오랜 연구과제들을 정리하면서 조정으로 복귀할 날을 기다렸다. 그러다 청천벽력과 같은 정조의 부음을 듣게 된다.

"이럴 수가, 어찌 이럴 수가!"

정조의 죽음과 함께 정약용의 영광은 끝장났다. 이제 지독한 핍박과 유배의 세월이 기다리고 있었다. 어린 순조가 즉위하며 정권을 잡은 벽파는 서학을 빌미로 남인들에 대한 일대 숙청작업을 개시했다. 이른바 신유사옥[85]이었다.

"천주교도는 역적, 남인들은 천주교도, 그러므로 남인들은 역적이다."

"기막힌 삼단논법이네. 하지만 난 천주교도 아닌 거 알지?"

"너도 남인이니까 역적이야."

정약용은 그렇게 누명을 쓰고 경상도 장기로 유배되었다. 그때 셋째
형 정약종과 이가환은 옥중에서 숨지고, 둘째형 정약전은 흑산도에 유
배되었다. 얼마 후 〈황사영백서〉[86]가 발각되자 홍낙임, 윤행임 등을 비
롯해 수많은 천주교도들이 목숨을 잃었다. 이때 홍희운, 이기경 등이
정약용을 죽이려 했다.

"남인의 수괴인 정약용을 죽여야 우리가 안심할 수 있소."

"정약용에게 죄가 없다는 것은 우리 모두가 알고 있는 사실이오. 그
런 사람을 죽인다면 하늘이 용서치 않을 것이오."

다행히 황해도 감사 정일환이 그를 비호해주었다. 간신히 목숨을 건
진 정약용은 전라도 강진으로 유배되었다. 어떤 면에서 유배는 그의 이
름을 더욱 빛내준 계기가 되었다. 다산초당에 머물며 그는 혼신을 다해
저술에 몰두했다.

《아방강역고(我邦疆域考)》에서 고구려의 여러 성인과 졸본성, 국내성
등의 내력을 적었고 발해, 백산 등의 경계를 밝혔다. 또 《요동론》에서
는 고구려의 경계가 만주 북쪽과 남쪽 산해관까지 접근했는데 고려 이
래 압록강을 경계로 그 땅을 회복하지 못했음을 탄식하고 언젠가 요동
을 얻어 중원을 엿보며, 이를 발판으로 동쪽의 여진을 평정하고, 북쪽
으로 흑룡강의 근원까지 올라가 몽골과 맞서 대국이 된다면 얼마나 장
쾌할까 하는 즐거운 상상을 하기도 했다. 정약용은 그 외에도 《경세유
표》, 《목민심서》, 《흠흠신서》 등 수많은 명저를 저술함으로써 자신의
능력을 유감없이 발휘했다.

다산 정약용 동상
정약용은 학문적 깊이나 개혁적 성향 등 여러 면에서
정조를 닮았다. 가히 '리틀 정조'라 할 만하다. 하지
만 정조의 급서로 이들의 파트너십은 제대로 피지도
못한 채 져버렸다. 사진은 서울 남산의 다산 정약용
동상. photo ⓒ 추수밭

"이게 바로 존재감이란 거지. 역시 나
는 재야 체질인가 봐."

그렇게 세월이 흘러가고 조정에서는
그를 잊었다. 그를 죽이려고 했던 이들
은 모두 쫓겨났고 안동 김씨, 반남 박씨
등 새로운 세도가들의 세상이 되었다.
1809년, 친구인 김이재가 석방될 수 있
는 길을 알려주었다.

"저들에게 고개 한번 숙이면 되네. 나
라를 위해서 자네의 경륜을 써야 하지 않
겠나."

그러자 정약용은 '김공후에게 보내는
편지'라는 세 통의 편지를 통해 자신의

입장을 밝혔다.

"내가 살아 돌아가고 못 돌아가고는 별일 아니네만 백성들이 모두 도
탄에 빠져 있으니 그게 문제야. 정치에는 이제 별 관심이 없다네."

그는 어둡고 불안한 환경 속에서도 농민들을 위해 자신이 할 수 있는
일이 무엇일까 고민했다. 그런 만큼 그의 붓끝은 더욱 강인해졌으리라.
유배가 풀린 것은 57세인 1818년 9월 14일. 무려 18년 동안의 형극이
었다. 이후 정약용은 고향 마재에서 살면서 75세의 나이로 죽을 때까지
학문에 대한 정열과 현실개혁에 대한 의욕을 버리지 않았다.

조선 최고의 개혁군주 정조와 조선 최고의 학자 정약용, 두 사람이 저
승에서 만났다면 아마 이런 대화를 나누지 않았을까.

"약용아, 나는 완성의 일보직전에 좌절했는데, 너는 절망 속에서 승리했구나."

"그렇지 않습니다. 저는 조그만 알갱이를 건졌을 뿐이지만, 전하께서는 이 땅에 희망의 씨앗을 뿌리신 겁니다."

정조 이후

1800년 6월 정조가 승하하자 옥좌는 세자 공(玜)에게 이어졌으니 그가 바로 순조(純祖)이다. 수빈 박씨의 소생으로 당시 11세의 어린 나이였던 세자가 즉위하자 왕실의 제일 어른인 대왕대비 정순왕후가 수렴청정을 하게 되었다. 선왕 정조에 의해 오빠 김귀주를 잃고 집안이 풍비박산 나는 비극을 겪었던 정순왕후가 최고 권력자로 등장함으로써 정국은 이미 파란을 예고하고 있었다.

"개혁은 무슨 개혁, 나라가 제대로 되려면 모든 것을 제자리로 돌려놔야 해."

노론 벽파의 실세였던 가문의 전통을 이어받은 그녀는 육촌오빠인 김관주를 필두로 심환지와 서용보, 박진원 등 벽파 위주로 조정을 대거 개편했다. 그와 함께 순조의 즉위를 알리는 글에서 척사(斥邪)를 표방했다.

"서학은 사학이고, 이를 추종하는 무리는 역적이다. 이들을 조선 땅에서 남김없이 없애버리는 것이 올바른 정치다."

이것은 정조의 개혁정책을 보좌했던 시파와 남인들에 대한 대량 숙청

건릉 정조가 죽자마자 조정에는 피바람이 휘몰아쳤다. 수렴청정에 나선 정순왕후와 노론 벽파의 주도로 시파와 남인에 대한 대대적인 숙청이 이뤄졌고, 정조의 개혁정치는 20년 전으로 후퇴했다. 더불어 조선의 역사도 암흑의 세월로 빠져들었다. 사진은 경기도 화성시 태안읍에 위치한 정조의 묘인 건릉. photo ⓒ 모덕천

을 의미했다. 정순왕후는 조선의 시간을 정조 이전으로 돌리기에 앞서 자잘한 걸림돌을 제거하려는 것이었다.

어둠의 그늘

정순왕후는 순조 1년에 천주교 금지령을 내리고 정조의 측근이었던 남인들을 일망타진했다. 이때 이가환, 권철신, 이승훈, 정약종, 정약전, 정약용 등 무려 200여 명이 죽거나 유배형에 처해졌다.

불똥은 백성들에게 더 세게 튀었다. 포도청에서는 악명 높은 오가작통법을 발동시켜 민간의 천주교도 색출에 나섰다. 오가작통법이란 다섯 가구를 한 통으로 연좌시킴으로써 범법행위를 방지하고 감시하려는 조선 특유의 치안유지책이었는데, 이것이 거꾸로 백성들을 죽이는 악법으로 활

용되었던 것이다. 이로 인해 진짜 천주교도는 물론이고 무고한 사람들까지 합쳐 수만 명이 죽음을 당했다. 그 피눈물과 통곡을 이용해 노론 벽파는 조정을 완전히 장악하고 무소불위의 권력을 행사하게 되었다.

"정조 임금만 아니었으면 벌써 우리 세상이었어."

"아, 잃어버린 20년을 이제야 찾았군."

이 피의 제전 신유사옥 이후 노론 벽파는 희희낙락하며 권세를 즐겼다. 그들의 미래는 장밋빛이었다. 손만 내밀면 잡히는 최고의 희생양 천주교도가 있었기 때문이다.

이때 암암리에 칼끝을 벼리는 사람들이 있었다. 그것은 어리지만 명석했던 임금 순조와 그의 장인 김조순, 이만수, 이병모 등 과거 초계문신으로 정조의 은혜를 입었던 신료들이었다. 그들은 거센 태풍이 몰아치자 바짝 엎드려 위기를 넘기면서 반동의 기회를 엿보았다. 당시 김조순의 딸은 1800년 초간택, 재간택을 거쳤지만 정조의 급서로 인해 삼간택을 치르지 못해 세자빈도 아니고 왕비도 아닌 어정쩡한 상태였다. 그런데 실력자인 김관주, 권유 등이 이 결정을 백지화시키려 했다. 이에 김조순은 지극정성으로 정순왕후를 달래고 노론 벽파 신료들을 설득했다.

"우리도 같은 노론 당파입니다. 뭘 그리 망설이십니까?"

"어쨌든 선왕이 정한 것은 안 된다니까요."

"그래도 재간택까지 했는데 없던 일로 하면 왕실의 체면이 뭐가 되겠습니까?"

"듣고 보니 그렇기도 하네."

이렇게 해서 김조순의 딸은 1802년에 이르러 삼간택을 통해 왕비가 되었고, 김조순은 국구이자 영안부원군으로서 일약 조정의 실세로 등장했다. 그리고 2년 뒤인 1804년 순조가 15세가 되던 해 정순왕후의 수렴청정 기간이 끝나자 순조의 친정이 시작되었다. 정순왕후는 수렴청정을 계속하려 했지만 절차를 뒤엎을 만한 뚜렷한 명분이 없었다.

"그래, 장가도 갔으니 이제 네가 임금 노릇 해라."

그해는 정조가 그토록 꿈꾸던 갑자년이었다. 하지만 정조 개혁의 자취는 지난 5년 동안 남김없이 파괴되었고, 아들과 함께 화성에서 찬란한 노후를 보낼 날을 꿈꾸던 혜경궁 홍씨는 뒷방 늙은이로 밀려나 세월을 씹으며《읍혈록》을 쓰고 있었다.

"갑자년이 왔는데 아들아, 너는 어디에 있단 말이냐?"

그로부터 1년 뒤 정순왕후가 세상을 떠나자 노론 벽파에 대한 시파의 대대적인 반격이 시작되었다. 1806년 병인년에 이루어진 이 사건을 병인경화라 부른다.

"전하, 과거 장헌세자로 하여금 죄인임을 고백하게 했던 박치원과 윤재겸을 표창하십시오."

역전의 단초는 벽파인 우의정 김달순의 서툰 공작에서 비롯되었다. 그는 친정을 시작한 순조에게 사도세자의 일을 거론함으로써 자파의 고전인 신임의리를 세뇌시키려 했다. 하지만 정순왕후라는 버팀목이 사라진 상황에서 그 시도는 제 발등을 찍는 도끼가 되고 말았다.

"금등으로 영조대왕의 뜻이 만천하에 밝혀졌는데 저들에게 무슨 놈의 표창이란 말입니까."

"이는 탕평으로 조정의 분란을 가라앉혔던 정조대왕의 덕을 거스르는 망발입니다."

노론 벽파에 대한 김조순 등의 공격에 순조의 친모인 수빈 박씨의 반남 박씨 가문이 합세했고, 풍양 조씨 조득영까지 가세해 김달순을 탄핵했다.
그와 함께 노론 벽파에 대한 수많은 의혹과 공세가 이어졌다.

"중전마마의 삼간택을 방해한 김관주를 처단하십시오."

"이미 죽은 김귀주와 심환지는 선왕의 유지를 거스른 역적입니다. 삼족을 멸하십시오."

여기에 순조의 권유를 받은 김이영의 결정적인 폭로가 나왔다.

"저들은 간악한 십육자흉언으로 선왕을 모욕했습니다. 정순왕후의 숙부 김한록은 큰 의리를 위해서라면 전주 이씨 누구라도 군주로 추대할 수 있다고 주장했습니다. 저들은 그에 동조한 역도입니다."

노론이 선왕 정조에 대해 구체적으로 역모를 꾀했다는 증거였다. 이와 같은 새로운 외척 그룹의 연합작전에 의해 노론 벽파는 무참하게 무너져 버렸다.

"음지가 양지 되고 양지가 음지 되는 건 잠깐이란 말이지."

이후 국구의 신분으로 확고한 권력을 쥐게 된 김조순은 일체의 벼슬을 거부한 채 국왕을 보필하는 모양새를 취했다. 그러나 조정의 요직은 김이익, 김이도 등 안동 김씨 일문으로 빼곡해졌고, 더 이상 그들을 견제할 세력은 존재하지 않았다. 이른바 세도정치[87]의 시작이었다.

'절대 권력은 절대 부패한다.'는 강호의 원칙은 안동 김씨 세도정치 하에서 착실하게 지켜졌다. 온갖 뇌물과 수뢰가 안동 김씨 가문으로 집중되기 시작했던 것이다. 이를 심상치 않게 여긴 순조가 풍양 조씨인 조만영의 딸을 세자빈으로 맞이하고 효명세자의 대리청정을 통해 안동 김씨를 견제하려 했지만 공고해진 그들의 힘을 무력화시키기에는 이미 때가 늦었다. 오히려 그 섣부른 시도는 풍양 조씨라는 새로운 세도 가문을 탄생시키는 악수가 되고 말았다.

　그 이후 조선의 정치는 가문의 영달을 위한 치졸한 정치놀음으로 전락했다. 부패한 조정 신료들의 매관매직과 이에 연루된 수령들의 농민수탈이 극에 달했다. 그러자 참다못한 백성들은 괭이와 낫을 들고 분연히 떨쳐 일어났다. 처음에는 민란이 산발적이었지만 점차 다발적으로 일어나면서 조직을 갖춤으로써 조선의 국체를 뒤흔들었다. 그 중에 대표적인 민란이 바로 홍경래의 난[88]이었다.

　강력한 왕권을 회복하여 신권을 억누르고 조선을 부흥시키려 했던 정조의 소망은 그렇듯 뒷사람들에 의해 물거품이 되어버렸다. 그와 함께 생명력을 잃어버린 조선은 돌이킬 수 없는 지점으로 끝없이 추락하고 있었다.

정조는 황제다

정조(正祖)의 이름은 산(祘), 자는 형운(亨運), 호는 홍재(弘齋)이다. 1752년(영조 28년) 장헌세자와 혜경궁 홍씨 사이에서 태어났다. 《조선왕조실록》의 출생기록은 다음과 같다.

"장헌세자가 신룡이 구슬을 안고 침실로 들어오는 꿈을 꾼 다음 손수 꿈속에서 본 대로 그림을 그려 궁중 벽에 걸어놓았다. 탄생하면서 영특한 음성이 큰 종을 울리듯 하므로 궁중 사람들이 모두 놀랐는데 영종[89]이 친림하여 보고는 매우 기뻐하며 혜빈에게 하교하기를 '이 애는 나를 매우 닮았다. 이런 애를 얻었으니 종사가 근심이 없게 되지 않겠느냐.' 하며 그날로 원손(元孫)이라 호를 정했다."

3세 때인 1754년 가을에 궁중에 보양청이 설치되었고, 8세인 1759년 2월 세손으로 책봉되었다. 1762년 2월에 좌참찬 김시묵의 딸 효의왕후를 맞아 가례를 치렀다. 그해 5월에 사도세자가 비명에 죽자 두 달 후인 7월에 세손궁이 동궁으로 바뀌었고, 이어 세자시강원과 세자익위사가 설치됨으로써 명실상부한 왕위계승서열 1위가 되었다.

1775년 12월 노병이 깊어진 영조가 세손에게 대리청정을 명하자 좌의정 홍인한이 방해하여 조정이 한때 크게 긴장했다. 홍인한은 외척이었는데 세손이 그를 멀리하자 원한을 품고 화완옹주의 양자인 정후겸과 결탁해 적대시했다.

1776년 3월 왕위에 오른 정조는 어머니 혜빈(惠嬪)을 혜경궁으로 높이는 한편, 영조의 유지에 따라 효장세자도 진종대왕(眞宗大王)으로 추숭하고, 효장묘도 영릉(永陵)으로 격을 높였다. 그 다음 생부인 사도세자의 존호를 장헌세자로 높이고, 묘소도 수은묘에서 영우원으로 격상하고 경모궁이라는 묘호를 내렸다.

자신의 왕통을 정리한 정조는 홍인한·정후겸 등을 사사하고 그 무리 70여 명을 처벌하면서 《명의록》을 지어 그들의 죄상을 명백하게 밝혔다. 즉위와 동시에 본궁을 경희궁에서 창덕궁으로 옮기고 규장각을 설치한 다음 본각인 주합루와 여러 건물들을 지어 문치를 예비했다.

세손 때부터 자신을 보위한 홍국영을 도승지 겸 숙위소 대장으로 임명했지만, 1779년 홍국영이 누이 원빈이 죽은 후 권력을 탐하자 그를 내쫓고 정사를 직접 주재했다. 1781년부터 규장각제도를 대폭 보완해 정사의 중심기구로 삼았다. 각신들을 요직에 기용하고 문신들의 재교육제도인 초계문신제도를 실시했다. 또 무반의 요직인 선전관 강시제도도 함께 시행했고 1783년 장용위, 1791년 장용영 등 친위군영을 창설했다.

그는 숙종과 영조의 탕평책을 이어받아 위민정치를 펼쳤고 1784년에 쓴《황극편》을 통해 당파를 깨어 군자들을 왕정에 끌어들이는 것이 이롭다고 강조한 다음 편전에 '탕탕평평실'이라는 편액을 달아 탕평의지를 굳게 다졌다. 1798년에는《만천명월주인옹자서》를 통해 백성을 만천에 비유하고 자신을 그 위에 하나씩 담겨 비치는 명월로 비유해 백성과 호흡하는 군주상을 지향한다고 선언했다. 실제로 그는 궁성 밖 행차를 비롯해 왕릉 참배를 수시로 행하면서 도성 밖에서 많은 백성들을 직접 만나 민원을 들었다. 상언과 격쟁의 신분차별조항을 철폐해 누구나 억울한 일이 있으면 왕에게 직접 호소할 수 있게 했다.

1789년에는 장헌세자의 묘소를 수원도호부 자리에 만들고 현륭원이라 이름 붙였다. 그와 함께 수원부는 화성을 새로 쌓아 옮기고, 이곳에 행궁과 장용영 외영을 두었다. 주교사를 세워 화성 현륭원으로 행차할 때는 한강에 배다리를 10회 이상 설치했다. 소요된 배의 선주들에게는 전라도 조세 운송권의 일부를 대가로 주었다.

정조는 1777년, 자신이 펼 왕정의 중요분야를 민산(民産)·인재(人才)·융정(戎政)·재용(財用) 등 4개 분야로 크게 나누어 제시했다. 이듬해에는 도망친 노비를 잡는 노비추쇄도감을 혁파하고, 지방 수령들의 통제를 강화하는 한편 암행어사를 통해 감찰했다.

당시 상업 발전에 따라 도시로 모여든 이농인구가 중소 상인으로 자리잡아가자, 1791년 신해통공을 통해 시전 상인들의 특권을 없앰으로써 공평한 상업의 기회를 만들어주었다. 또 부당한 형벌을 막기 위해 기준을 어긴 형구의 실태를 조사해 시정했고,《흠휼전칙》을 통해 그 기준을 정해주었다. 사형수에 대한 처리는 10번 이상 확인해 억울함이 없도록 했고, 심의기록을《심리록》으로 남겼다. 1785년에는 역대 법전들을 모아《대전통편》을 편찬했다.

규장각에 검서관제도를 신설하고 북학파의 영수인 박지원의 제자였던 이덕무·유득공·박제가·서이수 등 서얼들을 등용했다. 또《병학통》과 《무예도보통지》와 같은 병서를 보급하고, 친위군영인 장용영을 중심으로 병력을 강화했다.

한편 규장각을 통해 대대적인 저술사업을 벌여 근 150종의 새로운 책들이 나왔다. 문장에 관한 책으로《사원영화》,《시악화성》,《팔자백선》 등 다수, 경학에 관한 것으로《경서정문》,《역학계몽집전》 등, 사서로《송사전》,《사기영선》 등, 유가서로《주서백선》, 불서로《범우고》, 지리서로 《도리총고》, 축성서로《성제도설》, 왕조의 의례관계로《속오례의》 등이 간행되었다.

선왕 영조 때 조선의 제도와 문물의 내력을 쉽게 알아보기 위해 편찬한 《동국문헌비고》를 크게 증보하여《증보동국문헌비고》를 만들고, 1782년 에는 역대 선왕들의 치적을 담은《국조보감》을 보완했다. 1781년에 강화 도 외규장각을 설치하여 역대 왕실의 의궤들의 원본을 안치했다.

외적 격퇴에 공이 큰 역대 인물들의 전기 편찬에도 힘써《이충무공전 서》,《김충장유사》,《임충민실기》,《양대사마실기》 등을 편찬 간행했다. 왕조 전기에 만들어진《삼강행실도》와《이륜행실도》를 합쳐《오륜행실 도》로 편찬 간행하고 향촌질서 유지에 필요한 각종 의례들을 종합 정리하 여《향례합편》을 펴내게 했다. 규장각 각신들로 하여금 중요 정사를 매일 기록하게 하여《일성록》이라는 새로운 연대기 작성을 시작했으며, 경연 석상에서 한 말은 참석자들이 기록하여《일득록》으로 편집했다.

1791년 윤지충과 권상연이 주동한 진산사건으로 천주교 박해 주장이

정조 동상 photo ⓒ 추수밭

높았지만 정학을 신장하면 사학은 저절로 사라진다고 신하들을 달래며 탄압하지 않았다. 이때 천주교뿐만 아니라 명말청초의 속학(俗學)에 대한 경계심을 늦추지 않았다. 이는 측근인 남인세력을 보호하기 위해 양비론으로 위기를 넘기려는 의도이기도 했다.

1795년에 어머니의 회갑연을 아버지의 원소가 있는 화성 유수부에서 열었는데, 이때의 원행은 《정리의궤통편》으로 남겼다. 1786년에 의빈 성씨 몸에서 난 문효세자가 죽자 1800년 정월 수빈 박씨에게서 얻은 아들을 세자로 책봉했다. 1794년에 발병한 종기가 1800년에 갑자기 심해져 6월 28일 49세를 일기로 세상을 떠났다.

정조의 문집은 생전에 《홍재전서》 184권 100책으로 정리되고, 1814년에 순조가 규장각에 명하여 간행했다. 사후 건릉(健陵)에 안장되었는데, 시호는 '문성무열성인장효(文成武烈聖仁莊孝)'이다. 조선이 대한제국으로 바뀐 뒤, 1900년 고종황제에 의해 선황제(宣皇帝)로 추존되었다.

당신을 떠나보내며

조선의 제22대 임금 정조 이산, 그는 재위하는 동안 역사상 유례를 찾아볼 수 없는 개혁정책을 펼침으로써 조선의 위상을 한껏 끌어올렸다. 그가 추구하던 변화의 방향은 18세기 세계사의 흐름과 궤적을 같이하는 것이었다. 정조는 적대적인 노론 벽파와 소외당하던 남인, 소론 등을 망라한 수구, 보수, 개혁론자들의 의견을 적절히 조화시키면서 자신의 독특한 통치 빛깔을 그려냈다.

18세기, 조선의 몰골은 두 차례의 전쟁으로 인한 상흔을 극복하지 못한 채 소위 혈맥이 막히고 혹이 불거져 있는 상황이었다. 다행히 숙종과 영조 두 명군의 치세 속에 조선은 겨우 숨통을 텄고, 정조 대에 이르러 안정된 체계를 갖출 수 있었다. 정조, 그의 시대는 저문 지 오래지만 그가 품었던 개혁의 깃발은 오늘도 푸른 하늘 아래 힘차게 펄럭이고 있다.

정조는 치열한 당쟁의 와중에서 육친이 희생되는 비극을 겪는 등 살얼음판과 같은 세월을 이겨내고 권좌에 올랐다. 그는 매우 검소했으며 벽에 붙어 있는 거미줄조차 자연스럽게 받아들일 만큼 소탈한 군주였다. 그렇지만 공적인 일에는 과격하다 싶을 정도로 맹렬하면서도 치밀하게 접근했으므로 신하들이 함부로 대할 수 없는 군주였다.

정조는 목표가 주어지면 분석과 계획, 실천의 삼박자를 정교하게 구사한 오케스트라의 지휘자였다. 어떤 제도를 개혁하고자 하는 마음을 먹게 되면 그 제도의 운영방식이나 관행을 먼저 고친 다음 일을 진척시켰다. 그는 충격요법을 쓰지 않는 성실한 개혁론자였던 것이다. 그와 함께 당파를 불문하고 능력위주의 인사를 단행함으로써 조정에서 적대적인 정파 간의 반목을 잠재웠다.

무엇보다도 그의 정치는 자신의 능력을 과시한다거나 교묘한 공작이 아니라 정학에 기초한 합리적인 질서와 화합을 바탕으로 이루어졌다. 어느 한편의 입장에 서지 않고 여러 정파의 다양한 의견을 청취하여 문제를 해결해나가는 민주적인 조정절차를 이끌어냈던 것이다. 말년에 정조가 자신의 열린 이미지를 일정부분 닫아갔던 것은 측근들의 역량을 한데 모아 개혁을 마무리하려던 그의 승부수였다.

정조는 학문에 대한 치열한 열정을 통해 군사로서의 전무후무한 위상을 확립했으며, 서얼이나 노비의 신분을 끌어올리고 신해통공과 같은 조치로 상업을 자유화함으로써 세계화하는 시대에 걸맞게 변화의 수레바퀴를 조정했던 조선 최고의 CEO였다. 그러기에 정조가 승하한 뒤 이만수는 행장을 통해 이처럼 지극한 어조로 그를 추모했던 것이다.

"왕은 공자, 주자의 학으로써 요순의 도를 맡아 사문(斯文)을 크게 개척하셨으니, 500년을 주기로 한 분씩 세상에 나타나는 명세의 인물이 바로 왕이었다. 우리 백성들이 복이 없어 하늘이 그 수명을 제한했기에 성인과 성인이 주고받던 전통을 이제 다시 찾을 길이 없게 되었다. 공자가 이르

기를 '도가 행해지지 않고 학이 밝지 못한 이유를 나는 알고 있다.' 라고
했듯이 그 역시 기수가 그렇게 만든 것인가. 아, 원통하여라."

백성들의 힘을 바탕으로 강력한 신권을 억누르고 왕권을 회복함으로써
조선의 약진을 시도했던 정조. 200여 년이 지난 오늘 그가 더욱 그리워지
는 까닭은 예나 지금이나 개혁가들에게 오물을 끼얹은 참담한 현실 때문
이겠다. 그렇게 마당 쓸어주는 사람 뺨 때리는 기이한 그림은 쓰레기통에
던져버릴 때가 되지 않았나 싶다.

원고를 마치고 창밖을 내다보니 하늘이 잔뜩 흐려 있다. 황사였다. 세
찬 소나기라도 한 차례 쏟아져야 저 중국 발 먼지들이 깨끗이 씻길까. 문
득 빛이 그립다.

이 책은 한 사람의 힘으로 만들어진 것이 아니다. 역사의식이 일천한
저자에게 많은 조언을 아끼지 않았던 김기협 선생님, 수많은 역사자료와
함께 뮤지컬 〈화성에서 꿈꾸다〉 관람과 같은 문화적 지원을 아끼지 않은
청림출판의 고영수 사장님과 추수밭의 여러 가족에게도 감사드린다.
이 책은 새로 태어난 우리집 늦둥이 준형에게 훗날 좋은 기념이 되리라 믿
는다.

:: 참고자료 ::

박광용, 《영조와 정조의 나라》, 푸른역사, 1998
유봉학, 《조선 후기 학계와 지식인》, 신구문화사, 1998
　　　　《정조대왕의 꿈》, 신구문화사, 2001
유봉학 외, 《정조시대 화성 신도시의 건설》, 백산서당, 2001
이태진, 《조선시대 정치사의 재조명》, 범조사, 1985
정옥자 외, 《정조시대의 사상과 문화》, 돌베개, 1999
　　　　《정조의 수상록 일득록 연구》, 일지사, 2000
　　　　《정조의 문예사상과 규장각》, 효형출판, 2001
이덕일, 《정약용과 그의 형제들1, 2》, 김영사, 2004
　　　　《당쟁으로 보는 조선 역사》, 석필, 1997
　　　　《조선 왕 독살사건》, 다산초당, 2005
　　　　《사도세자의 고백》, 휴머니스트, 2004
박현모, 《정치가 정조》, 푸른역사, 2001
기세춘·신영복 편역, 《중국역대시가선집》, 돌베개, 1994
김아리, 《홍대용 선집 4-우주의 눈으로 세상을 보다》, 돌베개, 2006
이이화, 《한국사 이야기-문화군주 정조의 나라 만들기》, 한길사, 2001
　　　　《한국사 이야기-당쟁과 정변의 소용돌이》, 한길사, 2001
김동욱, 《실학정신으로 세운 조선의 신도시-수원 화성》, 돌베개, 2001
유형원 외, 《신구문고 16-조선 실학의 개척자 10인》, 신구문화사, 1974
한영우, 《정조의 화성 행차 그 8일》, 효형출판, 1999
김문식, 《정조의 제왕학》, 태학사, 2007
이상옥, 《설화 한국의 역사》, 교문사, 1963
혜경궁 홍씨, 《한중록》, 태을출판사, 2004
KBS TV 조선왕조실록제작팀, 《조선은 양반의 나라가 아니오》, 가람기획, 2001
정민, 《18세기 조선 지식인의 발견》, 휴머니스트, 2007
민족문화추진회 고전국역총서, 《조선왕조실록》, 《홍재전서》, 《여유당전서》 외
역사학회, 〈역사학보〉 제111집

1 이 시는 민족문화추진회 고전국역총서 《홍재전서(弘齋全書)》〈춘저록(春邸錄)〉에서 인용했다. 번역문은 인터넷 사이트(http://www.minchu.or.kr)의 내용을 참고로 저자가 일부 윤문했다.

2 연산이란 중국 하북성 북쪽에 있는 연산산맥 일대를 가리킨다. 대륙을 호령하고픈 대장부의 기개가 담겨 있는 시구(詩句)이다.

3 원문은 '我有龍脣劒/熒然三尺長/黃金以爲鉤/綠蓮以爲鋩/光恠闘時發/斗牛爭頹昂/駕海斬脩鯨/憑陸殪封狼/北顧風塵色/燕山杳蒼茫/壯士一歎息/繡鞗凝秋霜'이다. 《홍재전서》 제1권 〈춘저록〉에 실려 있다.

4 정조가 을묘년 원행의 날짜를 윤 2월로 잡은 것은 농사철을 피하기 위해서였다. 혜경궁의 회갑일은 본래 6월 18일이고, 죽은 사도세자의 회갑일은 1월 21일이다. 실제로 정조는 아버지의 회갑일에는 경모궁 전배로 대신했고, 어머니의 회갑잔치는 6월 당일에 궁중의 연희당에서 치렀다. 그러므로 화성에서의 회갑연은 부모의 회갑을 함께 축하하는 일종의 기념행사였다.

5 정조는 1798년(정조 22년)에 이르러 군주의 초월적이며 절대적인 위상을 강조하는 '만 갈래 하천을 비추는 밝은 달과 같은 존재', 곧 '만천명월주인옹(萬川明月主人翁)'을 자처하여 《만천명월주인옹자서(萬川明月主人翁自序)》라는 글을 짓고, 이 글을 신하들에게 주어 돌려 읽고 베껴오게 했다. 이는 정사를 자신이 주도하겠다는 선언이었다.

6 《원행을묘정리의궤》는 조선 후기 의궤서의 정수로서, 금속활자로 간행되어 200권이 인쇄되었다. 본편 6권, 부편 4권으로 구성되었는데, 본편 1권에는 행사 날짜와 주관한 관리의 이름과 55매에 걸친 그림이 실려 있다. 그림은 화성행궁의 전모를 비롯해 봉수당에서 열린 잔치, 무녀들의 춤과 꽃 장식, 행사에 쓰인 각종 치장과 기물이 소개되어 있다. 또 행사 풍경을 그린 〈반차도(班次圖)〉가 60여 매에 걸쳐 수록되었다. 나머지 권에는 행사에 관한 공문에서 잔치에 진열한 음식까지 각종 기록이 세밀하게 담겨 있고, 부편 2권에는 화성회갑연 이후 그해 6월 궁중에서 거행했던 혜경궁의 회갑연에 대한 기록이 실려 있다. 또 행사가 끝난 뒤 김홍도, 이인문, 김득신 등 도화서 화공들에 의해 〈능행도(陵行圖)〉가 그려졌다. 노량진 배다리, 행렬 모습, 화성향교에 참배하는 모습 등 화성 행차의 절경 여덟 장면이 정교하고 화려한 채색화로 표현되어 있다.

7 청연군주와 청선군주는 모두 정조의 여동생이다. 군주는 왕세자의 딸에게 내리는 정2품 외명부의 품계이다. 사도세자가 왕이 되지 못하고 죽었기 때문에 공주가 아니라 군주의 호칭이 부여된 것이다.

8 사도세자의 무덤이 배봉산 자락에 있던 영우원에서 수원의 천하제일 명당으로 이전하면서 정조에 의해 현륭원으로 이름이 바뀌었다. 그 후 현륭원은 사도세자와 혜경궁 홍씨의 합장묘로 조성되었는데, 고종 36년인 1899년에 이르러 융릉(隆陵)으로 고쳐 불렀다.

9 이때 정조는 임시기구인 정리의궤청(整理儀軌廳)을 설립하여 행차에 관련된 모든 사항을 기록하게 했다. 이 의궤청에서 행차를 기록한 《원행을묘정리의궤》에는 어가를 따라간 인원이 장관, 장교, 군병 수를 합쳐 1,855명으로 기록되어 있다. 〈반차도〉와 오차가 있는 것으로 보아 당시에도 부처 간 정보 교환이 제대로 되지 않았던 모양이다.

10 정조는 팔달문 누각에 올라 '팔달문루(八達門樓)'란 제목의 시를 썼다. '수원은 삼도 중 제일로 치거니와/팔달문에는 힘써 만방을 불러들이네./잠시 경륜의 솜씨를 시험했다가/이내 변방의 장재를 구해 쓰노라./누각은 하늘을 의지하여 멀고/성벽은 야문을 안고 돌아드네./직무 처리에는 절로 천심이 있기에/관청 동이에 술 괴는 소리를 듣는다오.(三都推第一/八達務懷來/覽試經綸手/旋求鎭鑰才/樓依天宇逈/城抱野門廻/料理自深淺/官樽聽釀醅)'

팔달문

11 《화성성역의궤(華城聖域儀軌)》 중 〈연거도(演炬圖)〉에 그 광경이 전한다.

12 원문은 '吾東初有慶/花甲萬年觴/是日虹流屆/如雲燕賀張/含飴長樂殿/被管老萊章/觀華仍餘祝/覃恩暨八方'이다. 효자인 정조의 마음이 잘 나타나 있다. 이 시는 민족문화추진회 고전국역총서 《홍재전서》 〈춘저록〉에서 인용했다. 번역문은 인터넷 사이트의 내용을 참고로 저자가 일부 윤문했음을 밝혀둔다.

13 사도세자의 죽음을 당연시하던 노론 벽파는 '죄인지자 불위군왕(罪人之子不爲君王)'이라는 팔자흉언과 '죄인지자불가승통 태조자손하인불가(罪人之子不可承統 太祖子孫何人不可)'라는 십육자흉언을 유포시켰다. 즉 죄인의 아들은 왕이 될 수 없으니, 태조 이성계의 자손 그 누군들 왕이 못 되겠느냐는 뜻이다. 정조의 왕위 계승을 무효화하려는 음모의 일환이었다.

14 팔달산의 본래 이름은 탑산이다. 조선 태조 때 학자 이고(李皐)가 이곳에 숨어 살았다. 그 후 태조가 화공이 그려온 탑산을 보고 "아름답고 사통팔달한 산이로구나." 하며 치하한 뒤 산 이름을 팔달산이라고 고쳐 불렀다.

15 조선시대 행궁에는 유사시 피난처로 조성된 남한산성의 광주행궁과 북한산성의 양주행궁, 강화행궁이 있다. 또 왕족들의 휴식을 위해 지어진 온양행궁이 있으며, 화성행궁은 왕의 정기방문을 위해 지어진 행궁이다.

16 대동법은 백성들이 나라에 내는 세금을 특산물이 아닌 쌀로 내게 한 제도로, 광해군 대에 처음 시행되었고 숙종 대에 이르러 김육에 의해 정착되었다. 이로 인해 농민들의 공물 부담이 줄고 상품유통경제가 촉진되었다.

17 《기기도설》은 명나라 때 중국에 귀화한 남부 독일 출신의 스위스 인으로 선교사 겸 과학자인 요안네스 테렌츠(중국 이름은 등옥함鄧玉函)가 지은 책으로, 서양 물리학의 기초개념과 함께 도르래의 원리를 이용한 실용적인 각종 기계장치의 그림과 해설이 실려 있다. 이 책은 청나라의 《고금도서집성》에 들어 있는데 1776년(정조 원년)에 규장각에 들어왔다.

18 천주교는 전래 초기에 서양의 학문이라는 뜻에서 '서학(西學)'이라고 불렸다. 그처럼 종교적인 의미보다는 서양의 학문과 문물, 과학기술을 포괄하는 개념이었다. 서학의 전래는 조일전쟁 시기에 선교사가 일본군을 따라와서 전파했다는 설, 허균이 북경에서 관련서적을 들여왔다는 설, 소현세자가 돌아오면서 신자를 데려왔다는 설 등 다양하다.

19 임금이 관직을 제수하면 신하는 몇 차례 사양하다가 받는 것이 관례였다. 이만수가 그와 같은 뜻으로 사직상소를 올리면서 '신하가 임금을 섬기는 것은 직분을 다하는 일이 충성인 것이고, 사양하는 미덕은 올바른 의리

가 아니다.'란 표현을 했는데, 김이재는 이 구절을 물고 늘어졌다. 이만수는 겸양이 없는 뻔뻔스러운 자이니 벌하라고 상주했던 것이다.

20 이승훈은 28세 때인 1783년(정조 7년)에 아버지인 참판 이동욱이 동지사 서장관으로 북경에 갈 때 함께 갔다. 평소 서학과 천주교에 관심이 높았던 그는 북경에서 40일 동안 머물며 천주교당을 방문한 다음 예수회 그라몽 신부를 만나 필담으로 천주교 교리를 배웠고 세례를 받아 베드로라는 본명을 얻었다.

이승훈

21 '가르침을 따른다.'곧 군사(君師)로서 학문의 경지에 이른 왕이 신하들을 앞에서 이끌어나가겠다는 뜻이다.

22 '나쁜 습속을 바로잡는다.'곧 당파에 얽매여 상대를 공격하는 일을 바로잡는다는 뜻으로 솔교와 함께 오회연교의 핵심단어이다.

23 이른바 황극론이다. 《실록》에 따르면 정조는 이렇게 말했다. "《서경》에 '오직 임금만이 극을 만든다(惟皇作極).'하지 않았던가. 위에서는 극을 세우고 밑에서는 그 극을 돕는 것인데, 극이란 옥극(屋極)·북극 (北極)과 같은 말이다. 옥극이 일단 세워져야 문지도리·문기둥·문빗장·문설주 등이 각기 제자리에 들어서고 북극이 그 자리에 자리 잡고 있어야 수많은 별이 에워싸고 돌아가는 것이니, 황극을 세우는 것도 이와 마찬가지이다. 여기에 어울리는 자는 저절로 큰 덩어리 속으로 함께 들어가지만, 여기에 어울리지 않는 자는 새매가 참새를 몰아 쫓아가듯 밀어내게 마련이다." 곧 '세상은 나를 중심으로 돈다.'는 뜻이 아니겠는가.

24 이 시의 원문은 '海狼狼身而獺皮/行處十百群相隨/水中打圍捷如飛/欻忽揜襲漁不知/長鯨一吸魚千石/長鯨一過魚無跡/狼不逢魚恨長鯨/擬殺長鯨發謀策/一群繞鯨首/一群鯨後/一群伺鯨左/一群犯鯨右/一群沈水仰鯨腹/一群騰躍令鯨負/上下四方齊發號/抓膚肌齧何殘暴/鯨吼如雷口噴水/海波鼎沸晴虹起/虹光漸微波漸平/嗚呼哀哉鯨已死/獨夫不遑敵衆力/小黠乃能殲巨愿/汝輩血戰胡至此/本意不過爭飲食/瀛海漭漭浩無岸/汝輩何不揚鬐掉尾相休息'이다. 이 시는 민족문화추진회 고전국역총서 《다산시문집》 편에서 인용했다. 번역문은 인터넷 사이트의 내용을 참고로 저자가 일부 윤문했음을 밝혀둔다.

25 이 시는 민족문화추진회 고전국역총서 《홍재전서》 〈춘저록〉에서 인용했다. 번역문은 인터넷 사이트의 내용을 참고로 저자가 일부 윤문했음을 밝혀둔다.

26 조선에서는 군주제도의 허점을 보완하는 장치로 새로운 왕이 상중에 있을 때 원로대신들이 정사를 돌보던 원상제도, 어린 왕이 성년이 될 때까지 대비가 정사를 살피던 수렴청정제도, 그리고 왕이 생존하면서 비상사태를 당했을 경우에 행하는 세자의 대리청정이 있다. 평소에 세자가 정치에 간여하거나 인사에 개입하게 되면 바로 삼사 관료들의 탄핵이 뒤따르게 된다. 하지만 왕이 중병에 들어 정사를 살필 수 없거나 노년에 격무를 감당할 수 없게 되었을 때, 또 국난을 당했을 때 세자에게 대리청정을 시킬 수 있다.

27 일어난 해의 간지를 따서 무신란(戊申亂)이라고도 한다. 경종 사후 노론의 지지를 받는 영조가 즉위하자 위협을 느끼게 된 소론은 영조가 숙종의 아들이 아니고 경종을 독살했다면서 밀풍군 탄을 추대하며 난을 일으켰다. 이들의 대표인 이인좌는 1728년 3월 15일 청주성을 함락시키고 서울로 북상하다 24일 안성과 죽산 등지에서 관군에게 대패하고, 잔존세력도 상당성에서 박민웅 등의 창의군에게 무너졌다. 영남에서도 정희량이 거병했지만 관군에게 토벌당했다. 이 사건으로 노론의 권력 장악이 가속화되었고 소론은 재기불능 상태로 무너졌다.

28 경모궁은 사도세자와 그의 비 헌경왕후의 신위를 모신 사당이다. 처음에는 수은묘라고 이름이 붙여졌으나 정조에 의해 '크게 사모한다'는 뜻의 경모궁으로 개칭되었다. 지금의 서울대학교 병원 자리에 있다.

29 영정조의 탕평정치는 19세기 이후 노론의 세도정치가 확립된 시기에는 주목받지 못했다. 그 후 대원군 집권기, 광무개혁기에 긍정적인 재평가가 이루어졌다. 당쟁 타파와 편파적이지 않은 조화주의에 관심을 기울였던 것이다. 그런데 탕평책에도 부정적인 평가가 있다. 당쟁을 없애려고 시도한 탕평책을 둘러싸고 시파와 벽파가 갈라져서 더욱 치열한 양상이 되었다는 논리이다. 곧 탕평책도 당파싸움의 하나라는 것이다.

30 대명의리론은 비록 멸망당한 신세지만 중화의 정통인 명나라에 대한 의리를 지켜야 한다는 주장이다. 이는 반청적 북벌대의론과 표리관계에 있고 조선만이 중화문화를 계승했다는 조선중화의식으로 전개되었다.

31 원문은 '不現其形但遺音/乘昏游嘴透簾深/世間多少營營客/鑽刺朱門亦底心'이다. 정조가 세손 때 쓴 시로, 권력을 유지하기 위해 자신을 노리는 문벌 벼슬아치들을 조소하고 있다. 이 시는 민족문화추진회 고전국역총서《홍재전서》〈춘저록〉에서 인용했다. 번역문은 인터넷 사이트의 내용을 참고로 저자가 일부 윤문했음을 밝혀둔다.

32 시파(時派)와 벽파(僻派)에 대한 구분은 통상 정조의 뜻을 따랐는가 안 따랐는가로 구분되어왔다. 하지만 이것은 노론 전체를 벽파로 간주했던 소론과 남인의 당론이었다. 이 주장대로라면 시파는 시류에 아부하는 간신이 된다. 그러므로 최근 연구자들은 사도세자에 대한 영조의 처분을 바꾸어야 한다는 주장을 펼쳤던 신하들을 당색에 관계없이 시파, 반대로 신임옥사와 영조의 처분을 지키려 했던 신하들을 벽파로 구분한다. 노론에도 시파와 벽파가 공존했다.

33 이 시의 원문은 '鴟鴞鴟鴞 旣取我子/無毁我室/恩斯勤斯 鬻子之民斯/迨天之未陰雨 徹彼桑土/綢繆牖戶/今女下民/或敢侮予/予手拮据 予所捋荼/予所蓄租/予口卒瘏 曰予未有室家/予羽譙譙 予尾翛翛/予室翹翹/風雨所漂搖 予維音曉曉'이다. 번역은 기세춘 · 신영복 편역《중국역대시가선집》1권에서 인용했다.

34 대보단은 명나라 태조와 신종, 의종을 제사 지내던 사당을 말한다. 임진왜란 때 원병을 보낸 신종의 은혜를 기리기 위해 1704년(숙종 30년)에 창덕궁 금원 옆에 설치했는데, 처음에는 신종의 위패만 모시다 영조 때 명나라 태조 주원장과 마지막 황제인 의종의 위패를 올리고 제사지냈다.

35 청요직이란 삼사로 통칭되는 사헌부, 사간원, 홍문관의 관직을 말한다. 청요직은 권력과 명예의 상징으로, 공평무사하고 평등하게 일을 처리하는 지성과 행동을 겸비한 살아 있는 관료집단으로 선비들의 선망의 대상이었다. 특히 홍문관 교리 한 번 지낸 조상이 있는 집안은 영의정 두 번 지낸 것보다 더 자랑스럽게 여겼다.

《천주실의》

36 실학이란 사실에 근거해 옳음을 찾는 실사구시(實事求是)의 학문이다. 고려 초기 최승로는 불교에 대한 유학을 실학이라 했고, 고려 후기 이제현은 문장을 숭상하는 사장학(詞章學)에 비해 경전을 중심으로 연구하는 경학(經學)을 실학이라 했다. 이로 미루어볼 때 실학이란 기존의 이론에서 벗어나 변화하는 시대상황에 걸맞게 등장하는 학문을 통칭한다.

37 18세기에 북경에 가는 조선 사신들은 서양의 서적과 문물, 동서남북의 천주교당을 둘러보는 것이 기본 코스였다. 이들은 선교사들과 깊은 대화를 나누었고 과학기술에 놀라움을 표시했다. 당시 중국 선교의 아버지 마테오 리치의《천주실의》는 베스트셀러였다. 이 책은 불경이나 도덕경처럼 지식인들이 서가에 비치해놓아야 할 종교서적의 하나였다.《천주실의》는

유교의 상제를 천주교와 결부시켜 크게 다르지 않다고 본 것이다. 이에 비하면 부처나 노자의 가르침이 오히려 유학자들의 품위를 손상시킨다고 여겼다.

38 북학파는 도구를 이용해 백성의 삶을 윤택하게 할 수 있다고 믿었던 이용후생(利用厚生)학파였다. 이들은 주로 서울의 상업지역인 탑골공원 근처에 살면서 도시적 분위기에서 상업과 수공업의 유통을 강조하며 기술혁신을 외쳤다. 또 청나라로부터 우수한 학문을 배워야 한다고 주장했다. 정치적으로는 실세한 노론세력으로, 박지원을 맹주로 홍대용, 이덕무, 박제가, 유득공 등이 활약했다.

39 1785년 서울의 명례방에 있는 역관 김범우의 집에 청년들이 모여 도박판에 술판을 벌인다는 정보를 입수하고 형조의 포졸들이 덮쳤다. 그런데 집 안에서는 일단의 청년들이 서학 책과 예수상 등을 놓고 미사를 드리고 있었던 것이다. 기이하게 생각한 포졸들은 그들을 형조로 끌고 갔다. 형조 판서 김화진은 그들이 양반집 자제들임을 알고 타일러 보낸 다음 중인인 김범우만 가두었다. 그러자 권일신이 청년 5명과 함께 들어가 항의했다. 이에 김화진은 예수상과 책은 내주었지만 불온한 집회장소를 제공한 김범우만은 귀양을 보내야 한다며 풀어주지 않았다. 그리하여 김범우는 심한 고문 후유증으로 유배지에서 사망했다. 이것이 을사추조 적발사건, 세칭 명례방 집회사건이다.

40 윤지충은 해남 윤씨로 윤선도가 가문의 6대조이고 윤두서가 증조부인 유서 깊은 집안 출신이었다. 그의 아버지 윤경이 해남을 떠나 처가인 권씨들이 사는 진산으로 이사했으므로 그는 진산 장구동에서 태어났다. 윤경의 누이는 정약용의 아버지인 정재원에게 후처로 출가했다. 그러므로 윤지충은 자연스럽게 고종사촌 형제인 정약용 형제, 고종사촌 자형인 이승훈과 어울렸다. 1783년 윤지충은 진사시에 합격하여 서울에 올라왔다가 이승훈과 정약전을 통해 천주교에 귀의했다. 천주교 최초의 순교자로, 그가 처형된 곳에 지금의 전동성당이 세워졌다.

전동성당

41 진산사건이란 1791년(정조 15년), 천주교도인 윤지충과 권상연이 제사를 지내지 않고 신주를 불태운 일로 체포된 사건이다. 이 사건은 18세기 후반 조선 사회를 뒤흔들어놓았고, 남인들의 입지를 위태롭게 함으로써 정조의 개혁에까지 영향을 미쳤다. 이때 두 사람은 참수형에 처해짐으로써 조선 최초의 순교자가 되었으며, 진산군은 5년 동안 현으로 강등되었다.

42 세자는 예비 왕이다. 그러므로 결실의 계절을 기다리는 봄과 같다 하여 춘궁(春宮)으로 불렸다. 오행에 따르면 봄은 동쪽이므로 춘궁과 동궁(東宮)은 같은 뜻이다. 세자를 보필하는 관리들은 동궁관(東宮官)이다.

43 《일득록》〈훈어〉조에는 산림에 대한 정조의 생각이 들어 있다. '산림의 고고한 선비들은 역시 대우를 기다려 출사하는 법이다. 이전 조정에서는 정성으로 유현을 예우했지 형식적으로 하지 않았다. 이들에게 사류의 명망이 돌아

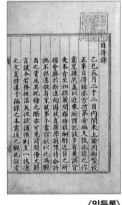

《일득록》

가기 때문에 스스로 좋아하는 선비는 대개 작록을 가벼이 여겨 초야에 머무는 경우가 많았다. 그런데 요즘에는 위에서 예를 두텁게 하는 것이 전보다 못한데 사대부들이 벼슬길에 나오기를 멈추지 않고 이를 제일 중요하게 여긴다. 간혹 임금을 섬기는 도리를 행하면 무리지어 비웃으니 누가 그 풍모를 듣고 따르려 하겠는가?'

44 이 시는 민족문화추진회 고전국역총서 《홍재전서》 〈춘저록〉에서 인용했다. 번역문은 인터넷 사이트의 내용을 참고로 저자가 일부 윤문했음을 밝혀둔다.

45 행대감찰(行臺監察)

46 정약용은 효자 조작 풍조에 대해 이렇게 일갈했다. "효자 조작 그만 하라. 병든 어미에게 다리 살을 베어 구워 먹이고, 병든 아비에게 손가락의 피를 내어 먹인들 다만 며칠 삶을 연장했을 뿐이다. 겨울철에 죽순을 찾는 병든 어미 때문에 대밭 사이를 울며 걸으니 새 죽순이 돋아났다. 효자를 위해 꿩이 처마 밑으로 날아들고, 얼음 속에서 잉어가 튀어 오르고, 자라가 부엌으로 들어오고, 노루가 울타리 사이에서 죽고, 호랑이가 고기를 물어다 준다. 이 따위 '효자전'에나 나올 법한 거짓말에도 수령들은 모른 체 문서에 도장을 찍어 효자 표창을 받게 한다. 웃기지 않은가."

47 연세대학교 설성경 교수의 연구에 따르면 이몽룡은 창령 성씨 문중의 성이성이란 인물이라고 한다. 그의 행적은 4대 후손 성섭의 《교와문고》에 전하는데, 그가 호남에서 어사출두 하는 장면이 춘향전과 똑같다고 한다.

48 이 시는 원문으로 읽는 게 훨씬 리듬감이 있다. '금준미주는 천인혈이요(金樽美酒千人血), /옥반가효는 만성고라(玉盤佳肴萬姓膏)./촉루락시에 민루락이요(燭淚落時民淚落), /가성고처에 원성고라(歌聲高處怨聲高).'

49 어사우는 중국 당나라 때 명필인 안진경에게서 유래했다. 당시 수령의 학정이 극심한 지방에 가뭄이 들었는데, 그가 어사로 나가 수령을 벌하고 백성들의 한을 씻어주자 단비가 내렸다고 한다. 그때부터 암행어사가 덕을 베풀고 난 뒤 비가 내리면 하늘이 감동했다 하여 어사우라고 불렀다. 《조선왕조실록》에도 여러 차례 어사우에 대한 기록이 전한다.

50 중앙과 지방 사이의 명령 전달, 관리의 사행 및 운수를 뒷받침하기 위해 설치된 교통통신기관이다. 중국의 원나라에서 고도로 발달했는데, 조선에서는 병조 소속의 승여사(乘輿司) 소관으로 41역도 516역의 전국 역로망체계를 완성해 구한말까지 유지되었다.

51 찰방은 역참을 관리하는 종6품의 관리이다. 해당 고을의 수령을 감찰하거나 군사시설을 점검하는 감찰관 기능도 있다. 종종 암행감찰도 하여 조선 후기 암행어사의 선구가 되었다.

52 삼봉(三峰) 정도전(鄭道傳)(1342~1398년)은 태조 이성계를 도와 조선을 개국한 다음 새 나라의 문물제도와 국책의 대부분을 결정한 공신이다. 그는 사병을 혁파하고 재상을 중심으로 한 신권정치를 펼치려다 1차 왕자의 난 때 이방원에 의해 목숨을 잃었다. 태종은 정도전을 극도로 미워하여 서출로 폄하하고 같은 서출들의 관직 등용을 막아버렸다. 정도전의 출생설은 여러 가지가 있는데, 《태조실록》에서는 고려 말의 유학자인 역동 우탁의 여종과 아버지 정운경 사이에서 태어났다는 단양출생설을 주장한다. 그러나 최근에는 정도전이 아버지 정운경과 영주의 토성인 어머니 영주 우씨 소생으로 양주 삼각산 옛집에서 태어났다는 설이 유력하다. 단양출생설은 태종과 우현보 등 정도전에게 원한을 가진 기득권층의 작품이란 것이다. 왜 그렇게 날조했냐고? 역사는 승리한 자의 것이니까.

53 송파장은 백성들의 정보교환창구와 인적교류장소의 역할까지 훌륭하게 수행하다가 1925년 을축 대홍수 때 송파나루가 물에 잠기면서 자취를 감추었다.

54 가게는 점방이라고도 부르는데, 이는 전방(廛房)이라 하여 시전의 전(廛)과 점포의 방(房)을 합친 조어이다. 가게는 시전 옆에 가건물을 지어 장사하면서 생긴 말이다. 이런 임시점포를 가가(假家)라고 부르다가 점

차 가게로 발음하게 된 것이다.

55 유득공은 단군조선 이후 고구려와 발해 땅의 주인이 우리 민족이라는 안정복의 주장에 동의하고, 발해가 고구려의 계승자임을 증명하려 애썼다. 《발해고(渤海考)》를 통해 발해의 역사와 강역을 밝히고 만주 일대가 우리 영토임을 주장했으며, 신라와 발해를 동시에 세워 남북국시대를 이루었다는 민족적인 역사인식에 도달했다.

56 박현모는 《정치가 정조》에서 이렇게 진단한다. '합법적인 폭력조직인 군대를 장악하지 못하면 개혁을 효과적으로 진행하기 어려울 뿐만 아니라 위험에 노출된다. 기득권을 상실하게 된 권력 상층부의 사람들은 국왕의 의지나 정치적 대의만으로는 오랫동안 누려온 특권을 포기하려 하지 않는다. 이런 기득권층의 저항과 반발을 무마하기 위해서 국왕은 대의를 부단히 설파하는 동시에 일사불란한 친위부대를 갖추어야 한다. 장용영의 신설과 화성 건설은 이와 같은 배경으로 이루어진 것이다.'

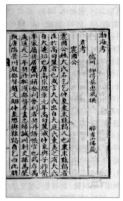

《발해고》

57 이 시는 민족문화추진회 고전국역총서 《홍재전서》〈춘저록〉에서 인용했다. 번역문은 인터넷 사이트의 내용을 참고로 저자가 일부 윤문했음을 밝혀둔다.

58 청명당은 노론의 정통 계파로 노론 외척당과 경쟁하는 관계였다. 이 청명당 내부의 강경파인 벽파가 바로 정조의 적대세력이었다. 본래 청류나 청명당과 같은 단어는 당파의 원칙을 고수하는 본류를 지칭한다.

59 이조 전랑에게는 크게 세 가지의 권한이 있다. 첫째, 자대권으로 현임 전랑이 후임 전랑을 천거하는 권리이다. 둘째, 통청권으로 당하 청요직을 선발할 수 있는 권리이다. 셋째, 낭청권으로 전랑이 과거에 급제하지 않은 현사를 추천해 벼슬을 주는 권리이다. 이렇듯 이조 전랑은 당하관의 인사를 주도했는데, 자당의 인사를 천거함으로써 당쟁의 주요원인으로 작용했다. 선조 때 율곡 이이가 자대권 폐지를 주장했고 숙종 대에 폐지되었으며, 통청권은 영조 대에 폐지된다.

60 영조와 정조의 탕평책은 '붕당을 타파한다'라는 슬로건 정도가 아니다. 당쟁은 3단계를 밟아왔다. 첫째, 시비곡직문제-정치원칙, 곧 의리에 대한 당파 간의 싸움. 둘째, 이권투쟁-문벌과 지역 간 이해관계의 싸움. 셋째, 살육전문제-원수 간의 생사를 건 싸움으로 변질되었다. 그리하여 왕은 탕평책을 통해 당쟁으로 야기된 사회문제를 해결했다. 우선 살육전을 중지시키기 위해 시비논쟁 자체를 금지했다. 그 다음에는 문벌과 지역 간의 이해관계를 조정했으며, 이른바 인사탕평책을 내세워 관직배분에 균형을 맞추었다. 또 정치원칙을 지켜나갔다. 곧 왕이 각 당파의 대립상태를 절충하고 재조정할 수 있는 실력을 양성했던 것이다. 첫째와 둘째 단계는 영조에 의해, 셋째 단계는 정조에 의해 적극적으로 추진되었다.

61 동덕회는 세손 시절부터 목숨을 걸고 정조를 지켜냈던 홍국영, 서명선, 정민시, 김종수 등이 정조가 등극하자 만든 친목모임이다. 이 가운데 주장인 홍국영만 숙청되었을 뿐 나머지 회원들은 중도에 부침은 있었을지언정 끝까지 정조와 정치생명을 함께했다. 정조는 이 모임을 몹시 아껴 앞날을 축하하는 〈동덕회〉란 시를 쓰기도 했다. '하늘 문에 구름 헤치는 저녁이요(閶闔排雲夕)/함지에 해 떠받드는 가을이로다(咸池擎日秋). /백 년을 이 모임 길이 한다면(百年長是會)/덕을 함께하고 복도 함께하리라(同德又同休).'

62 봉조하란 종2품 이상의 관원이 퇴직했을 때 내리는 일종의 명예직이다. 종신토록 신분에 맞는 녹봉을 받으나 실무는 보지 않고, 다만 국가의 의식이 있을 때만 조복을 입고 참여했다. 이 제도는 1469년(예종 1년)부터 시행되었는데 《경국대전》에서는 인원을 총 15명으로 제한했지만 잘 지켜지지 않았다.

63 방귀전리는 방축향리(放逐鄕里)와 같은 말로 죄를 지어 관직에 나갈 수 없는 자를 고향으로 돌려보내는 형

벌이다. 귀양이나 귀향과 같다. 조선 후기에는 도배(徒配), 유배(流配), 찬배(竄配), 정배(定配) 등으로 썼다.

64 원문은 '身脫西南老少局 名超吏禮戶兵班'이다.《번암집》에 실려 있다.

65 이이화,《한국사 이야기-문화군주 정조의 나라 만들기》에서 인용.

66 금등이란 말은 옛날 주공이 조카인 성왕이 병에 걸리자 하늘에 제사를 지내며 자신을 대신 죽게 해달라고 기원하고 그 내용을 금으로 봉한 궤에 보관했다는《서기》의 글에서 비롯된 것이다. 이때 정조가 공개한 내용은 다음과 같다. "피 묻은 적삼이여, 피 묻은 적삼이여, 동(桐)이여, 동이여, 누가 영원토록 금등으로 간수하겠는가. 천추에 나의 품으로 돌아오기를 바라고 또 바라노라." 앞 구절은 영조가 아플 때 사도세자가 대신 죽기를 바랐다는 뜻이고, 뒤 구절은 사도세자가 살아오기를 바라는 영조의 마음을 표현한 것이다.

67 위(委)는 곡(曲)이고, 항(巷)은 '이중도(里中道)'이다. 즉 '마을 가운데 꼬불꼬불한 작은 길'이 위항이고, 작은 집들이 많이 모여 있는 곳이 바로 위항이다. 한양을 남촌과 북촌으로 나누면 중간지대인 청계천 일대가 위항이었다. 또 좁은 집들이 몰려 있던 인왕산 일대의 옥인동, 누상동, 누하동도 위항이다. 북경의 오래된 골목길을 후통이라 하듯이 가난한 사람들이 몰려 사는 동네 전체를 일컬어 위항이라고 했던 것이다. 청계천 쪽에는 비교적 부유한 역관이나 의원들이 살았고, 인왕산 쪽에는 가난한 서리나 아전들이 살았다.

68 권철신은 조선 초기 유학자인 권근의 후손으로, 북한강가 감호에서 살면서 광주 첨성리에 살던 이익에게 학문을 배움으로써 성호학의 정통을 이었다. 이익이 죽은 뒤 그의 제자들은 주자학에 해박했던 권철신을 종장으로 삼았다. 평소 현실개혁적인 사고방식을 가지고 있던 그는 1777년 철리연구회를 만들어 학문을 강의하면서 서학에 대해서도 강의했다. 훗날 배교했지만 벽파에서는 그를 천주교의 수괴로 몰아붙였다.

권철신 묘

69 제목은 '봉조하 김종수에게 주다'이고, 원문은 '洛陽春社記前遊/君子于今盡白頭/綠野投閒金相國/青山留約鐵圜州/潛龍臥弄三淵雨/飛鶴翻成萬堅秋/蓮燭紅樓遲笑語/更將詩句願言酬'이다. 이 시는 민족문화추진회 고전국역총서《홍재전서》〈춘저록〉에서 인용했다. 번역문은 인터넷 사이트의 내용을 참고로 저자가 일부 윤문했다.

70 원문은 '君病脚七十年/我病脚纔二年/七十年病若不病/其行無礙自天然/二年之病病仍痼/須箄而起還愁顧/閉門風雨不敢出/羨君篼輿飛如仙/温祚城頭春無限/花間飲酒花間眠/一花一詩詩萬萬/花神逐爲詩神纏/花神不耐苦/綠章上訴天/天亦無奈此張蹇/花神花神空可憐'이다. 이이엄(而已广)이란 한유(韓愈)의 시에서 취했는데 '자족한다'는 뜻이다. 이 시는 민족문화추진회 고전국역총서《완당집》에서 인용했다. 번역문은 인터넷 사이트의 내용을 참고로 저자가 일부 윤문했다.

71 녹색의 종이에 글을 써서 아뢰는 것으로, 도사(道士)가 천신(天神)에게 표(表)를 올릴 때 쓰는 것이다.

72 한나라의 박망후(博望侯)인데, 여기서는 장혼이 다리를 절고, 또 성이 장씨이기 때문에 빌려서 쓴 것이다. 장혼에 대한 존경과 애정이 절절함을 알 수 있는 대목이다.

73 방각본이란 판매를 목표로 민간에서 펴낸 책을 말한다. 서울판을 경판, 전주판을 완판이라고 했다. 이전에 책

은 일일이 필사하거나 조정의 주도로 인쇄되었지만 수요가 늘어나자 상인들이 활자를 제작하여 직접 책을 찍어 팔았다.

74 이조삼재란 공재(恭齋) 윤두서, 겸재(謙齋) 정선, 현재(玄齋) 심사정을 말한다. 조선 후기 화단의 명인들이다.

75 윤두서는 사물을 객관적으로 형상화하는 사실주의 화풍을 추구했다. 나물 캐는 여인, 짚신 삼는 모습, 말 등 일상생활을 소재로 한 작품을 많이 그렸다. 그는 자화상을 그리면서 거울을 놓고 수염과 눈동자의 세밀한 부분까지 매우 사실적으로 묘사하고, 자신의 품격까지 담았다는 평가를 받고 있다.

윤두서

76 성호 이익(李瀷)은 경세치용(經世致用) 학파의 대표로서 주로 농업분야에 관심을 보였다. 안정복, 권철신, 이벽, 정약용 등 실세한 경기지역 남인들이 그의 후계자들이다. 반계 유형원의 학풍을 계승하여 천문, 지리, 율산, 의학에 능통했으며 서학에도 관심을 가졌다. 투철한 주체의식과 비판의식을 토대로 《성호사설》과 《곽우록》을 통해 당대의 사회제도를 분석, 비판하고 대안을 제시했다. 중농사상에 입각해 한전론을 주장했고 노비해방, 사농합일, 공거제 등을 주장했다.

77 사물잠이란 배우는 선비로서 조심해야 할 내용을 잠언으로 만든 것이다. 이천(伊川) 정이(程頤)가 지은 것으로, 시잠(視箴)·청잠(聽箴)·언잠(言箴)·동잠(動箴)의 네 가지이다

78 서구 열강들은 기독교를 바탕으로 아시아 제국에 침투하여 시장을 확보하려는 목적을 가지고 있었다. 무역과 식민지, 선교사는 삼위일체의 침략도구였다. 이런 의도를 알아챈 청나라 조정은 1717년에 기독교 포교를 금한 다음 1723년에는 선교사를 추방하고 북경의 천주교당을 폐쇄하거나 헐어버렸다.

79 정조 치세 중반기에 남인이 조정에 등용되면서 두 계열로 나누어졌다. 하나는 채제공을 맹주로 한 이동욱과 그의 아들 이승훈, 그리고 이가환, 정약전, 정약용 등이었고, 다른 파는 홍낙안을 맹주로 하는 목만중, 이기경, 홍명주 등이었다.

80 정약용은 풍수설에 대해 이렇게 비판했다. "일세의 영걸로서 총명과 위엄으로 한 세상을 산 사람이 살아 명당 위에 앉아 있어도 자손들을 비호하지 못해 요절하고 폐인이 되기도 하는데 무덤 속의 썩은 뼈가 아무리 산과 물, 좋은 땅을 차지했다 한들 그 후손들에게 덕이 되겠느냐. 풍수설은 지사들의 사기 아니면 속임수이다. 풍수설의 시조 곽박이란 자는 죽음을 당해 물속에 묻혔고, 도선과 무학은 모두 중이 되어 조상에게 제사도 지내지 않았다. 지금도 풍수쟁이들은 죽을 때까지 빌어먹을 뿐 그 자손들이 번성하지 못하는데 무슨 이치인가. 그들 자손 중에 훌륭한 언관이나 감사자리 해본 이 있는가."

81 원시의 제목은 '봉지염찰적성촌사작(奉旨廉察到積城村舍作)'이다. 원문은 臨溪破屋如瓷鉢/北風捲茅榱罍罍/舊灰和雪竈口冷/壞壁透星篩眼豁/室中所有太蕭條/變賣不抵錢七八/尨尾三條山粟穎/鷄心一串番椒辣/破甖布糊敝穿漏/皮架索縛防墜脫/銅匙舊遭里正攘/鐵鍋新被隣豪奪/靑錦敝衾只一領/夫婦有別論非達/兒稚穿襦露肩肘/生來不著袴與襪/大兒五歲騎兵簽/小兒三歲軍官括/兩兒歲貢錢五百/願渠速死況衣褐/狗生三子兒共宿/豹虎夜夜籬邊喝/郞去山樵婦傭春/白晝掩門氣慘怛/晝闕再食夜還炊/夏每一裘冬必葛/野薺苗沈待地融/村篘糟出須酒醱/餉米前春食五斗/此事今年定未活/只怕邏卒到門扉/不愁縣閣受笞撻/嗚呼此屋滿天地/九重如海那盡察/直指使者漢時官/吏二千石專黜殺/樊源亂本梦未正/糞黃復起難自拔/遠摹鄭俠流民圖/聊寫新

詩歸紫闥이다. 18세기의 피폐한 농촌상황을 말해주는 최고의 자료이다. 민족문화추진회 고전국역총서《다산시편》에서 인용했다. 번역문은 인터넷 사이트의 내용을 참고로 저자가 일부 윤문했다.

82 한나라 때 조정에서 직접 지방에 파견하여 문제를 처리하게 했던 벼슬로 우리나라의 암행어사와 같다.

83 한나라 때 지방관으로 백성을 잘 다스렸다는 공수(龔遂)와 황패(黃覇)를 가리킨다.

84 송나라 복청(福淸) 사람으로 자는 개부(介夫)인데, 그가 목격한 유랑민의 처절한 상황을 화공을 시켜 그림으로 그려 신종(神宗)에게 올리자, 신종은 자신의 잘못을 자책하는 조서를 내리고 아울러 왕안석(王安石)에 의해 실시된 방전(方田)·보갑(保甲)·청묘(靑苗) 등 신법(新法)을 혁파했다.

85 1801년 1월 정순왕후가 과거 정조의 천주교 정책을 비판하면서 박해를 시작하자 정약종이 감추어두었던 천주교 책과 성물 등을 안전한 곳으로 옮기다 발각되어 체포되었다. 이른바 책롱사건이었다. 이를 계기로 노론 벽파는 대대적인 천주교 탄압에 돌입해 300여 명의 신도들을 처형했다. 이때 정약종을 비롯해 이미 배교한 이승훈도 참수되었고, 남인 개혁세력의 지도자인 이가환은 사교 전파의 수괴로 잔혹한 고문을 당한 끝에 옥중에서 죽었다. 중국인 신부 주문모도 이때 죽음을 당했고, 2년 전 사망한 채제공은 관직이 박탈되었다.

86 황사영은 남인으로, 세례명은 알렉산드르이다. 신유박해 때 제천의 배론 토굴에 숨어 조선 조정의 천주교 박해 실상을 알리는 글을 명주천에 적어 북경의 천주당에 알리려 했다가 적발되어 참수되었다. 이를 계기로 천주교에 대한 노론 벽파의 박해가 한층 가혹해졌다.

황사영 백서

87 세도는 본래 세상을 바르게 다스리는 도리라는 뜻으로서 중종 때 조광조 등의 사림들이 표방했던 통치원리였다. 그것이 정조 초기 홍국영이 조정의 대권을 위임받아 독재를 하기 시작한 데서 변질되어 임금의 총애를 받는 신하나 외척들이 독단으로 정권을 휘두르는 것을 일컫는 말이 되었다.

88 홍경래의 난은 1811년(순조 11년), 서북인 차별대우 철폐와 세도정권의 가렴주구 혁파, 정 도령의 출현 등을 기치로 발생했다. 몰락 양반과 유랑 지식인, 서민 지주층의 재력과 사상이 결합되어 나타난 이 반란은 단순한 농민반란이 아니라 체제변혁까지 도모하는 정치적 반란이기도 했다. 홍경래는 광산노동자, 빈농, 유민들을 규합하여 스스로 평서대원수라 칭하고 거병한 지 열흘 만에 가산, 정주 등 청천강 이북 10여 개 지역을 점령했다. 그러나 관군에 쫓겨 정주성으로 퇴각한 뒤 4개월여의 대치 끝에 1812년 4월 진압당했다.

89 《조선왕조실록》에는 영조와 정조가 영종, 정종으로 기록되어 있다. 그러다 대한제국이 성립된 뒤 고종황제가 두 임금의 위상을 높여 각각 영조, 정조라 추숭했다. 그러므로 오늘날 영조와 정조로 칭하는 것이다.

나는 사도세자의 아들이다

절망을 희망으로 만든 조선의 이노베이터 정조대왕

1판 1쇄 인쇄 2014년 5월 22일
1판 1쇄 발행 2014년 5월 30일

지은이 이상각
펴낸이 고영수

경영기획 고병욱 | **기획·편집** 노종한 허태영 박나래
외서기획 우정민 | **마케팅** 유경민 김재욱 | **제작** 김기창
총무 문준기 노재경 송민진 | **관리** 주동은 조재언 신현민

펴낸곳 추수밭
등록 제406-2006-00061호(2005.11.11)
주소 135-816 서울특별시 강남구 도산대로 38길 11(논현동 63) 청림출판 추수밭
      413-120 경기도 파주시 회동길 173(문발동 518-6) 청림아트스페이스
전화 02)546-4341
팩스 02)546-8053

www.chungrim.com
cr2@chungrim.com

ⓒ이상각, 2014
ISBN 979-11-5540-017-3 03910
값 15,000원